2018—2019 年中国工业和信息化发展系列蓝皮书

2018—2019 年中国 新兴产业投资蓝皮书

中国电子信息产业发展研究院　编著

刘文强　主　编

孙会峰　副主编

电子工业出版社·

Publishing House of Electronics Industry

北京·BEIJING

内 容 简 介

本书从推动产业结构优化升级、促进新动能加快成长出发，聚焦于人工智能、虚拟现实、超高清视频、5G 通信、数字经济、区块链、智能硬件、共享经济、物联网、窄带物联网、自动驾驶、车联网、动力电池、碳纤维、石墨烯、抗体药物、健康管理、绿色金融、新文创、冰雪等新兴产业，系统剖析了 2018 年中国新兴产业发展的政策环境、产业链全景、价值链与创新、行业龙头动向、市场规模预测、资本市场动向，提出赛道选择建议，并评选出最具投资价值的企业榜单。

本书由中国电子信息产业发展研究院编撰，力求为中央和各级地方政府、相关企业、投资机构及研究人员把握产业发展脉络、了解产业前沿趋势提供参考。

图书在版编目（CIP）数据

2018—2019 年中国新兴产业投资蓝皮书 / 中国电子信息产业发展研究院编著 . —北京：电子工业出版社，2019.12

（2018—2019 年中国工业和信息化发展系列蓝皮书）

ISBN 978-7-121-37697-9

Ⅰ . ① 2…　Ⅱ . ① 中…　Ⅲ . ① 新兴产业－投资－研究报告－中国－ 2018-2019

Ⅳ . ① F279.244.4

中国版本图书馆 CIP 数据核字（2019）第 247136 号

责任编辑：李　洁

印　　刷：天津画中画印刷有限公司

装　　订：天津画中画印刷有限公司

出版发行：电子工业出版社

　　　　　北京市海淀区万寿路 173 信箱　邮编 100036

开　　本：720×1 000　1/16　印张：23.25　字数：446 千字　彩插：1

版　　次：2019 年 12 月第 1 版

印　　次：2019 年 12 月第 1 次印刷

定　　价：168.00 元

前　言

　　当前，以人工智能、大数据、机器人等为代表的新技术推动着新一轮科技革命不断走向深入。新的科技革命推动新生产方式的发展，催生新的经济领域、新的经济运行方式，从而使经济与社会发生"革命性"的变化。新兴产业是新一轮科技革命和产业变革方向的代表，是培育发展新动能、获取未来竞争新优势的关键领域。近年来，在供给侧结构性改革的持续推进下，中国经济正从高速增长阶段转向高质量发展阶段，创新动力正在加速显现，新产业、新技术、新业态和新模式不断涌现。人工智能、虚拟现实、5G 通信、物联网、机器人、区块链、自动驾驶等新兴产业快速成长，智能制造、共享经济等新业态、新模式蓬勃发展，文创、健康、体育等"幸福产业"快速发展，投资新动能正在逐步形成。

　　为把握未来新兴产业的演进趋势、创新模式、投资机遇，中国电子信息产业发展研究院凭借独特的政府资源、丰富的数据积累、专业的研究实力，编撰了《2018—2019 年中国新兴产业投资蓝皮书》。本书从推动产业结构优化升级、促进新动能加快成长出发，聚焦人工智能、虚拟现实、超高清视频、5G 通信、数字经济、区块链、智能硬件、共享经济、物联网、窄带物联网、自动驾驶、车联网、动力电池、碳纤维、石墨烯、抗体药物、健康管理、绿色金融、新文创、冰雪等新兴产业，系统剖析了 2018 年中国新兴产业发展的政策环境、产业链全景、价值链与创新、行业龙头动向、市场规模预测、资本市场动向，提出赛道选择建议，并评选出最具投资价值的企业榜单。希望本书能为业界朋友应对产业新变化、新挑战提供决策支撑。

目 录

第一章

人工智能

第一节 产业定义或范畴

从概念定义上，人工智能分为强人工智能和弱人工智能。强人工智能侧重于思维能力，指的是机器不仅是一种工具，而且本体拥有知觉和自我意识，能够真正地推理和解决问题。弱人工智能指的是机器具备表象性的智能特征，包括像人一样思考、像人一样感知环境以及像人一样行动。

人工智能产业是指群体、团队、个人针对人工智能本身基础理论、技术、系统、平台，以及基于人工智能技术的相关产品和服务的研发、生产、销售等一系列经济活动的集合。

第二节 赛迪重大研判

（1）2021年中国人工智能整体产业规模将超过1.3万亿元，计算平台类企业营收占比不断增大。

（2）"北上杭深"及沿海地区仍是人工智能产业的主要集聚地，北京和上海两地的投融资总额占比超过80%，呈现出高度集聚的状态。

（3）国内外的AI龙头企业热衷于收购新兴的"人工智能+数据科学"初创企业，来提供各类的人工智能工具，并完善自身的产品生态。

（4）智能芯片成为创业热点，但受到投资金额大和周期长的影响，高风险将长期存在。

（5）类脑芯片研发尚待理论突破，需要5～10年等待期，资本可考虑提前布局，通过整合交叉学科、跨媒体感知计算等资源来推动科研进展。

（6）受整体风险投资市场环境影响，2018 年 A 轮、B 轮企业获投金额减少。

第三节　产业政策分析

一、产业环境

1. 大数据、量子计算等新兴技术的日渐成熟，成为人工智能创造快速发展的新环境

人工智能的发展离不开高质量的数据资源，大数据的日趋成熟为人工智能企业提供了丰富的应用空间，在安防、金融、互联网等数据资源丰富的领域，人工智能正在快速落地，通过加载智能算法，帮助客户强化产品性能，提升经济效益。而量子计算也将为人工智能带来革命性的发展机遇，量子比特数量会以指数级增长的形式快速上升，小型化的量子芯片可以使人工智能前端系统的快速实时处理成为可能。未来，车载智能系统、无人机智能系统等领域或将首先应用量子计算芯片系统。

2. 科研基金导向力度加大，国家自然科学基金委新增人工智能与交叉学科两大领域

为响应国家科技发展战略，国家自然科学基金委在 2018 年的申请代码中设立了"人工智能"和"交叉学科中的信息科学"两个新增领域。人工智能领域强调围绕人工智能领域的核心科学问题与关键技术，进行原创性、基础性、前瞻性和交叉性研究；鼓励在人工智能基础、机器学习、机器感知与模式识别、自然语言处理、知识表示与处理、智能系统与应用、认知与神经科学启发的人工智能等方向的理论与方法研究。支持人工智能领域的科研人员与其他自然科学、人文社会科学等领域的研究人员密切合作，共同探索学科交叉领域中的新概念、新理论、新方法和新技术，构建原型系统，促进人工智能学科与其他相关科学领域的共同发展。这将有助于科研人员解决国际公认的难度大、有重大影响、探索性强的基础共性问题。

二、政策导向

1. 中共中央政治局第九次集体学习强调，推动我国新一代人工智能健康发展

在 2018 年 10 月 31 日中共中央政治局就人工智能发展现状和趋势举行的第九次集体学习中，会议强调，人工智能是新一轮科技革命和产业变革的重要驱动力量，加快发展新一代人工智能是事关我国能否抓住新一轮科技革命和产业变革机遇的战略问题。同时，人工智能是引领这一轮科技革命和产业变革的战略性技术，具有溢出带动性很强的"头雁"效应，要深刻认识加快发展新一代人工智能的重大意义，加强领导，做好规划，明确任务，夯实基础，促进其同经济社会发展深度融合，推动我国新一代人工智能健康发展。这次会议体现出党中央对人工智能的高度重视，国家将有望对人工智能从基础理论到产业升级做出全面部署。

2. 工业与信息化部（以下简称工信部）启动人工智能产业创新重点任务揭榜工作

2018 年 11 月 14 日工信部印发《新一代人工智能产业创新重点任务揭榜工作方案》，提出聚焦"培育智能产品、突破核心基础、深化发展智能制造、构建支撑体系"等重点方向，征集并遴选一批掌握关键核心技术、具备较强创新能力的单位集中攻关，重点突破一批技术先进、性能优秀、应用效果好的人工智能标志性产品、平台和服务，为产业界创新发展树立标杆和方向，培育我国人工智能产业创新发展的主力军。可以看到，针对我国在智能传感器、神经网络芯片等薄弱环节，将引导企业加大投入，集聚资源，攻克发展短板，夯实产业发展基础。本次揭榜工作也将按照"揭榜挂帅"的工作机制，突破人工智能产业发展短板瓶颈，树立领域标杆企业，培育创新发展的主力军，加快人工智能与实体经济的深度融合。人工智能产业主要政策如表 1-1 所示。

表 1-1　人工智能产业主要政策

颁布时间	颁布主体	政策名称	支持对象	相 关 内 容
2017.12	工信部	《促进新一代人工智能产业发展三年行动计划（2018—2020 年）》	人工智能	通过实施四项重点任务，力争到 2020 年，一系列人工智能标志性产品取得重要突破，在若干重点领域形成国际竞争优势，人工智能和实体经济融合进一步深化，产业发展环境进一步优化

续表

颁布时间	颁布主体	政策名称	支持对象	相 关 内 容
2018.04	教育部	《高等学校人工智能创新行动计划》	人工智能	坚持创新引领。把创新引领摆在高校人工智能发展的核心位置，准确把握全球人工智能发展态势，进一步优化高校人工智能领域科技创新体系，把高校建成全球人工智能科技创新的重要策源地
2018.10	科技部	《科技创新2030——"新一代人工智能"重大项目2018年度项目申报指南》	人工智能	重点围绕新一代人工智能基础理论、面向重大需求的核心关键技术、智能芯片与系统三个方向展开部署

数据来源：相关部委网站公开信息，赛迪顾问整理，2018 年 12 月。

第四节 产业链全景图

人工智能的产业链可以分为基础层、技术层、应用层及保障层（见图1-1）。其中，基础层侧重基础支撑平台的搭建，技术层侧重核心技术的研发，应用层更注重应用发展，而保障层更加注重产业法制生态的构建。

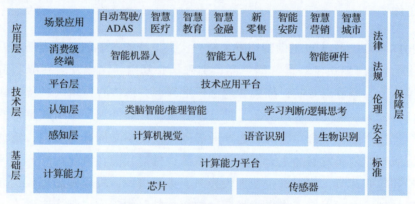

图 1-1 人工智能的产业链全景图

（数据来源：赛迪顾问，2018 年 12 月）

基础层和技术层主要包括：计算能力等相关的基础设施搭建；计算机视觉、语音识别、生物识别等感知技术；类脑智能/推理智能、学习判断/逻辑思考等认知技术；以及人工智能开源软硬件平台、自主无人系统支撑平台等技术应用平台。它们是人工智能向产业转化的技术支撑。

应用层主要包括基于人工智能技术在消费级终端产品的场景应用，消费包括智能机器人、智能无人机、智能硬件等；场景应用包括自动驾驶、智慧医疗、智慧教育、智慧金融、新零售、智能安防、智慧营销、智慧城市等。这些应用基于现有的传统产业，利用人工智能软硬件及集成服务，对传统产业进行升级改造，从而提高智能化程度。

保障层包含人工智能产业发展过程中需要遵守的法律法规、伦理规范、安全及标准，或在发展过程中需要修订、规范的相关法规和标准等，保障人工智能产业生态有序可持续发展。

第五节　价值链及创新

人工智能价值链全景图（见图1-2）包括相关各环节主要的上市企业，统计数据为截至2018年前三季度的企业市值、营业收入和净利润，并重点分析了基础层上市企业近5年的整体发展状况。

上市企业名称	市值（亿元）	营业收入（亿元）	净利润（亿元）
卫宁健康	196.97	9.25	1.93
思创医惠	78.12	8.79	1.09
四维图新	203.88	15.23	2.19
银江股份	46.50	15.19	−1.23
苏州科达	65.77	15.42	1.40

上市企业名称	市值（亿元）	营业收入（亿元）	净利润（亿元）
机器人	225.61	20.74	3.29
埃斯顿	74.16	10.65	0.71
拓斯达	50.22	8.51	1.29
新时达	37.40	27.27	0.52
华中数控	17.69	4.70	−0.59

上市企业名称	市值（亿元）	营业收入（亿元）	净利润（亿元）
科大讯飞	518.95	52.83	2.91
拓尔思	41.27	5.36	0.44
神州泰岳	68.25	10.32	−1.54

上市企业名称	市值（亿元）	营业收入（亿元）	净利润（亿元）
海康威视	2432.31	338.03	73.96
大华股份	364.37	150.31	15.64
千方科技	173.91	45.07	4.91
英飞拓	44.35	27.34	0.65
佳都科技	126.43	27.90	1.13

图1-2　人工智能价值链全景图

（数据来源：上市企业财报，赛迪顾问，2018年12月）

上市企业名称	市值（亿元）	营业收入（亿元）	净利润（亿元）
景嘉微	103.26	2.93	5.08
紫光国微	199.34	17.11	2.88
欧比特	64.81	5.78	0.91
上市企业名称	市值（亿元）	营业收入（亿元）	净利润（亿元）
歌尔股份	229.1	154.48	8.56
士兰微	122.94	22.12	1.51
华天科技	85.03	55.59	3.27
航天电子	159.62	90.82	3.43
上市企业名称	市值（亿元）	营业收入（亿元）	净利润（亿元）
浪潮信息	229.1	335.96	48.76
中科曙光	269.81	54.58	1.74
紫光股份	508.1	344.25	11.62

注：企业市值、营业收入和净利润为 2018 年前三季度数据。

图 1-2　人工智能价值链全景图（续）

（数据来源：上市企业财报，赛迪顾问，2018 年 12 月）

一、基础层上市企业营业收入及净利润保持高速增长

2018 年前三季度人工智能基础层上市企业营业收入达到 1083.62 亿元（见图 1-3），人工智能基础层上市企业净利润达到 87.76 亿元（见图 1-4），已经高于 2017 年全年净利润，营业收入及净利润保持高速增长态势。

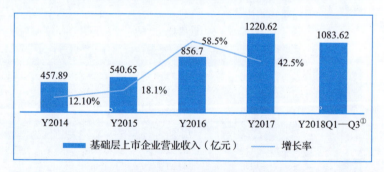

图 1-3　2014—2018 年中国人工智能基础层上市企业营收规模及增长率

（数据来源：赛迪顾问，2018 年 12 月）

---

① Y2018Q1—Q3：指 2018 年第 1 ~ 3 季度。

图 1-4　2014—2018 年中国人工智能基础层上市企业净利润规模及增长率

（数据来源：赛迪顾问，2018 年 12 月）

二、计算能力平台类企业营收比重逐年增大

从基础层三大细分领域结果来看，以浪潮、中科曙光、紫光股份为代表的计算能力平台企业占据半壁江山，比例逐年增大，从 2014 年的 47.1% 提升到 2018 年前三季度的 67.8%，传感器企业占比降至 29.8%，人工智能芯片类占比从近 5 年的变化趋势来看基本保持稳定态势（见图 1-5）。

图 1-5　2014—2018 年中国人工智能基础层各细分领域结构情况

（数据来源：赛迪顾问，2018 年 12 月）

第六节　行业龙头动向

2018 年，人工智能领域的龙头企业热衷于并购产业上下游的企业，以完善自身企业实力，从主要的并购事件来看（见表 1-2），集中在以数据科学和芯片为代表。国内外的 AI 龙头企业热衷于收购新兴的人工智能 + 数据科学初创企业，来提供各类的人工智能工具，并完善自身的产品生态。芯片领域以赛灵思和阿

里巴巴为代表，各自收购了知名的 FPGA 和 CPU 企业，以扩大芯片产业体系。

表 1-2　2018 年人工智能行业投资并购重大事件

序号	事 件 说 明	事 件 主 体	影响 / 意义
1	赛灵思收购深鉴科技	赛灵思	赛灵思通过收购中国本土的 FPGA 领军企业，不仅会进一步扩展其人工智能的研发应用布局，未来还会深度参与到与英伟达在 GPU 市场上的角力竞争
2	微软收购 Github	微软	收购全球最大开源社区，完善自身开源生态
3	Oracle 收购 DataFox	Oracle	Oracle 云应用软件将集成到 DataFox 中，进一步添加 AI 推断的公司级数据和信息，帮助客户做出更好的决策
4	微软收购 Semantic Machines	微软	微软将利用该初创公司熟练运用的机器学习技术，让客户能够以更自然的方式与数据进行协作，以增强其智能助手 Cortana 的功能
5	谷歌收购 Velostrata	谷歌	Velostrata 是一家总部位于以色列的初创公司，这次收购将补充其广泛的迁移产品组合，帮助公司企业迁移到云端
6	英特尔收购 Vertex.AI	英特尔	Vertex.AI 开发了名为 PlaidML 的开源深度学习引擎，可以帮助开发人员将 AI 部署到各种设备上，PlaidML 将与英特尔 nGraph 后端整合起来
7	Salesforce 收购 Datorama	Salesforce	Datorama 是一家总部位于以色列的公司，为企业提供 AI 驱动的营销分析和情报数据。通过这次收购，Salesforce 的营销云功能将得到加强
8	亚马逊收购 Ring	亚马逊	Ring 是一家智能门铃公司，已被亚马逊斥资逾 10 亿美元收购。Ring 的主业是生产门铃。它还可以录制实时视频并发送到客户的手机上
9	微软收购 Lobe	微软	Lobe 来自硅谷，是一家简化人工智能模型训练和部署过程的企业。将利用微软的全球框架、经验和 AI 研究，为开发人员构建工具
10	微软收购 Bonsai	微软	Bonsai 框架旨在让任何设计人员都能够访问 AI 系统。该框架将影响微软的一部分 Azure AI 服务
11	谷歌收购 Kaggle 和 Halli Labs	谷歌	谷歌将能够利用最受欢迎的数据科学平台 Kaggle 和 Halli Labs 的资源
12	Oracle 收购 Datascience.com	Oracle	Data 平台将使客户能够利用单一数据科学平台，利用海量信息和机器学习，进行前瞻性学习，并获得更好的业务成果
13	阿里巴巴全资收购中天微	阿里巴巴	全资收购中国大陆唯一的自主嵌入式 CPU IP Core 公司，阿里巴巴在 AI 芯片战略布局中已初具规模
14	百度全资收购西雅图创业公司 KITT.AI	百度	KITT.AI 专注语音唤醒和自然语音交互技术，是世界上唯一一家获得亚马逊 Alexa 和微软联合创始人 Paul Allen 投资的公司

序号	事 件 说 明	事 件 主 体	影响 / 意义
15	巨人网络收购 Playtika	巨人网络	以色列科技公司 Playtika 就是利用人工智能赋能游戏改造的佼佼者，聚集人工智能在游戏的应用

数据来源：赛迪顾问，2018 年 12 月。

第七节 市场规模预测

截至 2018 年 12 月，中国人工智能整体市场规模超过 5000 亿元；预计 2021 年，中国人工智能整体市场规模将超过 1.3 万亿元，其中由人工智能应用带动的相关市场规模将超过 1 万亿元。2016—2021 年中国人工智能整体市场规模及预测如图 1-6 所示。

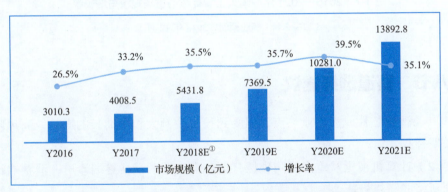

图 1-6 2016—2021 年中国人工智能整体市场规模及预测

（数据来源：赛迪顾问，2018 年 12 月）

人工智能核心产业统计口径内涵：支撑层主要包括 GPU/TPU/FPGA 等计算芯片，人工智能专用芯片和传感器，其中传感器占据较大产值。软件产品主要包括语音识别平台、机器视觉系统、机器学习平台等产品。统计 API 调用、SDK、解决方案等产值。硬件产品主要包括智能工业机器人、智能特种机器人、服务机器人，仅统计机器人产值中智能模块和解决方案部分。无人 / 辅助驾驶仍然以辅助驾驶为主，其中，ADAS 相关软硬件占据大部分产值。智能无人设备包括智能家电、智能可穿戴设备、智能无人机等产品，统计具备人工智能的模块和解决方案部分。随着人工智能技术的不断推进以及基础理论的完善，截至 2018 年 12 月人工智能核心市场规模达到 987.6 亿元,增长率达到 39.4%（见

① Y2018E：指 2018 年年底，余可类推。

图 1-7）；预计 2021 年，人工智能核心市场规模将超过 2200 亿元。

图 1-7　2016—2021 年中国人工智能核心市场规模与增长率

（数据来源：赛迪顾问，2018 年 12 月）

第八节　赛道选择建议

（1）智能芯片成为创业热点，但受到投资金额大和周期长的影响，高风险将长期并存。

（2）计算机视觉从重点安防领域，逐步向工业、消费终端渗透，消费端算法创新将成新趋势。

（3）语音识别和自然语言理解龙头企业偏少，用户体验要求多，导致创业难度依旧较大，需长期投入技术研发，攻克关键核心技术点。

（4）类脑芯片研发尚待理论突破，需要 5 ~ 10 年等待期，资本可考虑提前布局，通过整合交叉学科、跨媒体感知计算等资源来推动科研进展。

（5）通用机器学习技术正在重新受到重视，依靠小数据、无监督学习等技术，实现人工智能底层技术创新。

2019 年中国人工智能细分领域投资价值趋势图如图 1-8 所示。

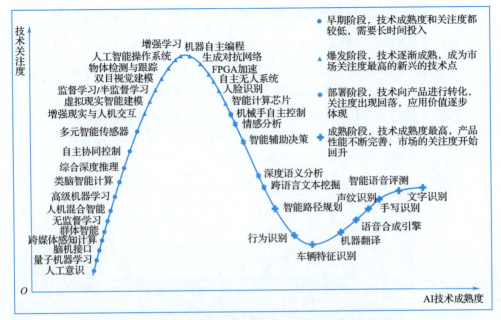

图 1-8　2019 年中国人工智能细分领域投资价值趋势图

（数据来源：赛迪顾问，2018 年 12 月）

第九节　资本市场动向

一、人工智能 2018 年前三季度融资金额同比增长 6.79%

在人工智能领域，2018 年前三季度中国共有 58 个项目获得投资，同比增长 13.73%；获得投资总金额为 173 亿元（见图 1-9），同比增长 6.79%。2018 年前三季度的融资数据中，商汤科技以 10 亿美元的融资额排在榜首。

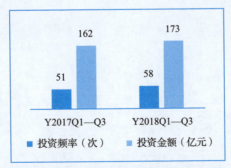

图 1-9　2018 年前三季度与 2017 年前三季度人工智能领域投资对比情况

（数据来源：赛迪顾问，2018 年 12 月）

二、北京持续保持领先优势，深圳、上海、杭州为第二梯队

在区域格局中，与 2017 年前三季度相比，北京持续保持领先优势，集中最多的企业、资金，表明北京对人工智能企业的吸引力；上海、深圳、杭州为第二梯队，与 2017 年前三季度相比，上海、深圳、杭州地区的投资频次大幅上升，北京有所下降，由 2017 年前三季度的 27 次降为 2018 前三季度的 20 次（见图 1-10）；从投资额度上看，北京、杭州有所上升，上海、深圳则有所下降。

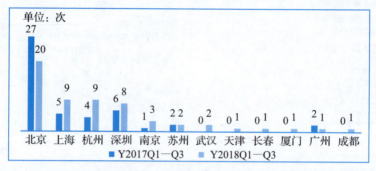

图 1-10　2018 年前三季度与 2017 年前三季度人工智能各区域投资频次对比情况

（数据来源：赛迪顾问，2018 年 12 月）

三、投资热点主要集中在计算机视觉、机器人和智能语音领域

2018 年前三季度投资，从投资金额看（见图 1-11），主要集中在计算机视觉、机器人、智能语音领域。从投资频次看（见图 1-12），计算机视觉领域投资频次增长少，但投资金额大幅增加，主要是因为商汤科技、旷视科技等龙头企业获得大单投资。

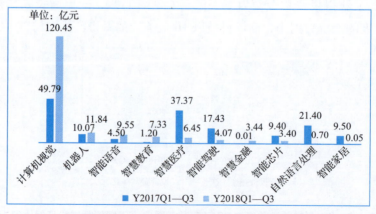

图 1-11　2018 年前三季度与 2017 年前三季度人工智能热门赛道投资金额对比情况

（数据来源：赛迪顾问，2018 年 12 月）

图 1-12 2018 年前三季度与 2017 年前三季度人工智能热门赛道投资频次对比情况

（数据来源：赛迪顾问，2018 年 12 月）

四、受整体风险投资市场环境影响，A 轮、B 轮企业获投金额减少

与 2017 年前三季度相比，2018 年前三季度 Pre-A/A 轮 /A+ 轮以及天使轮投资频次有所上升（见图 1-13），但投资金额整体偏少，在投资金额上表现为下降趋势（见图 1-14）。

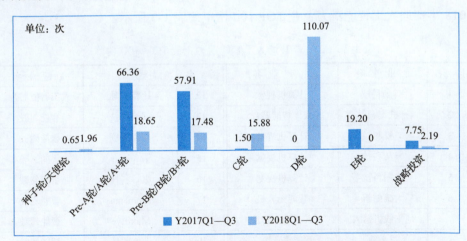

图 1-13 2018 年前三季度与 2017 年前三季度人工智能各轮次投资频次对比情况

（数据来源：赛迪顾问，2018 年 12 月）

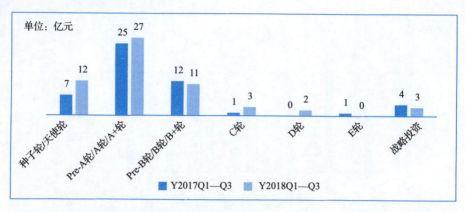

图 1-14   2018 年前三季度与 2017 年前三季度人工智能各轮次投资金额对比情况

（数据来源：赛迪顾问，2018 年 12 月）

2018 前三季度的投资结构的典型事件是商汤科技的 10 亿美元 D 轮投资和旷视科技的 6 亿美元 D 轮投资。

第十节　百强潜力企业

通过企业估值、营收状况、专利数量、产品竞争力、企业创新能力、创始人及管理团队六个维度进行定量与定性综合评价，结合国内外相关学者、投资机构的研究工作和成果，研究制定了人工智能百强潜力企业评判指标体系。2018 年赛迪人工智能潜力企业 TOP 100 榜单如表 1-3 所示。

表 1-3   2018 年赛迪人工智能潜力企业 TOP 100 榜单

排　名	企 业 名 称	主 营 业 务	排　名	企 业 名 称	主 营 业 务
1	商汤科技	计算机视觉	12	比特大陆	人工智能芯片
2	寒武纪科技	人工智能芯片	13	驭势科技	智能驾驶
3	旷视科技	计算机视觉	14	图森互联	智能驾驶
4	云从科技	计算机视觉	15	Minieye	智能驾驶
5	依图科技	计算机视觉	16	纵目科技	智能驾驶
6	大疆创新	智能无人机	17	Momenta	智能驾驶
7	地平线机器人	人工智能芯片	18	MaxiEye	智能驾驶
8	思必驰	智能语音语义	19	天隼图像	智能驾驶
9	优必选	服务机器人	20	北醒光子	智能驾驶
10	云知声	智能语音语义	21	极目智能	智能驾驶
11	出门问问	智能语音语义	22	触景无限	计算机视觉

排　名	企业名称	主营业务	排　名	企业名称	主营业务
23	阅面科技	计算机视觉	56	雅森科技	智能医疗
24	码隆科技	计算机视觉	57	思派网络	智能医疗
25	深网视界	计算机视觉	58	云天励飞	人工智能芯片
26	多维视通	计算机视觉	59	知存科技	人工智能芯片
27	凌感科技	计算机视觉	60	灵汐科技	人工智能芯片
28	速感科技	计算机视觉	61	熠知电子	人工智能芯片
29	诺亦腾科技	计算机视觉	62	芯仑光电	人工智能芯片
30	图普科技	计算机视觉	63	深思创芯	人工智能芯片
31	小i机器人	服务机器人	64	声智科技	人工智能芯片
32	布丁机器人	服务机器人	65	深维科技	人工智能芯片
33	人智科技	服务机器人	66	肇观电子	人工智能芯片
34	小鱼儿科技	服务机器人	67	鲲云科技	人工智能芯片
35	图灵机器人	智能语音语义	68	鹏元征信	智能金融
36	纳象立方	智能语音语义	69	量化派	智能金融
37	普强信息	智能语音语义	70	数联铭品	智能金融
38	玻森数据	智能语音语义	71	英语流利说	智能教育
39	智齿科技	智能语音语义	72	一起作业	智能教育
40	紫冬锐意	智能语音语义	73	学霸君	智能教育
41	三角兽科技	智能语音语义	74	iPin	智能教育
42	Thinker	人工智能芯片	75	作业帮	智能教育
43	中星微	人工智能芯片	76	Gowild	服务机器人
44	瑞芯微	人工智能芯片	77	北冥星眸	服务机器人
45	眼擎科技	人工智能芯片	78	极思维智能科技	服务机器人
46	人人智能	人工智能芯片	79	萝卜科技	服务机器人
47	西井科技	人工智能芯片	80	Rokid	服务机器人
48	翼展科技	智能医疗	81	妙手机器人	服务机器人
49	碳云智能	智能医疗	82	亿航	智能无人机
50	柏惠维康	智能医疗	83	零零无限	智能无人机
51	Deep Care	智能医疗	84	速感科技	智能无人机
52	森亿智能	智能医疗	85	凌宇智控	智能无人机
53	医渡云	智能医疗	86	伟景智能	人工智能芯片
54	锐达影像	智能医疗	87	耐能人工智能	人工智能芯片
55	多美小壹	智能医疗	88	黑芝麻智能	人工智能芯片

排　名	企业名称	主营业务	排　名	企业名称	主营业务
89	经平电子	人工智能芯片	95	Yi+	计算机视觉
90	华夏芯	人工智能芯片	96	中科慧眼	智能驾驶
91	智融集团	智能金融	97	第四范式	人工智能平台
92	云脑科技	人工智能云服务	98	汇医慧影	智能医疗
93	深脑链	人工智能云服务	99	猛犸反欺诈	智能金融
94	深思考人工智能	人工智能芯片	100	e成科技	智能招聘

注：此次排名不分先后。　　　　　　　　　　数据来源：赛迪顾问，2018 年 12 月。

第二章

VR/AR

第一节　产业定义或范畴

VR（虚拟现实）是指借助计算机系统及传感器技术生成一个三维环境，通过动作捕捉装备，给用户一种身临其境的沉浸式体验。AR（增强现实）是 VR 的延伸，能把计算机生成的物体、图片、视频、声音等虚拟信息叠加到真实场景中并与人实现互动，二者实时地叠加、融合为一体，让虚拟世界和现实世界实现互动。MR（混合现实）是更进一步的技术组合，发展慢于其他两者。本文将不严格区分 AR、VR 与 MR，而是用 VR/AR 进行统一表述。

第二节　赛迪重大研判

（1）VR/AR 产业逐渐回归理性，已进入新的"裂变式"发展阶段。

（2）目前 VR 产业已经形成了以设备为核心的产业链，覆盖零部件、输出设备、交互设备、信息处理和系统平台的软件、内容制作、行业应用、平台分发等多个细分环节。

（3）VR/AR 企业以"北深沪"为主，福州、南昌、青岛、成都等地创新企业集聚明显。

（4）整体来看，软件、零部件环节净利率远高于其他领域；软件处于价值链高端，但国内布局较少，话语权基本掌控在国外企业手中；消费级应用企业数量和净利率都明显高于企业级应用。

（5）2018 年 VR/AR 领域的龙头企业纷纷完善自身业务建设，加大了对

VR/AR 的投资和创新，不断推出新品或更新原有系统平台。同时国内 VR/AR 领域开始出现一批"独角兽"企业，行业整体环境在不断改善。

（6）从投资潜力来看，VR/AR 工业、VR/AR 教育、虚拟触觉、眼球追踪、光场显示、智能交互、AR 眼镜、VR/AR 游戏、VR/AR 娱乐等领域值得关注。

第三节　产业政策分析

一、产业环境

1．VR/AR 市场需求不断升级，产业生态系统不断完善

消费升级需求对 VR/AR 产品和内容提出了更高的要求。自 2016 年 VR 发展元年以来，市场对于 VR/AR 的认知已经到了一定程度，随着线下体验店和普及性产品的开展和使用，消费者对舒适性、真实性、实用性和愉悦性的虚拟现实体验需求不断升级。从供给侧而言，2018 年，互联网巨头、制造企业、手机生产商、泛娱乐产业纷纷加速投资布局 VR/AR，谷歌、索尼、HTC、微软、Facebook 等巨头纷纷构建自身的 VR/AR 生态系统，加快了行业发展速度。

2．VR/AR 投资环境更加趋于理性，产业发展更加健康

经历了 2016 年下半年以来的投资寒潮和产业洗牌，2018 年 VR/AR 产业正在复兴，增长速度正在回归，增长率将由 2017 年的低谷上升到 121.3%。相比之前资本对 VR/AR 的盲目追捧和狂热，现在的投资环境将更有利于产业的健康发展，只有真正拥有核心技术或创新产品的企业才能在这波风浪中生存，投资环境的变化将助于行业的洗牌，有利于产业的长期健康发展。

3．科技强国战略正在驱动以 VR/AR 为代表的前沿技术和产业进一步发展

全球范围内新兴技术呈现群体跃进态势，颠覆性技术不断涌现，催生出新经济、新产业、新业态和新模式。中国成为世界主要科学中心和创新高地，科技强国已上升为国家战略。VR/AR 作为一种新兴技术，与人工智能、5G、云计算等技术正在融合，这些新兴技术和产业正在成为中国打造世界主要科学中心和创新高地的重要载体之一。

二、政策导向

1. VR 产业的战略定位在国家政策层面被进一步强化

我国致力于实现高质量发展，推动新技术、新产品、新业态和新模式在各领域广泛应用。加强我国虚拟现实等领域在国际中的交流合作，共享发展机遇，共享创新成果，有利于开创人类社会更加智慧、更加美好的未来。因此，我国从政策上进一步强化虚拟现实产业的战略定位，相继出台的《中华人民共和国国民经济和社会发展第十三个五年规划纲要》《"十三五"国家科技创新规划》《"十三五"国家信息化规划》《"十三五"国家战略性新兴产业发展规划》等都明确把虚拟现实作为发展重点。

2. 地方政府重视 VR/AR 产业发展，产业基地遍地开花

越来越多的地方政府、企业园区认识到 VR/AR 的未来潜力，发布各类政策予以支持。2018 年南昌世界 VR 大会的隆重举办更是为 VR 行业发展带来了强劲信心。福建福州、青岛崂山、武汉光谷、湖南长沙、浙江嘉兴等地也都在当地政府的支持下纷纷成立 VR 产业基地，打造"VR 之都"。VR/AR 在社会多主体的支持下将迎来更好的发展。

VR/AR 产业主要政策如表 2-1 所示。

表 2-1　VR/AR 产业主要政策

颁布时间	颁布主体	政策名称	支持对象	相关内容
2016.08	国务院	《"十三五"国家科技创新规划》	动作捕捉等关键技术、虚拟现实＋工业、医疗等应用	突破虚实融合渲染、真三维呈现、实时定位注册、虚拟现实技术等一批关键技术，形成高性能真三维显示器、智能眼镜、动作捕捉和分析系统、个性化虚拟现实整套装置等具有自主知识产权的核心设备。基本形成虚拟现实与增强现实技术在显示、交互、内容、接口等方面的规范标准。在工业、医疗、文化、娱乐等行业实现专业化和大众化的示范应用，培育虚拟现实与增强现实产业
2016.12	国务院	《"十三五"国家信息化规划》	虚拟现实、全息显示	明确加强虚拟现实、全息显示、人工智能等新技术基础研发和前沿布局，构筑新赛场先发主导优势
2016.12	工信部	《信息通信行业发展规划（2016—2020年）》	虚拟现实	以技术创新为突破，带动移动互联网、5G、云计算、大数据、物联网、虚拟现实、人工智能、3D 打印、量子通信等领域核心技术的研发和产业化

颁布时间	颁布主体	政策名称	支持对象	相关内容
2017.01	国务院	《国家教育事业发展"十三五"规划》	虚拟现实+教育	全力推动信息技术与教育教学深度融合。支持学校利用虚拟现实等技术探索未来教育教学新模式
2017.04	文化部	《关于推动数字文化产业创新发展的指导意见》	虚拟现实+娱乐、购物等	● 推动数字文化与虚拟现实购物、"粉丝"经济等营销新模式相结合； ● 开拓混合现实娱乐、智能家庭娱乐等消费新领域； ● 推动虚拟现实、交互娱乐等领域相关产品、技术和服务标准的研究制定
2017.05	科技部、国家发展改革委、工信部、国家卫计委、体育总局和食品药品监管总局	《"十三五"健康产业科技创新专项规划》	虚拟现实+医疗	● 开发虚拟现实康复系统等康复辅具； ● 加快增强现实、虚拟现实、计算机图形图像可视化等关键技术的应用突破，提高治疗水平
2016.10	北京石景山区人民政府、中关村科技园区管理委员会	《关于促进中关村虚拟现实产业创新发展的若干措施》	技术研发、领军人才	● 深入开展虚拟现实领域的关键技术研发； ● 加快建设虚拟现实产业促进平台； ● 全力推动虚拟现实技术成果产业化和行业应用； ● 支持虚拟现实创业发展； ● 大力推进虚拟现实企业集聚发展； ● 大力引进国际领军人才和团队
2017.03	深圳市发改委	《VR/AR产业专项扶持资金申请指南》	资金支持	对虚拟现实高技术产业化项目采取贷款贴息、股权资助、直接资助扶持方式
2018.08	南昌市人民政府办公厅	《关于加快VR/AR产业发展的若干政策》（修订版）	中国·南昌VR产业基地	重点发展VR/AR硬件、VR/AR内容制作、VR/AR跨界服务，建设一批VR/AR产业相关的数据中心、渲染中心、超算中心和应用分发平台。强化硬件设计与制造、芯片与算法研发、素材支撑平台开发、素材资源库建设、行业应用开发与推广、产业合作、人才培养等配套服务功能，形成全产业链的产品和服务供应体系
2017.09	崂山区人民政府	《崂山区促进虚拟现实产业发展实施细则（试行）》	技术创新、人才引进	● 推动虚拟现实技术创新； ● 促进虚拟现实企业聚集； ● 鼓励虚拟现实人才引进和培养； ● 加大资本支撑力度； ● 支持虚拟现实技术应用与推广
2017.08	潍坊市人民政府办公室	《潍坊市打造千亿级虚拟现实产业配套政策》	科研平台高端人才	● 依托歌尔，打造VR硬件生产基地； ● 扶持培育新企业，金融支持力度大，实施创新激励
2018.07	成都市经信委、成都市文广新局	《成都市虚拟现实产业发展推进工作方案》	内容、软件、硬件	打造VR内容制作运营高地、VR软件创新研发高地、VR硬件研发制造核心

续表

颁布时间	颁布主体	政策名称	支持对象	相关内容
2016.08	重庆市经信委	《关于加快推进虚拟现实产业发展的工作意见》	工业设计、城市管理、文化传播应用示范	重点围绕汽车、摩托车、装备制造等支柱产业，加快虚拟现实与产业的深度融合
2017.09	厦门市经济和信息化局	《厦门市 VR/AR 产业发展规划（2017—2022 年）》	内容应用突破	以内容制作为主，掌握部分关键核心技术

数据来源：相关部门网站公开信息，赛迪顾问整理，2018 年 12 月。

第四节　产业链全景图

目前 VR/AR 产业已经形成了以设备为核心的产业链（见图 2-1），覆盖零部件、输出设备、交互设备、信息处理和系统平台的软件、内容制作、行业应用、平台分发等多个细分环节，VR/AR 产业链覆盖面广，具备产业做大的基础与潜力。

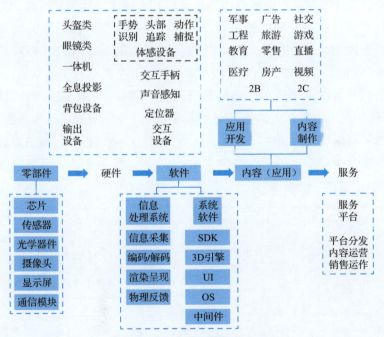

图 2-1　VR/AR 产业链全景图

（数据来源：赛迪顾问，2018 年 12 月）

零部件：主要包括芯片、传感器、光学器件、摄像头、通信模块和显示屏。

硬件：主要包括以头盔类、眼镜类、一体机、全息投影和背包设备为主要形态的输出设备；以及以体感设备、交互手柄、声音感知和定位器等为主的交互设备。

软件：主要包括以信息采集、编码 / 解码、渲染呈现、物理反馈为主的信息处理系统和以 SDK、3D 引擎、UI、OS 和中间件为主的系统软件。

应用：应用即内容，主要包括消费级应用（2C）和企业级应用（2B）。

服务：主要指服务平台，包括平台分发、内容运作和销售运作。

第五节　价值链及创新

一、整体情况

从各细分领域净利率来看，软件技术净利率最高（见图 2-2）。在 VR/AR 行业态势不明朗且面临多变的情况下，具备长期核心价值、不依赖单个内容或平台的，且具有一定成功经验的工具、底层等软件技术以及显示屏、芯片、传感器和光学器件等零部件，最受市场的认可，市场需求也相对可观，具备一定的话语权和定价权，净利率相对较高。应用环节从事内容制作的企业数量较多，但缺乏优质的内容仍然是行业的痛点，无论是 2C 还是 2B 都缺乏爆款内容和痛点应用，应用企业也在面临洗牌，整体上净利率在 10% 左右。硬件环节，由于消费者渗透速度和设备出货量远低于预期，VR/AR 头戴式显示设备（以下简称头显）市场几近饱和，硬件市场的企业竞争力格局基本已定，HTC、OCULUS、索尼等几大硬件厂商占据市场大部分份额，硬件门槛相对较高，竞争比较激烈，净利率水平相对稳定在 8.8% 左右。服务环节，目前做平台服务的企业较少，上市企业则更少。

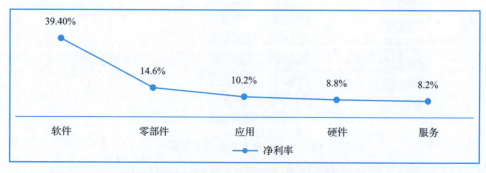

图 2-2　2018 年前三季度中国 VR/AR 产业各环节领域上市企业净利率情况

（数据来源：赛迪顾问，2018 年 12 月）

二、零部件

VR/AR 零部件价值链全景图如图 2-3 所示。

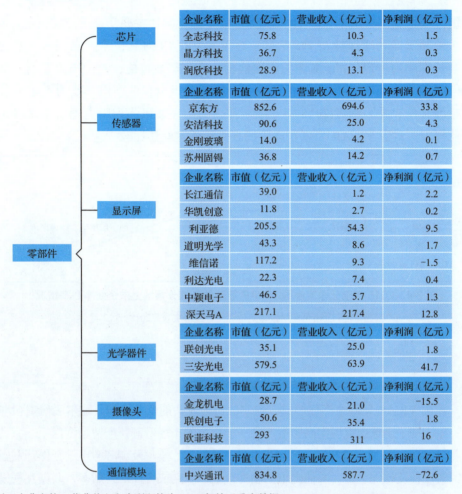

企业名称	市值（亿元）	营业收入（亿元）	净利润（亿元）
全志科技	75.8	10.3	1.5
晶方科技	36.7	4.3	0.3
润欣科技	28.9	13.1	0.3

企业名称	市值（亿元）	营业收入（亿元）	净利润（亿元）
京东方	852.6	694.6	33.8
安洁科技	90.6	25.0	4.3
金刚玻璃	14.0	4.2	0.1
苏州固锝	36.8	14.2	0.7

企业名称	市值（亿元）	营业收入（亿元）	净利润（亿元）
长江通信	39.0	1.2	2.2
华凯创意	11.8	2.7	0.2
利亚德	205.5	54.3	9.5
道明光学	43.3	8.6	1.7
维信诺	117.2	9.3	−1.5
利达光电	22.3	7.4	0.4
中颖电子	46.5	5.7	1.3
深天马A	217.1	217.4	12.8

企业名称	市值（亿元）	营业收入（亿元）	净利润（亿元）
联创光电	35.1	25.0	1.8
三安光电	579.5	63.9	41.7

企业名称	市值（亿元）	营业收入（亿元）	净利润（亿元）
金龙机电	28.7	21.0	−15.5
联创电子	50.6	35.4	1.8
欧菲科技	293	311	16

企业名称	市值（亿元）	营业收入（亿元）	净利润（亿元）
中兴通讯	834.8	587.7	−72.6

注：企业市值、营业收入和净利润均为 2018 年前三季度数据。

图 2-3　VR/AR 零部件价值链全景图

（数据来源：上市企业财报，赛迪顾问，视野金服，2018 年 12 月）

国内 VR/AR 显示屏、芯片等核心零部件产业发展较为基础。通过梳理 VR/AR 行业的上市企业可知，国内在核心零部件环节已具备一定基础，企业布局完整，尤其在显示屏领域涉足企业最多。深天马提供的刚性和柔性 AMOLED，中颖电子提供 VR 设备使用的 AMOLED 显示屏均在行业中得到较好的市场认可。国内在核心零部件环节已经在积蓄力量，未来可期。

显示屏、光学器件领域净利率远高于其他零部件细分领域（见图 2-4）。从各细分领域净利率来看，显示屏、光学器件利润率较高，净利率都超过了 36.0%，其主要得益于领域内龙头企业的良好业绩。显示屏主要是受益于长江通信，该企业主要从事 VR/AR 微投影业务；光学器件主要受益于三安光电；芯片、传感器净利率保持在 7% 左右，近年来 VR/AR 对其技术产品创新以及业绩增长都起到一定作用；摄像头和通信模块净利率为负值，由于国内专门从事 VR/AR 摄像头和通信模块的企业较少，如金龙机电和联创电子是为数不多从事摄像头的企业，前者 2018 年业绩较差，而中兴通讯作为国内通信模块涉足企业代表，对于 VR/AR 尚属布局阶段，真正的营收还比较少。

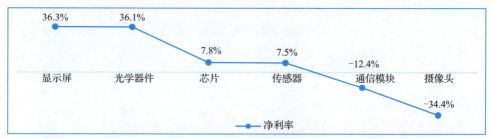

图 2-4　2018 年前三季度中国 VR/AR 零部件各细分领域上市企业净利率情况

（数据来源：上市企业财报，赛迪顾问，视野金服，2018 年 12 月）

三、硬件

VR/AR 硬件价值链全景图如图 2-5 所示。

国内 VR/AR 硬件生产已形成以歌尔股份为龙头的企业格局。歌尔股份虚拟现实头显占据了全球虚拟现实高中端产品一半以上的市场份额，产销量全球第一。其主要与 HTC、高通、联发科、三星半导体、英特尔、索尼及瑞芯微电子合作开发虚拟现实设备及软件平台。其他上市的硬件企业以收购或合作形式居多，联创互联投资了蚁视，蚁视头显为 VR 行业 PC 端排名前列的头显企业之一，欣旺达则是与掌网科技合作开发 VR 硬件产品。还有一些企业主要为世界三大头显提供配套产品，如星星科技为 HTC 头戴式 VR 设备及手机提供配套产品。

VR/AR 硬件商从事研发比生产制造价值高，但风险也较大。脱离了研发和技术的硬件制造企业处于"微笑曲线"的低谷，以歌尔股份为例，尽管其已经是全球前三的头显制造商，但净利率仅为 5.5%（见图 2-6），远低于拥有核心技术的企业。例如，利亚德进军 VR，主要源于收购了美国的 NaturalPoint 公司，后者是业界著名的光学跟踪和运动捕捉解决方案商，2017 年其纯 VR 体验实现了营业收入 2.41 亿元。拥有核心价值的交互设备处于价值链高端，具备持续增长的空间和潜力。当然高收益伴随着高风险，暴风集团曾凭借其爆品"暴风魔镜"获得市场广泛关注，曾经有 33 个一字涨停板，如今暴风集团市值缩水 300 多亿元，净利率处于 22% 的负增长。

	企业名称	市值（亿元）	营业收入（亿元）	净利润（亿元）
输出设备	暴风集团	33.4	10.3	-2.3
	星星科技	30.9	34.7	0.7
	欣旺达	140.5	131.1	5.1
	奋达科技	82.2	24.1	2.6
	联创互联	47.4	25.4	1.6
	歌尔股份	230.7	154.5	8.6

	企业名称	市值（亿元）	营业收入（亿元）	净利润（亿元）
交互设备	慈星股份	39.5	13.9	1.5
	捷成股份	123.9	34.9	7.9
	锦福技术	38.7	20.6	-0.2
	劲胜智能	41.4	41.7	-1.0
	荣泰健康	45.6	17.6	1.8
	利亚德	205.5	54.3	9.5
	海格通信	178.8	25.7	2.6

（硬件）

注：企业市值、营业收入和净利润均为 2018 年前三季度数据。

图 2-5　VR/AR 硬件价值链全景图

（数据来源：上市企业财报，赛迪顾问，视野金服，2018 年 12 月）

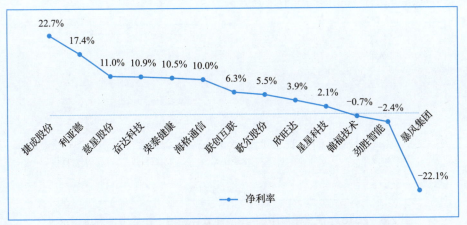

图 2-6　2018 年前三季度中国 VR/AR 硬件领域上市企业净利率情况

（数据来源：上市企业财报，赛迪顾问，视野金服，2018 年 12 月）

四、软件

VR/AR 软件价值链全景图如图 2-7 所示。

企业名称	市值（亿元）	营业收入（亿元）	净利润（亿元）
大恒科技	31.6	23.1	0.3
丝路视觉	20.4	4.4	0.4

企业名称	市值（亿元）	营业收入（亿元）	净利润（亿元）
索菲亚	174.5	51.1	6.9
光线传媒	217.7	12.9	22.9
大富科技	64.9	13.3	−0.7

注：企业市值、营业收入和净利润均为 2018 年前三季度数据。

图 2-7　VR/AR 软件价值链全景图

（数据来源：上市企业财报，赛迪顾问，视野金服，2018 年 12 月）

VR/AR 软件处于价值链高端，但国内企业少有企及。软件，尤其是系统平台市场基本是国外企业占据主力。Unity 3D、Unreal 等 3D 引擎企业；Unity 3D、微软等 UI；Oculus、谷歌等 OS 系统占据系统软件市场的大部分份额。国内企业在此环节还较薄弱，企业布局较少，技术实力较弱。其中，光线传媒投资的七维视觉取得了 177.8% 的利润率（见图 2-8），后者在 VR 制作工具、VR 内容平台等方面具备一定实力。索菲亚从事 VR 和 3D 引擎研发也取得了 13.6% 的净利率。可见 VR 软件环节处于价值链高端，只有把握真正的技术实力，获取市场认可，才会取得高价值受益。

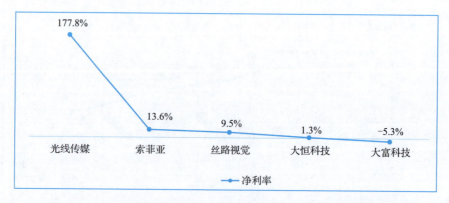

图 2-8　2018 年前三季度中国 VR/AR 软件领域上市企业净利率情况

（数据来源：上市企业财报，赛迪顾问，视野金服，2018 年 12 月）

五、内容（应用）

VR/AR 应用价值链全景图如图 2-9 所示。

<table>
<tr><td rowspan="9">应用</td><td rowspan="4">消费级应用</td></tr>
</table>

企业名称	市值（亿元）	营业收入（亿元）	净利润（亿元）
华策影视	160.6	35.8	3.6
奥飞娱乐	81.4	21.3	0.7
游久游戏	34.4	0.9	0.5
华录百纳	42.6	4.3	-3.5
雷曼股份	17.8	5.3	0.2
巨人网络	404.7	28.8	9.9
宋城演艺	308.8	24.7	11.5
恒信东方	45.0	4.9	2.1

企业名称	市值（亿元）	营业收入（亿元）	净利润（亿元）
完美世界	319.5	55.1	13.2
世纪华通	517.7	62.3	8.8
三七互娱	245.8	55.4	12.2
焦点科技	30.1	6.4	0.6
广博股份	24.5	15.9	0.5
电魂网络	36.8	3.2	0.9
华凯创意	11.8	2.7	0.2
歌华有线	125.3	18.0	5.5

企业名称	市值（亿元）	营业收入（亿元）	净利润（亿元）
摩登大道	67.5	10.5	0.6
凤凰传媒	190.6	78.6	11.0
城市传媒	51.5	15.5	1.9
数码科技	45.3	10.0	0.8
柏堡龙	57.2	6.8	1.2
中文传媒	160.5	88.9	12.1

企业级应用

企业名称	市值（亿元）	营业收入（亿元）	净利润（亿元）
佳创视讯	20.4	1.9	0.0
共进股份	43.7	59.2	1.2
弘高创意	38.1	8.8	0.1
银江股份	46.6	15.2	0.1
东方网络	26.8	1.7	-1.1
风语筑	41.0	12.5	1.7

注：企业市值、营业收入和净利润均为 2018 年前三季度数据。

图 2-9　VR/AR 应用价值链全景图

（数据来源：上市企业财报，赛迪顾问，视野金服，2018 年 12 月）

VR/AR 消费级应用企业数量和净利率都明显高于企业级应用。从统计的国内 28 家从事 VR/AR 内容制作和应用开发的上市企业数据来看（见图 2-10），消费级应用企业数量为 16 家，平均净利率为 15.7%；而企业级应用企业数量为 12 家，平均净利率仅为 2.4%，这主要是受东方网络亏损的影响。从事 VR/AR 应用的市场企业中，净利率排名前 10 的企业有 9 家都是从事游戏、娱乐等的 2C 端应用企业。整体上看，以游戏、视频、娱乐等为主的 VR/AR 消费级应用市场受众较多，消费者认知已建立，具有一定的用户群体和潜在需求。以工业、教育、医疗等为主的企业级应用市场还需要成熟的解决方案，企业虽然目前净利率较低，但未来市场和价值将无限可期。

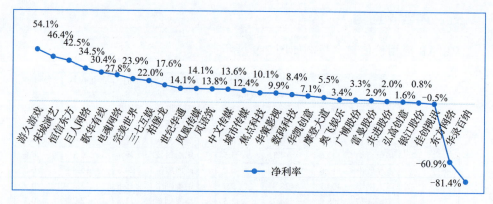

图 2-10　2018 年前三季度中国 VR/AR 应用领域上市企业净利率情况

（数据来源：上市企业财报，赛迪顾问，视野金服，2018 年 12 月）

六、服务

VR/AR 服务价值链全景图如图 2-11 所示。

企业名称	市值（亿元）	营业收入（亿元）	净利润（亿元）
榕基软件	40.1	4.8	0.3
岭南股份	93.3	57.1	5.7

服务 —— 线下体验

图 2-11　VR/AR 服务价值链全景图

注：企业市值、营业收入和净利润均为 2018 年前三季度数据。

（数据来源：上市企业财报，赛迪顾问，视野金服，2018 年 12 月）

VR/AR 服务环节仍未建立成熟的商业模式。目前从事平台服务的企业较少，上市企业则更少，岭南股份和榕基软件主要由原来的业务转型从事 VR 线下体验馆和主题公园。VR/AR 的线上线下分发延伸需要以充实整个产业内容为前提，尤其是优质内容和爆款应用的出现为前提。

第六节　行业龙头动向

2018 年，VR/AR 领域的龙头企业纷纷完善自身业务建设，加大了对该领域的投资和创新，不断推出新品或更新原有系统平台。同时国内 VR/AR 领域开始出现一批独角兽企业，如奥比中光等，行业整体环境在不断改善。

2018 年 VR/AR 行业重大事件如表 2-2 所示。

表 2-2　2018 年 VR/AR 行业重大事件

序　号	事件说明	事件主体	影响 / 意义
1	Magic Leap One 头显终于问世市场	Magic Leap	已筹集超过 23 亿美元资金，AR 领域明星公司 Magic Leap 历经几年研发终于发布 AR 眼镜套件 Magic Leap One 的开发者版本，然而"差评"较多，在一定程度上削弱了市场信心
2	微软 HoloLens 获得美国军方 AR 订单 4.8 亿美元	微软	10 万套级订单额将直接带动 VR/AR 市场规模成倍增长；同时将有效推动 VR/AR 应用步伐，尤其是 2B 级的产业赋能应用
3	苹果发布 ARKit 2	苹果	ARKit 为开发者提供了简单便捷的 API，使得开发者可更加快捷地开发 AR 功能，作为 AR 的主要平台之一，不断推动行业发展
4	谷歌增强现实平台 ARCore 终于进入中国市场	谷歌	ARCore 是一个开发人员框架，也是一套开发人员工具和服务，与苹果 ARKit 形成直接竞争。二者也是 AR 领域的最主要的两大平台
5	Oculus 发布新产品：Oculus Go 一体机	Oculus	Oculus 作为三大头显巨头之一，2018 年发布了 Oculus Go 一体机，并被市场认为在硬件、体验、价格上的表现都较为出色。再次验证了一体机是 VR/AR 硬件的未来
6	光场内容技术服务商叠境数字完成亿元级 A 轮融资，由 IDG 资本领投，赛富基金、金沙江创投跟投	叠境数字	公司主攻光场采集和智能成像技术研发与产品化，证明了光场技术一定是 VR/AR 的核心技术，尽管投资环境不好，但只要有核心技术，仍会受投资人热捧
7	小鸟看看 /PICO 获广发信德、广发证券、广发乾和、巨峰科创 1.675 亿元投资	小鸟看看	小鸟看看生根于青岛市崂山区，受益于青岛市最近几年对 VR/AR 的重点支持，成长很快。反映了地方政府在培育 VR/AR 本地企业上已取得一定进展，不再依赖于外部招商引资
8	独角兽企业：3D 视觉感知供应商奥比中光获得蚂蚁金服领投的 D 轮 2 亿美元融资	奥比中光	3D 摄像头产业链 +VR/AR，已经进入迄今最好的发展周期
9	AR 眼镜研发商亮亮视野完成亿元人民币 B+ 轮融资，由建银国际领投，蓝驰创投、经纬中国跟投	亮亮视野	AR 智能硬件，通过第一视角交互、AR+AI 服务于工业、安防、医疗等行业。AR 比 VR 迎来更好地发展；AR+AI 已成行业主流
10	3D 视觉和 MR 解决方案公司华捷艾米完成近 5 亿元 B 轮融资，光大控股、君度投资、汉富资本等多家投资	华捷艾米	这是在公开数据中可看到的最大的一笔 VR/AR 行业融资，将推动 3D 视觉和 MR 商业化落地
11	数字王国 2.4 亿元投资 3Glasses	3Glasses	3Glasses 由硬件起步，已发展成为软硬件、开发工具、内容平台、解决方案为一体的生态商，具备核心竞争力。验证了硬件融资大有希望，但须具备非常强的产业链整合能力
12	3D 数字形象技术提供商相芯科技完成 1.2 亿元 A 轮融资	相芯科技	专注于提供 VR/AR/ 移动应用的支撑技术，特别是 3D 人脸运动捕捉和动画驱动，产品被广泛应用于短视频、社交、直播、游戏、影视、教育等领域，拥有很大市场

数据来源：赛迪顾问，2018 年 12 月。

第七节　市场规模预测

2018 年 VR/AR 产品层出不穷，企业布局加速。在经历资本热潮后，VR/AR 行业进入相对平稳发展期。互联网巨头、制造企业、手机生产商、泛娱乐行业纷纷加速投资布局 VR/AR，谷歌、索尼、HTC、微软、Facebook 等巨头纷纷构建自身的 VR/AR 生态系统，加快了行业发展速度。国内 VR/AR 市场尚处于起步阶段，市场规模总体体量相对较小，2018 年整体规模达到 80.2 亿元，预计到 2021 年将达到 544.5 亿元（见图 2-12）。

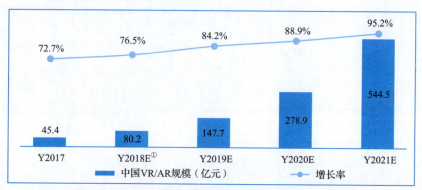

图 2-12　2017—2021 年中国 VR/AR 市场规模及预测

（数据来源：赛迪顾问，2018 年 12 月）

2018 年中国 VR/AR 市场产品结构及行业应用结构如图 2-13 所示。其中，VR/AR 市场仍以硬件和内容为主，按照销售额来看，头戴式设备领先于其他硬件，占到 32.2%；其次是消费级内容占比为 29.8%，仍高于企业级内容，可见目前推动 VR/AR 市场发展的仍然是消费级内容。

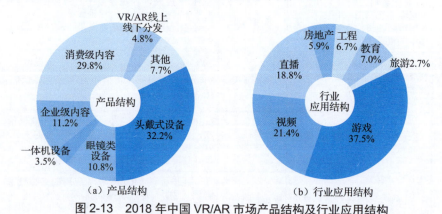

图 2-13　2018 年中国 VR/AR 市场产品结构及行业应用结构

（数据来源：赛迪顾问，2018 年 12 月）

---

① Y2018E：指 2018 年年底，余类推。

第八节　赛道选择建议

（1）游戏、娱乐等消费级应用在短期内将持续投资热度爬升。

（2）工程、教育等企业级应用在众多潜力领域中脱颖而出。

（3）虚拟触觉、眼球追踪、光场显示等核心技术成熟度在未来 3 ～ 5 年内将进入爆发期，相关资本可考虑进入。

（4）相关的体感设备、交互技术等具备核心技术的硬件领域仍是资本关注重点之一，设备的进步和普及将带来更多的应用场景，尤其是在 VR 硬件保有量达到一定量级，有更多 2C 的场景落地的时候。

2019 年中国 VR/AR 细分领域投资潜力气泡图如图 2-14 所示。

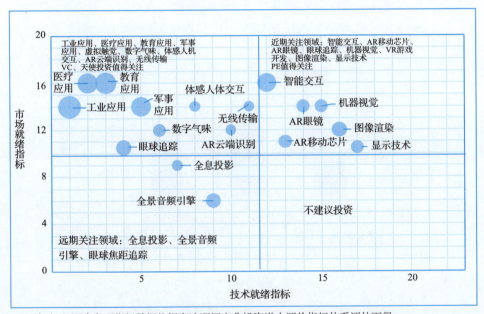

注：（1）图中各项指标数据依据赛迪顾问产业投资潜力评价指标体系评估而得。

（2）市场就绪指标：0 ～ 3 表示 10 年以上爆发期，3 ～ 6 表示 5 到 10 年爆发期。技术就绪指标数值越大，表示投资潜力越大。

图 2-14　2019 年中国 VR/AR 细分领域投资潜力气泡图

（数据来源：赛迪顾问，2018 年 12 月）

第九节　资本市场动向

一、VR/AR 领域投融资案例数量出现微幅下降，但投资更加聚焦在后端

随着 VR/AR 在各行业应用的逐渐展开，越来越多具有产业背景的投资者成为投资的主要力量。这些投资者更关注初创企业的价值，投资后可以提供更多的战略和产业资源；而一些专注于晚期私募股权交易或者二级市场的巨型基金（如富达、中投等）因为看出 VR/AR 行业孕育出高估值独角兽的可能性，例如 Magicleap，也开始进行投资布局。整体上看，VR/AR 的投融资结构正在不断完善和健康，行业发展和投资市场正在回归到正常轨道。但由于前两年投资市场的非理性投资过多，市场还处于淘汰和刷新的过程中，2018 年 VR/AR 领域融资数量出现微幅下滑（见图 2-15），但投资更加聚焦在高价值的后端融资。

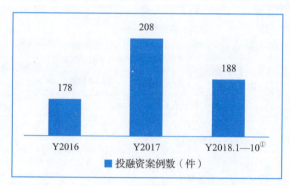

图 2-15　2016—2018 年国内 VR/AR 投融资案例数量对比情况

（数据来源：赛迪顾问，2018 年 12 月）

二、拥有核心技术的硬件和软件获投资者青睐

从 2016—2018 年的国内 VR/AR 投融资案例的环节占比来看（见图 2-16），流向技术的资本呈现持续增长态势，尤其是光场技术和计算机视觉相关的中国企业受到投资方的关注；硬件部分重新受到资本市场的重视和关注，主要是得益于 AR 智能眼镜的发展以及一些体感、眼球追踪等交互硬件的良好表现；应用融资首次出现下滑，一定程度上验证了国内 VR/AR 内容还有待于优化。同质化、缺乏创意 IP、缺乏深度应用的内容已经被市场淘汰。

---

① Y2018.1—10：指 2018 年 1—10 月。

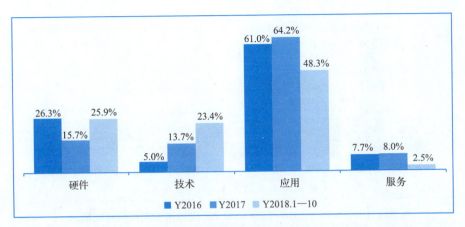

图 2-16　2016—2018 年国内 VR/AR 投融资规模结构对比（按投融资轮次）情况

（数据来源：赛迪顾问，2018 年 12 月）

三、A 轮融资数量明显增多，VR/AR 产业不断成熟

2018 年，A 轮融资占比最大，达到 34.8%（见图 2-17），其他轮次的投融资案例数量则均出现一定程度的下降。相比前两年以天使轮为主，2018 年 A 轮及后续融资占比出现大幅上升（见图 2-18），从一定程度上反映出行业正在不断成熟，行业门槛在不断提高。

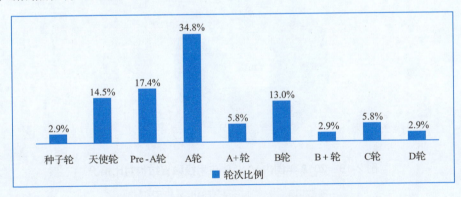

图 2-17　2018 年国内 VR/AR 投融资轮次结构

（数据来源：赛迪顾问，2018 年 12 月）

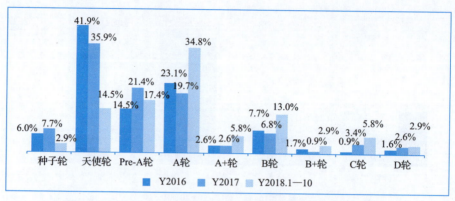

图 2-18　2016—2018 年国内 VR/AR 投融资轮次结构对比情况

（数据来源：赛迪顾问，2018 年 12 月）

四、游戏在所有融资应用领域中依然保持领先地位

2018 年游戏占应用融资的 48.5%（见图 2-19）。VR/AR 设备的深度沉浸感为游戏用户群体及游戏公司提供了完美的解决方案，丰富了游戏体验，增添了震撼硬件外接设备，但 VR/AR 缺少支撑内容，二者尚未形成互补。教育、工程等企业级应用融资在攀升，未来潜力无限。

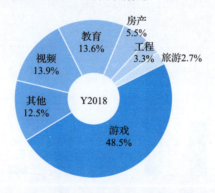

图 2-19　2018 年国内 VR/AR 应用投融资结构对比情况

（数据来源：赛迪顾问，2018 年 12 月）

第十节　百强潜力企业

赛迪 VR/AR 百强潜力企业榜通过建立评判指标体系，从企业估值 / 市值、营收状况、专利数量、产品竞争力、企业潜力、领导层能力等多个维度进行定量与定性结合的评比，经过专家评分，对于中国主流的 VR/AR 企业（不含上

市企业）进行排名对比，评出 2018 年赛迪 VR/AR 潜力企业 TOP 100 榜单（见表 2-3）。

表 2-3　2018 年赛迪 VR/AR 潜力企业 TOP 100 榜单

排名	企业名称	主营业务	排名	企业名称	主营业务
1	叠境数字	光场内容技术服务商	24	0glass	AR 智能眼镜研发
2	诺易腾	动作捕捉及大空间多人交互解决方案	25	七维视觉	VR 解决方案
3	七鑫易维	眼球追踪	26	凌宇智控科技	VR 空间定位技术
4	大朋 VR	VR 头盔、一体机	27	青研科技	眼球追踪
5	Pico 小鸟看看	VR 眼镜、一体机	28	网龙网络	VR 教育、游戏
6	蚁视科技	VR 眼镜、一体机	29	合一视频	视频内容制作
7	3Glasses	沉浸式虚拟现实头盔	30	亮亮视野	VR 眼镜研发商
8	华捷艾米	专注于体感人机交互和人工智能零部件	31	极维客	交互手柄等硬件
9	奥比中光	以 3D 体感技术为基础的研发商	32	幻镜科技	B 端解决方案提供
10	悉见科技	AR 智能眼镜研发商	33	清显科技	VR 影视、视频
11	掌趣科技	VR 解决方案、一体机	34	相芯科技	3D 人脸技术提供商
12	成都虚拟世界科技	集虚拟现实设备、系统平台、内容分发为一体	35	三目猴科技	VR 内容
13	柔宇科技	VR 显示	36	观界创宇	以全景摄像机为基础的研发商
14	凌感科技	三维人机交互	37	深圳游视（UCVR）	VR 眼镜系统 Visens 及其系列产品设计
15	凌美芯	VR 芯片	38	Vrstep	沉浸式虚拟现实头盔
16	华为	VR 一体机	39	摩象网络	VR 智能眼镜研发商
17	兰亭数字	VR 影像内容 &VR 直播制作	40	创想智控	机器视觉
18	海信	VR 眼镜、一体机	41	极乐王国	VR 全景游戏
19	嗨镜	VR 头显	42	爱太空科技	VR 航空教育
20	爱奇艺	一体机、视频内容制作	43	麦课在线	VR 教育
21	酷开网络	VR 眼镜	44	微视酷科技	VR 教育
22	焰火工坊	移动 VR 完整解决方案	45	光线传媒	VR 娱乐、传媒
23	极睿	VR 头盔	46	唯晶科技	游戏开发

续表

排 名	企业名称	主 营 业 务	排 名	企 业 名 称	主 营 业 务
47	网易游戏	VR 游戏	70	灼华网络	游戏开发
48	美房云客	VR 房产、家装	71	捷成世纪科技	AR/VR 制作系统、Auro3D
49	虚视界科技	VR 艺术、博览	72	强氧科技	VR 全景视频技术服务提供商
50	中视典科技	VR 内容应用	73	幻熊科技	基于 SaaS 的婚庆 S2B2C 平台
51	暴龙科技	技术解决方案	74	新奥特	数字媒体技术提供商
52	锐扬科技	交互设备	75	泓众科技	VR 全景摄像机研发商
53	硅谷数模	4KVR 等解决方案	76	光唯 VR	影像级 VR 内容生产
54	星宇时空网络	16 镜头全息矩阵 3D 扫描快速建模技术	77	神秘谷数字科技	VR 娱乐
55	VR BOX	VR、全景视频内容聚合应用	78	互联星梦	VR 游戏
56	火狐互动娱乐	VR 娱乐	79	酷家乐	VR 家装
57	中科创达软件	VR HMD 开发平台	80	Hypereal 拆名晃科技	VR 头显
58	武汉创景可视技术	VR 引擎研发、交互硬件	81	Insta360	全景视频
59	爱客科技	VR 眼镜、指环	82	幻眼	AR 解决方案
60	圣威特科技	VR 娱乐、影院	83	KATVR	全套商用解决方案提供商
61	虚拟无限网络	VR 平台、游戏	84	兹曼科技	全景运动摄像机
62	麦极客图像技术	解决方案	85	完美幻境	VR 视觉技术方案供应商
63	雷蛇	一体机、硬件	86	润尼尔	VR 教育
64	幻视网络	VR 游戏体验	87	疯景科技	全景相机
65	幻维科技	3D 360° 拍摄解决方案	88	谷居 VR	VR 家装
66	身临其境	VR 娱乐内容开发	89	小宅 VR	一体机、平台
67	秀宝软件	VR 游戏、教育	90	南京睿悦信息技术	AR/VR 系统及场景化服务商
68	无忧我房	VR 房产	91	眼界科技 EMAX	VR 座椅设备、主题公园
69	赞那度	VR 旅游	92	偶米科技	VR 设备

续表

排 名	企业名称	主 营 业 务	排 名	企 业 名 称	主 营 业 务
93	我的天科技	AR 应用解决方案	97	魔多 VR	内容娱乐平台
94	量子视觉	硬件	98	YiViAn	VR 产业信息平台
95	VR 届	VR 内容平台	99	VR186	VR 社区 APP
96	87870	集 VR、AR、MR 等相关行业信息媒体	100	VR 玩家网	用户内容分发平台

注：此次排名不分先后。　　　　　　　　数据来源：赛迪顾问，2018 年 12 月。

第三章

超高清视频

第一节　产业定义或范畴

　　超高清视频是信息显示"4K 分辨率（4096×2160 像素）"和"8K 分辨率（7680×4320 像素）"的正式名称。通常，能实现 3840×2160（4K×2K）及以上分辨率的终端显示、视频生产、网络传输等设备都可称之为超高清设备。

　　超高清视频产业的发展经过了标清视频和高清视频两个阶段，由于目前超高清视频缺乏统一定义和标准，所以标清、高清和超高清视频的区别主要在于终端设备最终呈现出的画质，即物理分辨率上。

第二节　赛迪重大研判

　　（1）国内 4K 电视产业加速发展，未来 3 ~ 5 年将是我国超高清视频产业发展的战略机遇期。

　　（2）国内超高清面板巨头企业提前布局 8K，中国有望在 8K 产业成为引领者。2018 年中国超高清视频产业成为"万亿市场"，2022 年将突破 3 万亿元。

　　（3）目前超高清视频产业已经形成了以显示面板、终端呈现设备为核心的产业链，包含芯片、视频生产设备、网络传输设备、应用与服务等数十个相关产业。

　　（4）广东、北京为国内超高清视频产业发展第一梯队，布局全面，优质企业云集；上海、四川、湖南、浙江等地紧随其后，全力打造 4K 服务专区。

　　（5）从各细分领域净利率来看，拥有核心技术和自主研发、生产能力的视频生产设备行业净利率最高；受全球大尺寸面板价格下跌以及平板电脑、显示器、笔记本电脑等主要面板市场基本饱和等因素影响，我国超高清面板、电视和电脑等硬件的净利率较低；感光、处理器芯片等核心元器件处于价值链高端，海思、晶晨等国产芯片在国内市场的占有率逐渐提升，本土电视芯片自有率有所提升；行业应用和平台服务的净利率较高，其中消费级应用企业净利率略高于企业级应用。

（6）硬件方面，投影仪、VR 设备有望成为新突破点；应用方面，电视、体育赛事转播仍是最火领域，安防监控、医疗健康等领域有望引领 2B 市场爆发。

（7）从投资潜力来看，广播电视、安防监控、体育赛事应用领域、投影仪、机顶盒、VR/AR、互联网及有线电视传输等领域值得关注。

第三节　产业政策分析

一、产业环境

1. 消费升级推动超高清视频需求不断增长

信息消费产品不断涌现和发展为超高清视频产业带来更高的市场需求。一方面，消费者消费水平的提升促使其对大视野、高清晰度、层次感强的视频产生更大需求，超高清视频将给消费者的感官体验带来质的飞跃，有助于满足用户对于高品质视觉的要求。另一方面，宽带网络提速、5G 商用临近以及虚拟现实等新型视听媒体终端快速兴起为超高清视频发展奠定了设施基础，进一步加大了对超高清视频技术和内容的需求，提升了超高清视频产业的发展前景。

2. "新经济"发展模式的推进为超高清视频产业发展提供契机

2016 年，政府工作报告中首次写入"新经济"概念后，以新产业、新业态及新商业模式为核心内容的新经济发展如火如荼。而超高清视频产业作为技术导向的信息产业，其发展将有效带动终端产品替代升级及制作播出设备的更新，带动上游芯片、面板等产业发展，促进宽带网络投资建设、5G 网络商用和业务发展，是践行新经济发展政策的重要力量。与此同时，新经济发展模式的愈发成熟，也为超高清视频产业的进一步深入发展提供契机。

3．行业标准规范愈发完善，超高清视频产业发展更加成熟

超高清视频产业作为技术导向的新兴产业，其发展离不开相关标准的制定和完善。随着日本、韩国、美国和欧盟的超高清视频产业的迅速发展，中国对超高清视频产业的重视程度也逐步提高，3DAudio、HDR、超高清视频播放器等行业标准规范的制定已经提上日程。对涵盖内容制作、传输及内容输出的全产业链技术进行规范，将推动超高清视频的应用，有效助推中国超高清视频产业发展。随着超高清政策措施的陆续出台，未来各地超高清视频产业基地及产业链上下游园区将迎来良好的发展机遇，使得超高清视频产业走向成熟。

4．部分地区率先开展超高清视频产业布局，积极发挥引导示范作用

全国超高清视频产业空间布局特色明显，部分地区凭借其先发优势率先发展超高清视频产业，已经初步取得发展成果。例如，广东凭借自身超高清面板、芯片和整机集聚区优势，以及新数字家庭行动的实施，将推动本地超高清视频应用与产业发展，在全国率先打造超高清视频产业创新及应用基地。北京瞄准冬奥会 8K 转播目标，推进 8K 关键技术研发和产业链建设，积极开展试点试播。央视及上海、江苏、湖南、广东等地方电视台陆续开展了 4K 电视的节目制作和有线电视网的传输实验。超高清视频在部分地区的产业布局，将对全国超高清视频产业的发展发挥积极的引领示范作用。

二、政策导向

国家政策鼓励推动中国超高清视频产业进入发展机遇期。2017 年 9 月，国家新闻出版广电总局在《新闻出版广播影视"十三五"发展规划》中提到要全面推进省级地市级广播电视台高清制播能力建设，适时开播 4K 超高清电视实验频道，推动构建高清、4K 超高清电视混合播出系统。2017 年 11 月，国家新闻出版广电总局发布了《关于规范和促进 4K 超高清电视发展的通知》，通知中明确指出："优先支持高清电视发展较好的省份和机构开展 4K 超高清电视试点，坚持试点先行，稳中求进。"2018 年 7 月，工信部、国家发展改革委发布的《扩大和升级信息消费三年行动计划（2018—2020 年）》中强调要支持企业加大技术创新投入，突破超高清、柔性面板等量产技术，推进智能可穿戴设备、超高清终端设备等产品的研发及产业化，加快超高清视频在社会各行业应用普及。这些政策的出台都标志着政府对于我国发展超高清视频产业的重视，也意味着属于中国的超高清视频时代已经到来。国家和地方相关超高清视频产业主要政

策如表 3-1 所示。

表 3-1　国家和地方相关超高清视频产业主要政策

颁布时间	颁布主体	政 策 名 称	支持对象	相 关 内 容
2018.07	工信部、国家发展改革委	《扩大和升级信息消费三年行动计划（2018—2020 年）》	超高清视频量产研发、技术、普及应用；超高清终端设备	推进超高清终端设备、虚拟/增强现实等产品的研发及产业化，加快超高清视频在社会各行业应用普及。支持企业突破超高清、柔性面板等量产技术
2017.11	国家新闻出版广电总局	《关于规范和促进4K 超高清电视发展的通知》	4K 电视	支持地区开展 4K 超高清电视试点；加强 4K 超高清电视技术标准体系建立；开展 4K 超高清电视频道试点等
2018.06	广东省人民政府	《广东省国家标准化综合改革试点建设方案》	4K 产业	制定 4K 产业标准体系规划与路线图；集结 4K 产业集群和行业龙头企业；建设一批 4K 国家及省级技术标准创新基地
2018.04	广东省人民政府	《广东省扩大和升级信息消费实施方案（2018—2020 年）》	4K 电视、4K 电视制作	实施全省新数字家庭行动，推进广州、惠州等 4K 电视应用示范区建设。支持彩电企业大力发展 4K 电视产品。同时，推动省广电播出机构和广播影视节目制作机构扩大 4K 电影、电视剧、纪录片等视听节目的创作与生产
2018.04	广东省人民政府办公厅	《推动广东省 4K 超高清电视应用与产业发展合作备忘录》	4K 电视	推动广东省人民政府和国家广播电视总局加深合作，共同推动全国 4K 超高清应用与产业发展，将广东打造成全国广播影视产业试验田和示范区
2017.11	广东省人民政府办公厅	《开展新数字家庭行动推动 4K 电视网络应用与产业发展的若干扶持政策（2017—2020 年）》	4K 电视网络应用与产业发展	支持 4K 内容制作和频道建设，支持 4K 用户推广
2017.04	广东省人民政府办公厅	《关于开展新数字家庭行动推动 4K 电视网络应用与产业发展的实施方案》	4K 电视	提高网络传输能力，提升节目源供给能力，加强智能电视、芯片等关键技术和产品研发，推进新数字家庭应用

数据来源：相关部门网站公开信息，赛迪顾问整理，2018 年 12 月。

第四节　产业链全景图

超高清视频产业涉及数十个相关产业，超高清视频产业链全景图如图 3-1 所示。从产业链看，包括核心元器件、视频生产设备、网络传输设备、终端呈现设备、应用与服务。

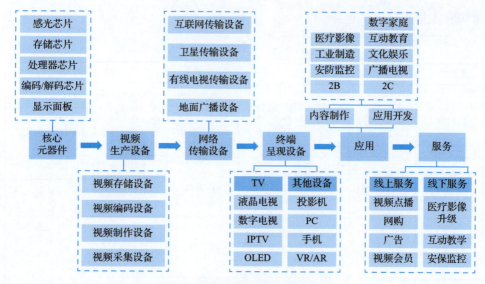

图 3-1　超高清视频产业链全景图

（数据来源：赛迪顾问，2018 年 12 月）

核心元器件包括显示面板、编码 / 解码芯片、处理器芯片、存储芯片和感光芯片。其中，显示面板是视频显示的载体，直接决定了用户的观影体验，目前发展较为成熟，市场上已经有柔性屏、全面屏、异形屏等多种产品问世。

视频生产设备包括视频采集设备、视频制作设备、视频编码设备和存储设备。

网络传输设备包括地面广播设备、有线电视传输设备、卫星传输设备、互联网传输设备。其中，有线电视传输和地面广播传输指的是通过无线通信站、电缆或光缆将视频信息传送给用户。另外，由于具有更稳定的传输速度和覆盖面，卫星传输在传输 4K 电视频道领域将逐渐成为主流方式。

终端呈现设备包括 TV（液晶电视、数字电视、IPTV 和 OLED）和其他设备（投影机、PC、手机、机顶盒和 VR/AR）。电视机是生活中最常见的终端呈现设备，目前国内数字电视、大部分大尺寸液晶电视、IPTV、OLED 电视可以达到 4K 的超高清电视分辨率要求。机顶盒是和电视机搭配使用的用以连接外部信号源的设备，除呈现图像、声音外，还可以接收数字内容，包括因特网网页、电子节目指南等，增添了用户在观看电视时的便捷性、趣味性。与高清电视相比，投影机具有画质高、显示屏大、移动方便等优势，因此可以给用户带来更高端的消费体验。

超高清视频产业应用广泛，可以分为内容制作（企业级）和应用开发（消费级），即 2B 和 2C。企业级应用包括安防监控、工业制造、医疗影像等；消费级应用包括广播电视、文化娱乐、互动教育和数字家庭等。

超高清视频产业的服务包括集成服务、内容服务、分发服务、增值服务和安全服务，可以分为线上、线下两种模式。线上服务包括视频点播、网购、广告、视频会员费等形式，线下的服务包括医疗影像升级、互动教学和安保监控等形式。

第五节 价值链及创新

一、整体情况

从各细分领域净利率来看，视频生产设备净利率最高（见图 3-2）。拥有核心技术和自主研发、生产能力的视频采集、视频存储和编码/解码设备提供商最受市场认可，在市场上具有一定的话语权和定价权，净利率相对较高。在建设网络强国和加紧布局 5G 的大背景下，互联网传输、有线电视传输运营商都迎来了新一轮发展机遇，盈利能力较强。

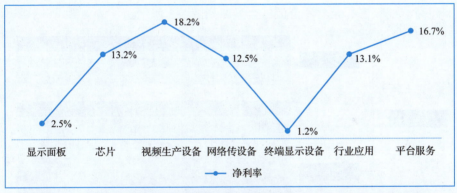

图 3-2　2018 前三季度中国超高清视频产业各环节领域上市企业净利率情况

（数据来源：赛迪顾问，2018 年 12 月）

行业应用、内容服务短缺一直是限制国内超高清视频产业发展的难题，目前 2B 方面的应用仅在安防监控、医疗影像方面有初步发展，2C 应用主要集中在广播电视、文化娱乐方面，但在国家政策扶持以及广东、北京等 4K 产业发展第一梯队地区的带动下，国内还是涌现出如 4K 花园、海康威视、大华、腾讯、华数传媒等优秀企业，加之行业应用和平台服务必将是 4K 产业未来重点发展方向，2018 年前三季度我国超高清视频行业应用和平台服务的净利率均达13% 以上，处于较高水平。

相较于其他环节企业,显示面板和终端显示设备企业的净利率相对较低。国内显示面板企业利润锐减的原因之一是 2018 年全球 LCD 面板价格的大幅下跌,价格同比跌幅超过 20%,大尺寸面板跌幅尤其大,而这一领域恰恰是京东方、华星光电等国内龙头面板企业的主要业务板块。另一方面,由于产业链下游显示器、平板电脑、笔记本电脑、智能手机、彩电这几大主要显示面板市场目前处于基本饱和状态,市场对显示面板的需求量增长有限。此外,自 2017 年以来 10.5 代和 11 代高清面板生产线的巨大投入成本也给企业盈利增添了不少负担,这些都使得国内面板企业在 2018 年前三季度的净利率不尽人意。而在电视、电脑等终端显示领域,企业间同质化竞争较为激烈,在市场接近饱和、消费者需求无法在短时期实现快速增长的情况下,这类终端显示设备企业的净利润也会受到影响。此外,VR/AR、投影仪等新型终端显示设备虽然有电视无可比拟的优越性和新鲜感,但由于仍在发展初期,企业的技术水平和生产能力都有限,短期内净利率不会得到大幅度提升。

二、核心元器件

超高清视频核心元器件价值链全景图如图 3-3 所示。

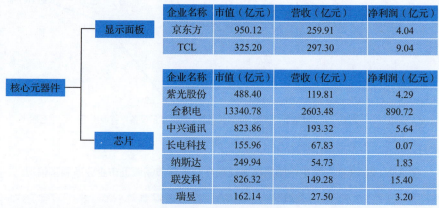

企业名称	市值(亿元)	营收(亿元)	净利润(亿元)
京东方	950.12	259.91	4.04
TCL	325.20	297.30	9.04

企业名称	市值(亿元)	营收(亿元)	净利润(亿元)
紫光股份	488.40	119.81	4.29
台积电	13340.78	2603.48	890.72
中兴通讯	823.86	193.32	5.64
长电科技	155.96	67.83	0.07
纳斯达	249.94	54.73	1.83
联发科	826.32	149.28	15.40
瑞昱	162.14	27.50	3.20

注:企业市值、营业收入和净利润均为 2018 年前三季度数据。

图 3-3　超高清视频核心元器件价值链全景图

(数据来源:上市企业财报,赛迪顾问,同花顺,2018 年 12 月)

国内超高清视频大尺寸显示面板具备一定优势,主导企业抢占 8K 先机。国内超高清视频产业显示面板领域基本上以京东方、TCL 及其控股的华星光电三家企业为主,截至 2018 年 6 月,国内已有 6 条 10.5/11 代生产线正在建设中 / 已建成。其中,2017 年 12 月 BOE(京东方)合肥第 10.5 代 TFT-LCD 生产线的正式投产，为业内树立了最高世代生产线的技术新标准。2018 年上半年，TCL 已有两条 11 代生产线在建项目。这些高世代生产线主要目标产品均为 65 英寸以上大尺寸、超高清液晶显示产品和解决方案，这也标志着以 TCL、华星光电为代表的国内超高清面板主导企业意在抢先战略布局大尺寸超高清面板市场，以填补国内 8K 产品市场空缺。

全球大尺寸面板价格下跌等原因导致显示面板企业净利率较低，技术突破、应用推广将为国内面板厂商带来发展机遇。2018 年全球 LCD 面板价格下跌 20%，大尺寸面板跌幅尤其大，对京东方、TCL 等国内主导面板企业的净利率带来了不小的影响。与此同时，显示器、平板电脑、笔记本电脑、彩电等主要显示面板市场已经基本饱和，市场对面板的需求量短时期内不会得到快速提升。此外，面板厂商之间的价格战以及国内外 10.5/11 代高清面板生产线的投产也会导致面板价格的持续下滑。未来，显示面板的技术突破以及下游应用领域的推广有望带动国内面板领域实现更好的发展，也将给国内面板厂商带来新的发展机遇。

存储、编码 / 解码、处理器芯片领域净利率较高，拥有良好的发展前景。台积电、联发科、瑞昱等中国台湾半导体企业净利率获得稳定增长，2018 年前三季度净利率均在 10% 以上（见图 3-4），其中，台积电作为全球最大的芯片制造商，净利率高达 34.2%。除中国台湾芯片企业继续发挥优势外，紫光股份、海思半导体、中兴通讯、长电科技等中国大陆芯片企业也获得了快速发展。其中，海思已研发出多款 4K 超高清系统芯片技术，晶晨半导体与爱立信合作，将芯片用在机顶盒中，能够帮助快速访问超高清、HDR 等内容。与此同时，在芯片投融资领域，国家开发银行、京东方、华芯投资等机构和企业都在积极支持国产芯片的发展，我国自主芯片的未来不可限量。

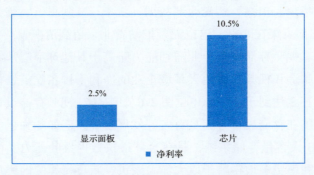

图 3-4　2018 前三季度中国超高清视频核心元器件各细分领域上市企业净利率情况

（数据来源：上市企业财报，赛迪顾问，2018 年 12 月）

三、视频生产设备

超高清视频生产设备价值链全景图如图 3-5 所示。

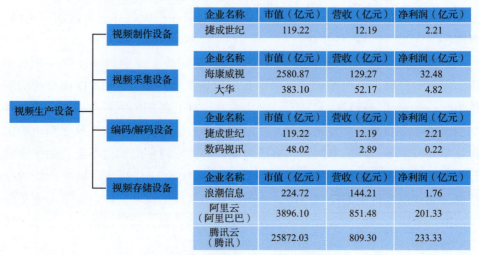

企业名称	市值（亿元）	营收（亿元）	净利润（亿元）
捷成世纪	119.22	12.19	2.21

企业名称	市值（亿元）	营收（亿元）	净利润（亿元）
海康威视	2580.87	129.27	32.48
大华	383.10	52.17	4.82

企业名称	市值（亿元）	营收（亿元）	净利润（亿元）
捷成世纪	119.22	12.19	2.21
数码视讯	48.02	2.89	0.22

企业名称	市值（亿元）	营收（亿元）	净利润（亿元）
浪潮信息	224.72	144.21	1.76
阿里云（阿里巴巴）	3896.10	851.48	201.33
腾讯云（腾讯）	25872.03	809.30	233.33

注：企业市值、营业收入和净利润均为 2018 年前三季度数据。

图 3-5　超高清视频生产设备价值链全景图

（数据来源：上市企业财报，赛迪顾问，同花顺，2018 年 12 月）

国内视频生产设备企业呈现遍地开花局面，北京为主要聚集地。视频生产设备主要包括视频制作、视频采集、编码／解码和视频存储设备，目前我国在这四个领域均涌现出不少优秀企业。其中，国内视频制作和编码／解码设备主导企业有中科大洋科技、索贝数码、新奥特、尊正、捷成世纪；视频存储设备企业有华为、华录、浪潮、紫光西部数据、新华三、阿里云、腾讯云。而这些企业超过 50% 都聚集在北京，这也无疑推动着北京超高清视频产业的发展。

视频制作、视频存储设备企业盈利能力略高于其他环节。从细分领域净利率来看，视频制造和视频存储两大领域企业的净利率排名靠前，视频存储设备企业的净利率甚至达到了 23.1%（见图 3-6）。其中，视频存储设备领域的高净利率得益于我国在存储设备方面具有较好发展基础，例如华为已针对超高清视频开发了 60PB 大容量存储系统，具有全球最快数据吞吐能力。而视频制作设备领域的高净利率更多地得益于以大洋、索贝、新奥特等国内优质企业积极探索技术创新，努力将新一代机器视觉技术、智能语音、5G 通信技术、图片芯片（GPU）加速技术应用于超高清视频制作系统中，提高了企业的盈利能力。

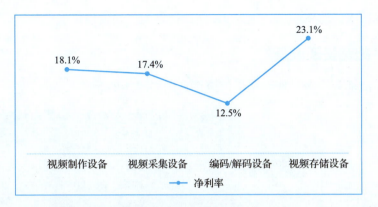

图 3-6　2018 年前三季度中国超高清视频生产设备各细分领域上市企业净利率情况

（数据来源：上市企业财报，赛迪顾问，同花顺，2018 年 12 月）

四、网络传输设备

超高清视频网络传输设备价值链全景图如图 3-7 所示。

企业名称	市值（亿元）	营收（亿元）	净利润（亿元）
中兴通讯	823.86	193.32	5.64
网宿科技	188.59	15.57	1.64
中国电信	3164.12	919.42	56.64
中国联通	2338.10	706.49	28.68

互联网传输设备

网络传输设备

卫星传输设备
有线电视传输设备
地面广播设备

企业名称	市值（亿元）	营收（亿元）	净利润（亿元）
歌华有线	122.62	6.10	1.81
万隆光电	15.68	0.89	−0.03
光迅科技	165.87	12.24	1.24

注：企业市值、营业收入和净利润均为 2018 年前三季度数据。

图 3-7　超高清视频网络传输设备价值链全景图

（数据来源：上市企业财报，赛迪顾问，同花顺，2018 年 12 月）

国内互联网传输设备产业链基本成熟，5G 技术将为超高清视频网络传输、终端发展提供保障。当前我国网络传输设备发展较好，2018 年前三季度行业利润率为 12.5%，与国内超高清视频产业链其他环节相比属于中等水平。随着无线网络、流媒体技术的发展，互联网传输逐渐变成主流传输方式。国内满足超高清视频要求的互联网传输设备产业链已基本成熟，国内的华为、中兴等企业具有国际领先的供给能力。未来，5G 技术的发展及商用，将可以满足超高清视频无线接入的速率要求，也为 4K 网络传输和终端发展提供保障。

五、终端呈现设备

超高清视频终端呈现设备价值链全景图如图 3-8 所示。

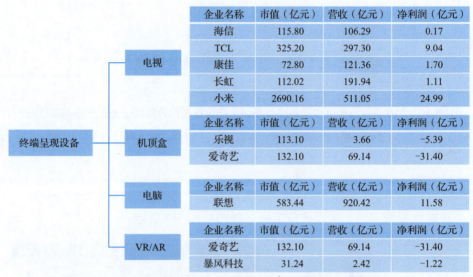

企业名称	市值（亿元）	营收（亿元）	净利润（亿元）
海信	115.80	106.29	0.17
TCL	325.20	297.30	9.04
康佳	72.80	121.36	1.70
长虹	112.02	191.94	1.11
小米	2690.16	511.05	24.99

企业名称	市值（亿元）	营收（亿元）	净利润（亿元）
乐视	113.10	3.66	−5.39
爱奇艺	132.10	69.14	−31.40

企业名称	市值（亿元）	营收（亿元）	净利润（亿元）
联想	583.44	920.42	11.58

企业名称	市值（亿元）	营收（亿元）	净利润（亿元）
爱奇艺	132.10	69.14	−31.40
暴风科技	31.24	2.42	−1.22

注：企业市值、营业收入和净利润均为 2018 年前三季度数据。

图 3-8　超高清视频终端呈现设备价值链全景图

（数据来源：上市企业财报，赛迪顾问，同花顺，2018 年 12 月）

4K 电视品牌众多，行业利润率水平有待提高，整合软硬件才是国内电视厂商的未来出路。终端呈现设备包括电视、电脑、机顶盒、VR/AR 等，其中，电视是生活中最常见的终端呈现设备。国内目前 4K 电视的品牌较多，主导企业有海信、创维、TCL、海尔、康佳、长虹等，但由于 4K 电视同质化竞争较为严重以及近年来消费者对电视的需求增长有限，导致 2018 年前三季度超高清电视的净利率仅为 1.5%，利润水平有待提高。但小米、海尔、TCL 等厂商由于在超高清硬件与 4K 内容服务、教育、娱乐等应用领域结合方面做得较好，因此在第三季度中仍获得了不错的盈利状况，如小米 2018 年第三季度的净利率就达到了 4.9%（见图 3-9），这也为海信、创维等国内传统电视厂商提供了发展超高清电视的新思路。未来，丰富 4K 内容、整合软硬件超高清视频生态才是国内电视厂商应该重点考虑的问题。

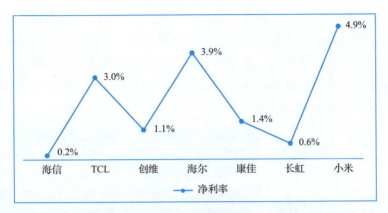

图 3-9　2018 年前三季度中国超高清视频终端呈现设备（电视）上市企业净利率情况

（数据来源：上市企业财报，赛迪顾问，同花顺，2018 年 12 月）

8K 和人工智能将成为未来超高清电视的发展方向。当前，国内外家电企业在发展 4K 电视的同时，也在纷纷抢占 8K 电视的市场。在 2018 年的中国家电及消费电子博览会上，夏普、康佳、海尔、飞利浦等电视厂商均展示出各自品牌的 8K 电视。京东方、群创、友达等中国企业也在近两年实现了 8K 面板的量产，这也将催生更多的 8K 电视消费。同时，人工智能技术与超高清电视也结合得越来越紧密，围绕交互方式、机器学习、家居互联、云平台等方向，推动超高清电视向品质化、高端化方向发展。

超高清 VR/AR、投影仪发展较慢，距离快速发展还有一段距离。VR/AR 作为目前较新的一类显示设备，在清晰度提高到普通 VR 8 倍的同时，还有效解决了眩晕问题，但由于受 VR/AR 整体发展环境及技术限制，目前超高清视频市场中投放的此类产品较少。同样地，投影仪虽具有画质高、显示屏大、移动方便等电视无法比拟的优势，但由于生产超高清投影仪的大企业较少，对行业发展带动力稍显不足，距离快速发展还有一段距离。

六、行业应用

超高清视频行业应用价值链全景图如图 3-10 所示。

消费级应用企业净利率略高于企业级应用。目前，消费级应用以广播电视、体育、教育三个板块为主，其中广播电视类企业的利润率最高，约为 28.1%（见图 3-11），主导企业包括腾讯、4K 花园、歌华有线等。受 2018 年中超联赛、平昌冬奥会和俄罗斯世界杯等国际体育赛事的影响，国内 2018 年前三季度超高清视频体育应用领域企业净利率达 12.4%，处于较高水平。企业级应用以安防监控和医疗健康为主。在构建法治、和谐社会的背景下，以及海康威视、大华、华为、天威视讯等主导企业的推动下，2018 年前三季度安防监控类企业的净利率为 17.2%，处于较高水平。医疗健康领域的主导企业较少，目前国内仅有京东方等少数几家企业在影像技术、医疗设备升级方面为医疗机构终端设备提供支持，未来需要更多的优质企业带动该领域的发展。

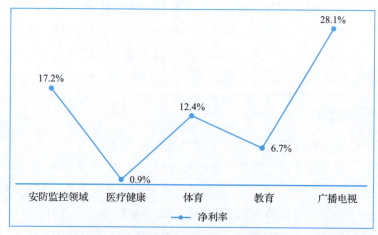

	企业名称	市值（亿元）	营收（亿元）	净利润（亿元）
安防监控	海康威视	2580.87	129.27	32.48
	大华	383.10	52.17	4.82
医疗健康	海信集团	115.80	106.29	0.17
	京东方	950.12	259.91	4.04
体育	百视通（东方明珠）	342.33	32.53	2.71
教育	大华	383.10	52.17	4.82
	视源股份	387.39	57.84	4.65
广播电视	腾讯	25872.03	809.30	233.33

注：企业市值、营业收入和净利润均为 2018 年前三季度数据。

图 3-10　超高清视频行业应用价值链全景图

（数据来源：上市企业财报，赛迪顾问，同花顺，2018 年 12 月）

图 3-11　2018 年前三季度中国超高清视频行业应用各细分领域上市企业净利率情况

（数据来源：上市企业财报，赛迪顾问，同花顺，2018 年 12 月）

七、平台服务

超高清视频平台服务价值链全景图如图 3-12 所示。

	企业名称	市值（亿元）	营收（亿元）	净利润（亿元）
集成服务	海康威视	2580.87	129.27	32.48
	大华	383.10	52.17	4.82

	企业名称	市值（亿元）	营收（亿元）	净利润（亿元）
内容服务	爱奇艺	132.10	69.14	−31.40
	华数传媒	121.26	8.39	1.66
	腾讯	25872.03	809.30	233.33

	企业名称	市值（亿元）	营收（亿元）	净利润（亿元）
分发服务	网宿科技	188.59	15.72	1.64
	阿里云（阿里巴巴）	3896.10	851.48	201.33
	迅雷	3.05	0.45	−0.16
	蓝汛	0.34	2.63	−5.72
	腾讯云（腾讯）	25872.03	809.30	233.33

注：企业市值、营业收入和净利润均为 2018 年前三季度数据。

图 3-12 超高清视频平台服务价值链全景图

（数据来源：上市企业财报，赛迪顾问，同花顺，2018 年 12 月）

平台服务整体净利率较高，内容服务和直播服务是下一步重点发展方向。平台服务包括集成服务、内容服务和分发服务，这三类企业在 2018 年前三季度的净利率分别为 17.6%、22.4% 和 10.1%，在超高清视频产业链各环节中属于较高水平。虽然目前国内已有爱奇艺、4K 花园、腾讯视频、华数传媒、芒果 TV 等提供 4K 内容服务，但作为国内最大 4K 内容生产和分发平台，4K 花园也仅有 6000 小时的 4K 内容，国内超高清视频内容总体仍偏少。在此背景下，2018 年开通 4K 专区并积极引入自治优秀 4K 内容的腾讯视频在国内现有超高清视频内容服务商中表现突出，在 2018 年第三季度获得了 28.8% 的超高净利率（见图 3-13）。相比之下，爱奇艺、帝联科技等企业未来应更加精准把握用户对超高清内容的需求方向、进一步丰富 4K 内容，为消费者提供更多更高品质的超高清内容服务。另外，目前国内 4K 点播业务主要应用于少量影视作品中，超高清视频在直播服务中的应用应是企业下一步需要考虑的内容。

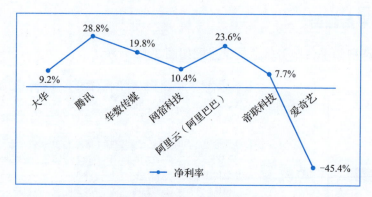

图 3-13　2018 年前三季度中国超高清视频平台服务上市企业净利率情况

（数据来源：上市企业财报，赛迪顾问，同花顺，2018 年 12 月）

第六节　行业龙头动向

2018 年作为中国发展超高清视频产业的重要部署期，各巨头企业从内容、网络、终端三方面全力出击，纷纷完善自身建设，加大对超高清视频的投资和创新，不断推出新产品，行业整体环境在不断改善，产业链逐渐完善并走向成熟。2018 年超高清视频产业重大事件如表 3-2 所示。

表 3-2　2018 年超高清视频产业重大事件

序　号	事件说明	事件主体	影响 / 意义
1	京东方 10.5 代生产线量产，出货量维持高速增长	京东方	京东方在显示面板领域实现新的突破，出货数量高速增长，产品结构得到有效改善，将有效提升行业整体竞争力
2	海思研发出多款超高清系统芯片技术	海思	海思已研发出多款 4K 超高清系统芯片技术，可为运营商提供基于安卓智能操作系统和 HTML5 技术开发多媒体应用的平台，打破了本土电视芯片受制于人的局面
3	TCL 推进 11 代生产线在建项目	TCL	实现国内大尺寸 OLED 产品的突破，打破 LGD 在大屏 OLED 领域一家独大的局面，并引导 OLED 行业新技术趋势的走向
4	海信加快数字医疗的发展，数字手术室、远程会诊中心、智慧阅片室等医用显示设备投入使用	海信	数字医疗发展致力于打造最好的定制式数字化手术室，融入了海信计算机辅助手术系统与外科智能显示系统，成为引领超高清视频融入行业应用的重要典范
5	网宿科技与公安部第三研究所（国家网络与信息系统安全产品质量监督检验中心）正式签署全方位战略合作	网宿科技	共同加强双方在网络安全领域的前沿与关键技术开发与合作，推动超高清视频技术在云安全领域的应用，为实现信息安全工作与网络安全服务化的有机结合贡献技术与产业力量

序 号	事件说明	事件主体	影响/意义
6	超高清视频（北京）制作技术协同中心与索尼公司签署《超高清视频制作发展战略合作协议》	索尼	二者将在安防、制造、交通、医疗、智慧城市等行业，推进超高清视频的应用合作，推动超高清视频科技成果向市场应用的转化，并通过多种方式和渠道促进双方之间的人才培训、技术交流、经验共享和能力建设，促进我国超高清视频产业的可持续发展，打造国际竞争力
7	英特尔宣布为2020年东京奥运会部署5G技术	英特尔	通过高速率、大容量连接的网络状态和4K 360°无线视频流媒体直播技术，对赛事进行360°实况展示，5G技术和超高清视频的结合，拉开了体育项目实况直播的新序幕
8	SK海力士量产4D TLC闪存	SK海力士	4D TLC闪存将会减少30%的核心面积，读取、写入速度分别提升30%、25%，这标志着存储芯片的发展进入更高水平时期
9	芯片巨头高通就苹果侵犯其专利提起诉讼	高通苹果	超高清视频产业的龙头企业呈现激烈竞争，一方面有助于打破行业垄断，提升行业整体竞争力，另一方面，也会影响市场的稳定性和消费者预期
10	中国移动携手海信集团发布国内首个"5G+8K"高清视频应用	中国移动海信集团	"5G+8K"高清视频应用在山东的首次发布，标志着互联网技术与超高清视频的进一步融合，不仅实现产业融合发展，也为山东新旧动能转换，促进产业、消费转型升级注入新动力
11	中国联通2018年3月29日宣布正式成立"中国联通超高清视频技术研发中心"	中国联通	依托超高清视频技术研发中心，在面向政府、企业、家庭、个人用户推出全方位精品视频服务的同时，将全力打造面向产业各方资源共享共融的大视频能力开放平台，助力我国超高清视频产业发展
12	华为携手中国超高清视频产业联盟（CUVA）、全球Wi-Fi联盟、海信、创维等发布业界首个《家庭Wi-Fi网络承载超高清视频解决方案白皮书》并草拟了《家庭Wi-Fi网络承载超高清视频通用规范（征求意见稿）》	华为、中国超高清视频产业联盟、海信、创维等	首次系统性提出4K Over Wi-Fi家庭网络体验衡量标准KQI（关键质量标准）和KPI（关键性能指标），通过客观量化最终用户的体验，定义了Wi-Fi等效带宽（吞吐量）、时延和丢包率等，阐述了Wi-Fi 4K视频承载解决方案，提升4K视频业务体验

数据来源：赛迪顾问，2018年12月。

第七节 市场规模预测

基于整体市场、产品成熟度及技术发展等指标的研判，赛迪顾问对中国超高清视频市场发展预测倾向乐观，2018 年中国超高清视频市场规模达到 1636.6 亿元，预计到 2021 年将超过 4000 亿元（见图 3-14），其中终端显示产品市场规模将达到 2217.1 亿元，视频制作设备市场规模将达到 1344.1 亿元，应用及服务的市场规模将达到 760.6 亿元。

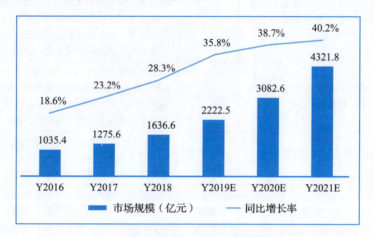

图 3-14　2016—2021 年中国超高清视频市场规模及预测

（数据来源：赛迪顾问，2018 年 12 月）

2021 年中国超高清视频市场结构预测如图 3-15 所示。

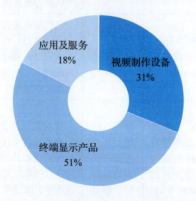

图 3-15　2021 年中国超高清视频市场结构预测

（数据来源：赛迪顾问，2018 年 12 月）

第八节　赛道选择建议

（1）电影电视、体育赛事转播等应用仍是投资热度最高的消费级应用板块。

（2）安防监控、医疗影像等企业级应用在众多潜力领域中脱颖而出。

（3）视频娱乐、实况直播等板块拥有较好的消费者基础，小企业进入比较容易。

（4）硬件是资本市场重点关注的领域，硬件的技术水平直接决定了超高清视频产业链的发展速度。其中，VR 设备、投影仪等新兴硬件设备具有显示屏幕大、方便携带等普通电视无法比拟的优势，拥有较低的进入门槛和广阔的发展前景，还可以与 VR/AR 等新兴产业结合，产生良好的联动发展，资本可以考虑进入。

2019 年中国超高清视频产业细分领域投资潜力气泡图如图 3-16 所示。

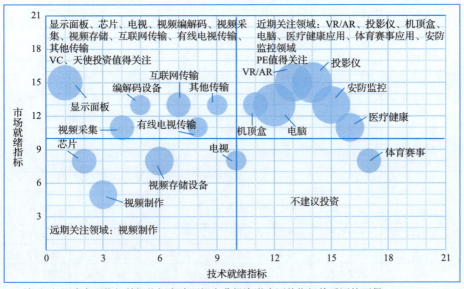

注：（1）图中各项指标数据依据赛迪顾问产业投资潜力评价指标体系评估而得。

（2）市场就绪指标：0 ~ 3 表示 10 年以上爆发期，3 ~ 6 表示 5 到 10 年爆发期。技术就绪指标数值越大，表示投资潜力越大。

图 3-16　2019 年中国超高清视频产业细分领域投资潜力气泡图

（数据来源：赛迪顾问，2018 年 12 月）

第九节　资本市场动向

2016—2018 年中国超高清视频产业主要投资案例如表 3-3 所示。

表 3-3　2016—2018 年中国超高清视频产业主要投资案例

投　资　方	被投资方	被投资业务板块	融资情况	融资规模	融　资　时　间
TCL	华星光电	核心元器件—超高清面板	收购 10.04% 股份	40.34 亿元	2017 年 7 月
政府	京东方	核心元器件—超高清面板	政府补助	1.8 亿元	2018 年 2 月
美国康宁公司	京东方	核心元器件—超高清面板	战略投资	14 亿美元	2018 年 5 月
京东方、汇中泰德（领投）	极戈科技	核心元器件—芯片	Pre-A 轮	750 万美元	2016 年 9 月
光速中国、京东方 TDF Capital 华盈基金投	天利半导体	核心元器件—芯片	C 轮	1000 万美元	2016 年 8 月
国家开发银行、华芯投资	紫光集团	核心元器件—芯片	战略投资	1500 亿元	2017 年 3 月
微鲸科技	康佳	终端显示—电视	收购 3.14% 股份	4.5 亿元	2016 年 4 月
百度领投，高瓴资本、润良泰资本等	爱奇艺	终端显示—电视	战略投资	15.3 亿美元	2017 年 2 月
光线传媒	当虹科技	编码 / 解码设备	A 轮	6150 万元	2016 年 1 月
国海创新资本、光线传媒	当虹科技	编码 / 解码设备	A+ 轮	1 亿元	2016 年 3 月
阿里巴巴	华栖云	编码 / 解码设备	天使轮	数百万元	2017 年 1 月
朴盈国视基金（领投）	华栖云	编码 / 解码设备	A 轮	1 亿元	2018 年 8 月
常春藤	小派科技	终端设备—VR	Pre-A 轮	数千万元	2016 年 7 月
京东方	枭龙科技	终端设备—AR	A+ 轮	5000 万美元	2016 年 9 月
戈壁创投	枭龙科技	终端设备—AR	Pre-B 轮	数千万元	2017 年 11 月
天马股份、欧菲科技	小派科技	终端设备—VR	A 轮	近亿元	2017 年 12 月
湖畔山南资本	4K 花园	应用—广播电视	天使轮	未透露	2016 年 1 月
深圳光大新娱产业基金领投	芒果 TV	应用—广播电视	B 轮	15 亿元	2016 年 6 月
合一资本、前海母基金	4K 花园	应用—广播电视	A 轮	6000 万元	2017 年 8 月
粤科金融（领投）、浙商创投	4K 花园	应用—广播电视	A+ 轮	7000 万元	2018 年 1 月
建银国际、富士康集团	旷视科技	应用—安防监控	B+ 轮	1 亿美元	2016 年 11 月
国风投、蚂蚁金服、富士康	旷视科技	应用—安防监控	C 轮	4.6 亿美元	2017 年 11 月

数据来源：IT 桔子，赛迪顾问，2018 年 12 月。

一、超高清视频投融资市场较为保守，各环节龙头企业仍是投资机构关注热点

国内外超高清视频产业正在如火如荼地发展，在普及 4K 的同时各企业开始逐步布局 8K，但在投融资市场上大多数企业表现得较为保守。目前来看能获得投融资的仍然是产业链各环节的龙头企业。在超高清面板环节，京东方于 2018 年 5 月获得美国康宁公司 14 亿美元投资，用于重点打造 10.5 代显示玻璃基板项目。在芯片环节，紫光集团于 2017 年 3 月获得国家开发银行、华芯投资管理有限责任公司 1500 亿元的战略投资。此外，4K 花园、旷视科技等超高清视频应用领域主力企业也分别获得了投资机构的支持。

二、投资呈现硬件、应用双重点，政府机构重视布局 4K/8K 产业

目前国内超高清视频投资呈现硬件、应用双重点。其中，硬件以电视、超高清面板、VR/AR 设备为主，应用以面向 C 端的广播电视领域和面向 B 端的安防监控领域为主。由于广播电视是国内最早与超高清视频产业融合的领域，也是消费基础最好的领域，所以在融资应用领域占据了绝对主角地位。

另外，值得注意的是，投资机构中不乏出现带有国资背景的机构参与，如国家开发银行、国海创新资本等"国"字机构在芯片、编码 / 解码设备领域等投入资金支持，推进我国芯片、视频生产设备的自主研发进程，助力国内超高清视频产业获得更多的技术突破。

三、企业逐步构建超高清视频产业链生态，未来将出现更多战略投资案例

超高清视频产业各环节的企业不再只盯着自己的"一亩三分地"，更多的企业开始投资与自身业务相关的上下游企业，努力搭建基于自身业务的 4K/8K 产业生态环境。这也导致除去天使轮、Pre-A、A、B 轮投资外，2017 年和 2018 年国内超高清视频产业出现了更多的战略投资案例。

例如，2016 年 4 月，微鲸科技斥资 4.5 亿元投资康佳电视，希望利用自身的 4K 内容优势与康佳的硬件基础，发展智能电视研发和运营平台建设。类似的案例还有，京东方投资枭龙科技、极戈科技、天利半导体等芯片、VR 类企业，基于自身超高清面板业务，向芯片、终端设备等产业链其他环节延伸。

四、广播电视在融资应用领域中占绝对优势地位

虽然国内超高清视频产业投融资市场并没有十分火热，但应用领域作为我国目前薄弱环节和重点发展领域还是获得了相当比重的融资。其中，4K 花园作为目前国内最大的 4K 生产和分发平台，颇受投资机构的关注，曾在 2017 年 8 月和 2018 年 1 月共获得 1 亿多元的融资规模；芒果 TV 也在 2016 年获得由深圳光大新娱产业基金领投的共计 15 亿元的资金支持。

第十节 六十强潜力企业

赛迪超高清视频潜力榜通过建立评判指标体系，从企业估值 / 市值、营收状况、专利数量、产品竞争力、企业潜力、领导层能力等多个维度进行定量与定性结合的评比，经过专家评分，对于中国主流的超高清视频企业（不含上市企业）进行排名对比，评出 2018 年中国超高清视频潜力企业 TOP 60 榜单（见表 3-4）。

表 3-4　2018 年中国超高清视频潜力企业 TOP 60 榜单

排　名	企 业 名 称	主 营 业 务	排　名	企 业 名 称	主 营 业 务
1	华为	终端显示、视频生产、网络传输设备	15	钛方	显示屏
2	新华三	视频存储	16	暴风 TV	互联网电视
3	柔宇科技	柔性显示屏及传感器	17	智媒互联	电子屏
4	西部紫光数据	视频存储	18	坚果投影 / 火乐科技	智能投影设备
5	新丽传媒	影视制作	19	柠萌影业	影视制作
6	海思半导体	芯片	20	寒武纪科技	智能芯片
7	长江存储（未上市）	集成电路	21	禾浩文化	影视制作
8	芒果 TV	网络视频媒体	22	新乐视文娱	互联网电影
9	旷视科技	机器视觉和人工智能	23	雷鸟科技	智能电视
10	酷开	互联网智能电视	24	锐驰转播	视频转播
11	微鲸	智能电视	25	光和木星影业	影视制作
12	中科大洋科技	视频制作	26	乐融致新	智能电视
13	商汤科技	人工智能视觉技术	27	胜友网络	在线教育解决方案
14	4K 花园	4K 视频制作与分发	28	涵象文化	影视制作

续表

排名	企业名称	主营业务	排名	企业名称	主营业务
29	明基	投影仪	45	卓曜科技	视频采集设备（数字摄像机）
30	西格马投影仪	投影仪	46	智为科技	视频采集设备（摄像机）
31	南京贝迪	显示用光学膜材料	47	当虹云	视频编码／解码设备（视频处理、分发）
32	智芯原动	人工智能算法和算法芯片	48	华栖云	视频编码／解码设备（媒体云服务）
33	索贝数码	视频制作	49	悟空遥控器	智能电视和机顶盒
34	泰捷	机顶盒	50	悠络客	视频监控云服务
35	先科	机顶盒	51	影谱科技	视频制作
36	英菲克	机顶盒	52	掌通家园	安防监控解决方案
37	福州瑞芯微电子	机顶盒	53	索创投影	音视频解决方案
38	悠络客	视频监控云服务	54	摩尔精英	芯片
39	好看传媒	电视节目制作	55	声网	视频传输
40	大朋	VR 硬件	56	智影	视频制作
41	新奥特	视频制作	57	睿捷网络	视频监控
42	华创科技	视频采集设备	58	创视赛维	智能安防
43	银河水滴	计算机视觉与视频大数据分析	59	芯翼信息科技	芯片
44	尊正数字	视频采集（监视器）	60	小派科技	VR 硬件

注：此次排名不分先后。　　　　　　　　　　数据来源：赛迪顾问，2018 年 12 月。

第四章

5G 通信

第一节　产业定义或范畴

　　第五代移动通信技术，也称第五代移动电话行动通信标准，英文缩写为5G。具有高速率、宽带宽、高可靠、低时延等特征，能够满足未来虚拟现实、超高清视频、智能制造、自动驾驶等用户和行业的应用需求。

　　随着无线移动通信系统带宽和能力的增加，面向个人和行业的移动应用快速发展，移动通信相关产业生态将逐渐发生变化，5G不仅仅是更高速率、更宽带宽、更强能力的空中接口技术，而且是面向业务应用和用户体验的智能网络。

第二节　赛迪重大研判

　　（1）5G通信产业标准逐步出台，欧盟及美国等经济体及其相关企业已经着手准备相关的试点、试商用等工作，力争领跑全球。

　　（2）5G通信产业发展需要从底层做起，在网络层面需要进行相关的升级改造工作，集中进行基站的建设及天线的架设等。

　　（3）5G通信产业主要集中在四个层面，即基站系统、网络架构、终端及应用。

　　（4）基站系统层面中的天线、射频及小微基站是5G通信产业发展的基本条件；网络架构层面是5G通信产业发展的软性基础，目标在于实现网络功能虚拟化、资源集中化、服务自动化、管理操作云平台化；终端层面中的各种终端设备是5G通信产业发展的重要载体，凸显5G的平台化属性；应用层面则是

5G 产业发展的落地目标，将与工业、商业深度融合激发大量需求。

（5）从投资潜力来看，前期基站系统的天线、射频、小型基站，后期应用场景层中的物联网、车联网及 VR/AR 细分场景值得关注。

第三节　产业政策分析

一、产业环境

5G 商用在即，产业规划进入倒计时，几大应用场景即将全面落地。随着 5G 标准的不断确定与技术的持续发展更新，5G 通信产业距离商用目标已经越来越近。国家大力出台相关产业政策对 5G 通信产业进行支撑，同时各相关企业也逐步加码 5G 相关产品的研发与生产，力争在即将到来的 5G 时代抢占先机。在投资方面，前期 5G 通信产业的发展离不开基础设施的升级改造，基站系统及射频、天线模块是前期 5G 通信产业在布局产业规划过程中的主要投资标的，而后期的应用场景则是 5G 落地的最终形态，物联网、车联网及 VR/AR 等应用场景将成为 5G 通信产业发展成熟时期的投资选择。

1. 三大运营商确定试点城市，5G 脚步逐渐加快

三大运营商已经基本确定了第一批 5G 试点城市，目前这些城市的 5G 测试工作正在有序的展开，5G 网络在中国的落实时间初步定在 2019 年左右。第一批 5G 试点的 18 座城市分别是北京、上海、广州、重庆、深圳、杭州、苏州、南京、武汉、成都、兰州、贵阳、郑州、雄安、天津、青岛、沈阳、福州。随着测试工作的不断深化进行，5G 技术将构建出一个人与人、物与物、人与物互联的新世界。

2. "科创板"的设立将直接促进 5G 通信产业发展

2018 年 11 月，上海证券交易所宣布将设立科创板试点注册制，助力科技企业走向多层次的资本市场。对于即将进入试商用和商用阶段的 5G 来说，科创板将成为多层次资本市场横向建设的重要一环，有利于助力 5G 通信产业中具有成长潜力的创新型中小企业，相关的高新技术企业、科创型企业将会得到长足的发展，为 5G 的全面商用保驾护航。

3. 多元化的应用场景催生资本不断注入

5G 具有高速率、低时延、广覆盖的三大特点，从而适用于三大经典的应用场景，分别为增强移动宽带（eMBB）、海量大连接（mMTC），以及像无人驾驶、工业自动化等需要低时延、高可靠连接的业务（URLLC）。随着 5G 的不断推进，许多相关厂商已经开始提前进行技术和产品的布局，这些中小型的高新技术企业也已经逐步得到资本市场的重视，越来越多的资本流入使得它们能够健康稳定向前发展。

二、政策导向

推进 5G 全面建设和商用，从而培育新动能和促进消费升级已经成为共识，中国在加快出台相关政策。2018 年 5 月，工信部与国资委联合发布《关于深入推进网络提速降费加快培育经济发展新动能 2018 专项行动的实施意见》，强调加快推进 5G 产业发展。通过扎实推进 5G 标准化、研发、应用、产业链成熟和安全配套保障工作，促进 5G 和垂直行业融合发展，为 5G 规模组网和应用做好准备。2018 年 7 月，工信部、国家发展改革委联合印发《扩大和升级信息消费三年行动计划（2018—2020 年）》，提出：要加快第五代移动通信（5G）标准研究、技术试验，推进 5G 规模组网建设及应用示范工程；深化电信普遍服务试点，提高农村地区信息接入能力；加大网络降费优惠力度，充分释放网络提速降费红利。

1. 首次写入政府工作报告，5G 得到全面认可

2017 年政府工作报告中提出"全面实施战略性新兴产业发展规划，加快新材料、人工智能、集成电路、生物制药、第五代移动通信等技术研发和转化，做大做强产业集群"，这是政府工作报告首次提到"第五代移动通信技术（5G）"。此举体现了国家对于发展 5G 的决心上升到了国策层面。随着商用步伐的进一步加快，5G 将加速影响各行各业，推动经济社会发展，发挥其在全行业、全社会的基础性支撑作用。

2. "十三五" 5G 主攻任务确定，5G 战略地位确立

科技部在 2017 年年初召开的"新一代宽带无线移动通信网"重大专项新闻发布会宣布，"十三五"期间国家科技重大专项 03 专项"新一代宽带无线移

动通信网"将延续，并转为以 5G 为重点，以运营商应用为龙头带动整个产业链各环节的发展，争取 5G 时代中国在移动通信领域成为全球领跑者之一。

"十三五"期间，03 专项将继续围绕着原定总体目标，聚焦在 5G 和 LTE 增强技术研发这两个方面。具体来说，5G 方面，将重点推动形成全球统一的 5G 标准，基本完成 5G 芯片及终端、系统设备研发，推动 5G 支撑移动互联网、物联网应用融合创新发展，为 2020 年启动 5G 商用奠定产业基础。在 LTE 增强技术方面，重点支持 LTE 增强关键技术、终端芯片等产业链薄弱环节的研发。

3. 频谱划分初步确定，运营商加快 5G 发展步伐

2018 年 6 月 5G 独立组网标准确定后，欧美多国已经着手开展 5G 频段的拍卖工作，而国内频段则是由政府部门行政分配的。而今，5G 频谱划分已经基本确定，中国移动获得 2.6GHz 频段和 4.9GHz 频段，在这两个频段上持续深耕；中国联通和中国电信则获得了目前产业成熟度最高的 3.5GHz 频段资源。由此，三大运营商已经具备了发展 5G 的基础条件。5G 不断稳步发展是大势所趋，而此次频段的确定也扫清了三大运营商最后的阻碍，产业落地也将逐渐临近。

5G 通信产业主要政策如表 4-1 所示。

表 4-1　5G 通信产业主要政策

颁 布 时 间	颁 布 主 体	政 策 名 称	相 关 内 容
2016.07	中共中央办公厅、国务院办公厅	《国家信息化发展战略纲要》	到 2020 年，固定宽带家庭普及率达到中等发达国家水平，第三代移动通信（3G）、第四代移动通信（4G）网络覆盖城乡，第五代移动通信（5G）技术研发和标准取得突破性进展
2016.08	工信部、国家发展改革委、科技部、财政部	《智能制造工程实施指南（2016—2020）》	初步建成 IPv6 和 4G/5G 等新一代通信技术与工业融合的试验网络、标识解析体系、工业云计算和大数据平台及信息安全保障系统
2016.12	国务院	《"十三五"国家战略性新兴产业发展规划》	大力推进第五代移动通信技术（5G）联合研发、试验和预商用试点。优化国家频谱资源配置，提高频谱利用效率，保障频谱资源供给
2016.12	国务院	《"十三五"国家信息化规划》	加快推进 5G 研究和产业化，统筹国内产学研用力量，推进 5G 关键技术研发、技术试验和标准制定，提升 5G 组网能力、业务应用创新能力。着眼 5G 和业务长期发展需求，统筹优化 5G 频谱资源配置，加强无线电频谱管理。适时启动 5G 商用，支持企业发展面向移动互联网、物联网的 5G 创新应用，积极拓展 5G 业务应用领域

续表

颁布时间	颁布主体	政策名称	相关内容
2017.01	工业和信息化部	《信息通信行业发展规划（2016—2020年）》	支持 5G 标准研究和技术试验，推进 5G 频谱规划，启动 5G 商用。到"十三五"末，成为 5G 标准和技术的全球引领者之一
2017.08	国务院	《关于进一步扩大和升级信息消费持续释放内需潜力的指导意见》	加快第五代移动通信（5G）标准研究、技术试验和产业推进，力争 2020 年启动商用

数据来源：相关部门网站公开信息，赛迪顾问整理，2018 年 12 月。

第四节 产业链全景图

5G 通信产业主要集中在四个层面，即基站系统、网络架构、终端及应用四个层面。

5G 通信产业链全景图如图 4-1 所示。

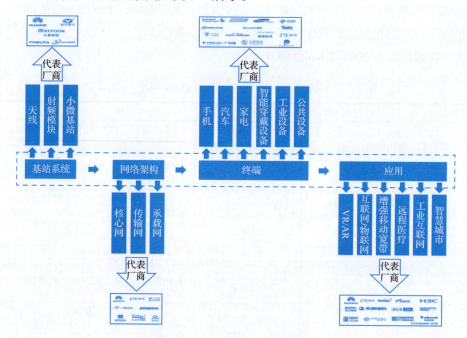

图 4-1　5G 通信产业链全景图

（数据来源：赛迪顾问，2018 年 12 月）

1．基站系统是 5G 发展的基本条件

基站系统包括天线、射频模块、小微基站等部分，由于 5G 的高网络容量和全频谱接入需求，天线射频模块集成、大规模天线技术（Massive MIMO）、小微基站和室内分布是基站系统演进的主要方向，同时也是 5G 发展的基本条件。

2．网络架构是 5G 发展的软性基础

为适应不同应用场景，5G 网络架构需进行颠覆性的变革，其关键在于利用 SDN（软件定义网络）/NFV（网络功能虚拟化）技术，形成包括基础设施、管道能力、增值服务、数据信息等不同的能力集，实现网络功能虚拟化、资源集中化、服务自动化、管理操作云平台化的目标。

3．终端设备是 5G 发展的重要载体

在 5G 时代，用户个体与具备连接功能的终端成为信息载体，在信息交互过程中，终端的平台化属性将更为突出。5G 终端设备不仅包括智能手机，还包括深度和广度的商业应用等其他终端设备（如 VR/AR、无人驾驶汽车、物联网设备等）。

4．应用场景是 5G 发展的最终目标

5G 移动通信技术旨在满足用户在居住、工作、休闲和交通等各种不同场景的多样化业务需求，同时 5G 还将渗透到各种行业领域，与工业设备、医疗仪器、交通工具等深度融合。未来 5G 主要有三大应用场景：eMBB（增强移动宽带）、URLLC（低时延高可靠）、mMTC（海量大连接）。

第五节　价值链及创新

一、基站系统

5G 通信基站系统价值链全景图如图 4-2 所示。

1．基站系统首先发力，将最先受到投资机构青睐

作为 5G 通信产业基础中的基础，基站系统是 5G 通信产业最先受到资本

关注的细分环节。由于 5G 技术重构了基站系统的架构，采用"宏站＋小站"的全新组网模式。因此，除了需要新建相关的小微基站以外，4G 时代的部分基站将得到升级改造，不仅降低了成本，同时也可以加快 5G 基站的部署速度。由华为、烽火通信、中兴通讯及大唐电信等企业为代表的基站研发、生产和服务厂商将在 5G 通信产业发展的前期受到广泛关注。

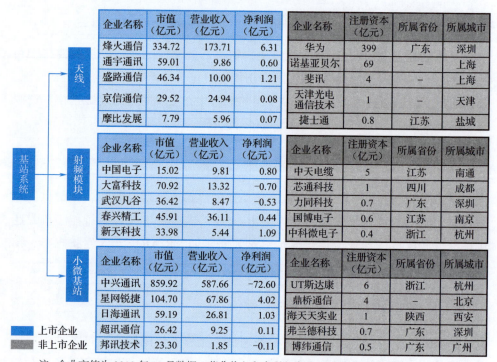

注：企业市值为 2018 年 10 月数据，营业收入和净利润为 2018 年前三季度数据。

图 4-2　5G 通信基站系统价值链全景图

（数据来源：上市企业财报，赛迪顾问，雪球网，2018 年 12 月）

2. 厂商体量差距较大，5G 来临或经历一波企业洗牌

从 5G 通信产业基站系统相关企业的体量方面来看，相关企业的体量从几百万元到几千亿元不等，存在着较大的差距。这是由于基站系统这一细分领域中存在着许多老牌厂商，例如，中兴通讯、华为等。其业内地位较高，而这一领域进入门槛较低，这也促成了很多新进企业参与其中。厂商体量出现了较大的差距，在未来技术为王的时代，很可能经历一轮企业筛选。

二、网络架构

5G 通信网络架构价值链全景图如图 4-3 所示。

企业名称	市值 (亿元)	营业收入 (亿元)	净利润 (亿元)
紫光股份	540.35	344.25	11.62
亨通光电	341.90	241.06	21.07
国脉科技	67.30	8.12	1.27
杰赛科技	65.37	33.20	0.42
特发信息	45.46	40.27	1.64

核心网

企业名称	市值 (亿元)	营业收入 (亿元)	净利润 (亿元)
富春股份	33.85	3.75	0.35
朗玛信息	47.11	3.50	0.78
信威集团	426.57	1.77	−8.23
歌华有线	127.07	18.02	5.47
共进股份	45.58	59.23	1.16

网络架构

企业名称	市值 (亿元)	营业收入 (亿元)	净利润 (亿元)
中际旭创	213.88	42.03	4.81
中天科技	235.17	236.61	16.34
通鼎互联	100.29	33.31	4.70
天孚通信	50.73	3.25	0.91
剑桥科技	31.29	22.76	0.56

传输网

企业名称	注册资本 (亿元)	所属省份	所属城市
环邦网络	0.1	广东	广州
五巨科技	0.1	广东	深圳
东方世纪	1.48	江苏	南京
天童通信	0.5	−	北京
亚太东方	0.3	−	北京

承载网

企业名称	市值 (亿元)	营业收入 (亿元)	净利润 (亿元)
海格通信	185.02	25.67	2.56
宜通世纪	39.87	18.43	−5.70
中通国脉	33.54	3.56	0.16
吉大通信	32.42	2.52	0.24
纵横通信	30.35	3.65	0.25

企业名称	注册资本 (亿元)	所属省份	所属城市
华信藤仓	2	江苏	南京
兆维	0.4	−	北京
世纪晶源	1.2	广东	深圳
康阔	0.6	−	上海
亿达	1.4	江苏	连云港

■ 上市企业
■ 非上市企业

注：企业市值为 2018 年 10 月数据，营业收入和净利润为 2018 年前三季度数据。

图 4-3 5G 通信网络架构价值链全景图

（数据来源：上市企业财报，赛迪顾问，雪球网，2018 年 12 月）

1. 非上市企业体量较小，业务压力有所增加

网络架构作为 5G 通信产业的软性支撑条件，其功能可以描述为通信系统中的"血管"，有着承载和运输信息的重要功能。在上述列出的网络架构相关的企业中，成规模的非上市企业仅占总数的三分之一。同时，非上市企业的注册资本大多不超过亿元，足见其体量之小。从某种程度上来说，反映其将来可能会面临相应的业务压力。

2．地域集聚较为明显，"北上广"周边企业数量较多

从地域分布上来看，5G 通信产业网络架构企业集中分布在"北上广"地区，其中，广东地区占比较高，达到了超过半数的规模。这是由于珠三角地区是我国制造业集聚的地区，制造业较为发达，通信设备的制造大多集中于此。而北京、上海由于集聚了大量的高校和科研院所，其研发能力在全国领先，研发机构大多集聚于北京和上海周围。

三、终端

5G 通信终端价值链全景图如图 4-4 所示。

1．企业数量众多，大型企业领军作用明显

终端设备是 5G 通信产业发展的重要载体。从图 4-4 的列表企业可以看出，这些企业大多分布在制造业领域。从手机、汽车、家电及智能穿戴设备这些我们日常熟知的终端设备，到工业设备以及公共设备这些范围较广、体量较大的终端，都有涉及的企业。这也从侧面说明，未来 5G 市场规模可期，终端厂商即将大显身手。

2．细分环节企业结构良好，未来将健康发展

从终端的每个细分环节来看，通过横向对比和纵向深入两个方面，可以发现，在每个细分环节都有一到两家千亿级领军企业；另外，上市企业大多财政数据良好。非上市企业则保持着不俗的竞争力。从地域方位来看，所有企业分布于全国各地。由此说明，在 5G 时代，终端设备厂商将从全国范围内发力，呈辐射状发展。

四、应用场景

5G 应用场景价值链全景图如图 4-5 所示。

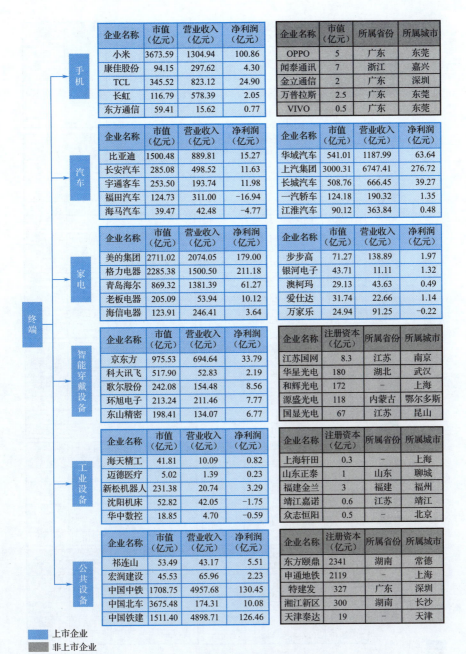

手机

企业名称	市值(亿元)	营业收入(亿元)	净利润(亿元)
小米	3673.59	1304.94	100.86
康佳股份	94.15	297.62	4.30
TCL	345.52	823.12	24.90
长虹	116.79	578.39	2.05
东方通信	59.41	15.62	0.77

企业名称	市值(亿元)	所属省份	所属城市
OPPO	5	广东	东莞
闻泰通讯	7	浙江	嘉兴
金立通信	2	广东	深圳
万普拉斯	2.5	广东	东莞
VIVO	0.5	广东	东莞

汽车

企业名称	市值(亿元)	营业收入(亿元)	净利润(亿元)
比亚迪	1500.48	889.81	15.27
长安汽车	285.08	498.52	11.63
宇通客车	253.50	193.74	11.98
福田汽车	124.73	311.00	-16.94
海马汽车	39.47	42.48	-4.77

企业名称	市值(亿元)	营业收入(亿元)	净利润(亿元)
华域汽车	541.01	1187.99	63.64
上汽集团	3000.31	6747.41	276.72
长城汽车	508.76	666.45	39.27
一汽轿车	124.18	190.32	1.35
江淮汽车	90.12	363.84	0.48

家电

企业名称	市值(亿元)	营业收入(亿元)	净利润(亿元)
美的集团	2711.02	2074.05	179.00
格力电器	2285.38	1500.50	211.18
青岛海尔	869.32	1381.39	61.27
老板电器	205.09	53.94	10.12
海信电器	123.91	246.41	3.64

企业名称	市值(亿元)	营业收入(亿元)	净利润(亿元)
步步高	71.27	138.89	1.97
银河电子	43.71	11.11	1.32
澳柯玛	29.13	43.63	0.49
爱仕达	31.74	22.66	1.14
万家乐	24.94	91.25	-0.22

智能穿戴设备

企业名称	市值(亿元)	营业收入(亿元)	净利润(亿元)
京东方	975.53	694.64	33.79
科大讯飞	517.90	52.83	2.19
歌尔股份	242.08	154.48	8.56
环旭电子	213.24	211.46	7.77
东山精密	198.41	134.07	6.77

企业名称	注册资本(亿元)	所属省份	所属城市
江苏国网	8.3	江苏	南京
华星光电	180	湖北	武汉
和辉光电	172	–	上海
源盛光电	118	内蒙古	鄂尔多斯
国显光电	67	江苏	昆山

工业设备

企业名称	市值(亿元)	营业收入(亿元)	净利润(亿元)
海天精工	41.81	10.09	0.82
迈德医疗	5.02	1.39	0.23
新松机器人	231.38	20.74	3.29
沈阳机床	52.82	42.05	-1.75
华中数控	18.85	4.70	-0.59

企业名称	注册资本(亿元)	所属省份	所属城市
上海轩田	0.3	–	上海
山东正泰	1	山东	聊城
福建金兰	3	福建	福州
靖江嘉诺	0.6	江苏	靖江
众志恒阳	0.5	–	北京

公共设备

企业名称	市值(亿元)	营业收入(亿元)	净利润(亿元)
祁连山	53.49	43.17	5.51
宏润建设	45.53	65.96	2.23
中国中铁	1708.75	4957.68	130.45
中国北车	3675.48	174.31	10.08
中国铁建	1511.40	4898.71	126.46

企业名称	注册资本(亿元)	所属省份	所属城市
东方颐鼎	2341	湖南	常德
申通地铁	2119	–	上海
特建发	327	广东	深圳
湘江新区	300	湖南	长沙
天津泰达	19	–	天津

■ 上市企业
■ 非上市企业

注：企业市值为 2018 年 10 月数据，营业收入和净利润为 2018 年前三季度数据 。

图 4-4　5G 通信终端价值链全景图

（数据来源：上市企业财报，赛迪顾问，雪球网，2018 年 12 月）

应用	VR/AR	企业名称	市值（亿元）	营业收入（亿元）	净利润（亿元）	企业名称	注册资本（亿元）	所属省份	所属城市
		三安光电	608.50	63.93	25.94	云谷科技	205	河北	廊坊
		康得新	416.06	108.35	22.01	爱奇艺	125	–	北京
		东方明珠	351.95	92.81	15.11	奇酷互联网	28	广东	深圳
		完美世界	331.72	55.13	13.17	联络互动	22	浙江	杭州
		光线传媒	224.42	12.85	22.85	腾讯科技（成都）	15	四川	成都
	互联网/物联网	企业名称	市值（亿元）	营业收入（亿元）	净利润（亿元）	企业名称	注册资本（亿元）	所属省份	所属城市
		四维图新	216.06	15.23	2.19	观致汽车	169	江苏	常熟
		均胜电子	210.93	394.21	10.58	上汽通用	76	–	上海
		闻泰科技	194.24	110.06	-1.69	百度网讯	64	–	北京
		启明星辰	176.65	13.02	1.18	滴滴无限	56	–	北京
		宝信软件	170.65	38.36	5.18	北京新能源	53	–	北京
	增强移动宽带	企业名称	市值（亿元）	营业收入（亿元）	净利润（亿元）	企业名称	注册资本（亿元）	所属省份	所属城市
		中国移动	15500.00	3918.32	657.42	中国电信	809	–	北京
		中国联通	1691.02	2197.12	88.28	中国商飞	242	–	上海
		胜利精密	97.47	128.16	3.07	电信科学技术研究院	78	–	北京
		中科创达	94.12	8.99	1.03	广州供电局	75	广东	广州
		彩讯科技	0.14	0.97	-0.04	雷蒙实业	37	–	天津
	远程医疗	企业名称	市值（亿元）	营业收入（亿元）	净利润（亿元）	企业名称	注册资本（亿元）	所属省份	所属城市
		迈瑞医疗	1357.93	102.80	28.97	西门子	71	–	北京
		乐普医疗	556.41	45.84	11.43	浪潮软件	40	山东	济南
		鱼跃医疗	182.45	31.80	6.28	泰康保险	27	–	北京
		蓝帆医疗	166.59	17.93	2.61	彩虹集团	25	–	北京
		通策医疗	157.59	11.63	2.75	东欧医疗	22	辽宁	沈阳
	工业互联网	企业名称	市值（亿元）	营业收入（亿元）	净利润（亿元）	企业名称	注册资本（亿元）	所属省份	所属城市
		工业富联	2485.55	2839.26	97.56	首钢集团	288	–	北京
		用友网络	479.74	45.48	1.51	富士康工业互联网	197	广东	深圳
		汇川技术	373.94	39.39	7.94	中航科工	180	–	北京
		徐工机械	266.34	340.76	15.08	阿里云	10	浙江	杭州
		光环新网	210.94	44.82	4.75	中电工业互联网	10	湖南	长沙
	智慧城市	企业名称	市值（亿元）	营业收入（亿元）	净利润（亿元）	企业名称	注册资本（亿元）	所属省份	所属城市
		海康威视	2465.53	338.03	73.96	华为	399	广东	深圳
		海能达	152.86	45.31	1.31	贵安	200	贵州	贵阳
		东软集团	143.74	42.55	1.25	招商局集团	167	–	北京
		万达信息	142.49	15.68	1.52	世界风	38	广东	深圳
		太极股份	109.58	38.84	0.70	仪电	35	–	上海

■ 上市企业
■ 非上市企业

注：企业市值为 2018 年 10 月数据，营业收入和净利润为 2018 年前三季度数据。

图 4-5 5G 应用场景价值链全景图

（数据来源：上市企业财报，赛迪顾问，雪球网，2018 年 12 月）

1．三大运营商领军，主攻方向互有重合

应用场景是 5G 发展的最终目标。在这个价值链环节，中国移动、中国联通及中国电信作为国内三大运营商起到了带头作用。2018 年三大运营商全部确定首批 5G 试点城市，中国移动、中国联通深耕物联网应用场景，中国电信制订 5G 实施路线图。5G 稳步健康发展。可以预见，运营商将成为 5G 时代行业领军者。

2．工业互联网方向不甚明确，何时进入真正工业互联时代有待确定

从细分场景来看，工业互联网这一最重要的应用场景较为被忽视。首先，目前工业互联网还处于工业以太网连接阶段，无线网络需求较低；其次，5G 网络接入资费过高，导致许多企业接受度较低；第三，工厂内机器通信缺乏统一标准，机器物联网实现存在困难。从长远的角度来看，工业互联网将是一片蓝海，其发展潜力还需相关企业深入探索，利用 5G 的高带宽、低时延和广覆盖三大特点，寻找适合的工业互联网落地方式。

第六节　行业龙头动向

2018 年，5G 通信领域的龙头企业热衷于在技术方面进行不断更新，同时逐步进行 5G 标准的确立工作，逐步深化推动 5G 相关应用场景的同时，也出现了零星企业重组，完善自身实力的事件（见表 4-2）。能够看出，随着 5G 技术逐渐进入试商用阶段，各大企业也已开始发力，力争在即将到来的 5G 时代中展示自己的实力。

表 4-2　2018 年 5G 通信行业重大事件

序号	事件说明	事件主体	影响 / 意义
1	首发 5G 预商用核心网产品"5G SA 突破行动"	中国移动	"5G SA 突破行动"聚焦 5G 标准制定、产品推进和性能提升三大目标：力争在 2018 年 6 月与产业界合作伙伴完成 5G SA 第一版完整标准（标准已确定）；实现服务化核心网产品全面的功能，并实现异厂家互通；进一步改善优化 5G 核心网性能
2	中国移动与多家国外运营商联合成立 ORAN 联盟	中国移动、美国 AT&T 等	提出 ORAN 概念，目标是推动无线接入网由传统模式向开放智能的方向演进，ORAN 充分体现了中国移动关于通信 4.0 的理念，即 IT、CT 与 DT 的融合发展
3	英特尔首发 5G 全互联 PC 设备	英特尔	英特尔带来的 5G 全互联 PC 概念的展示，对于整个行业探索基于 5G 的 PC 未来的可能性而言，这个概念无疑迈出了坚实一步

续表

序号	事件说明	事件主体	影响／意义
4	5G 试点规模铺开	中国移动 中国联通 中国电信	三大运营商 5G 规模试点相继启动，为 5G 商用落地保驾护航，5G 时代即将到来
5	大唐移动和高通合作开展基于 3GPP 的 5G 新空口互操作性	大唐移动 高通	高通子公司 Qualcomm Technologies, Inc 和大唐移动于 2018 年 6 月 21 日联合宣布，双方将基于 3GPP Release 15 标准，合作开展 3.5GHz 频段上的 5G 新空口互操作性测试。测试将使用大唐移动提供的基站和 Qualcomm Technologies 提供的用户终端（UE），两者均符合 3GPP 5G 新空口规范
6	中国信息通信科技集团有限公司正式成立	中国信息通信科技集团有限公司	中国信息通信科技集团有限公司（"中国信科集团"）2018 年 7 月 20 日正式宣告成立，为中国乃至全球的信息通信产业发展史添上浓墨重彩的一笔
7	华为率先在杭州开通基于 3GPP 标准的 5G 站点并验证超高带宽业务	华为	本次 5G 站点部署采用了华为基于 3GPP 商用标准的端到端解决方案。通过多路超高清视频业务验证了 5G 新空口的接入能力，实测 5G 单用户峰值速率可达 2.7Gbps。未来超大带宽和超低时延的 5G 极致体验网络，将加速 5G 与垂直行业应用的孵化进程
8	紫光集团将开发 5G 芯片商用终端	紫光集团	紫光集团 2018 年 5 月在第二十一届中国北京国际科技产业博览会上展出了芯片领域的多款高精尖核心产品，涵盖众多领域，此外，紫光集团还集中在新城市、新产业、新政务三个应用领域展出了众多的云计算解决方案和场景
9	国务院批准烽火大唐重组	烽火通信 大唐电信	烽火科技集团和大唐电信集团重组符合央企整合、做强做大的逻辑，两家公司产品线存在较大互补，两者结合可以为运营商提供较为完整的解决方案，进一步提升全球竞争力
10	T-Mobile 美国计划 2018 年内推出 5G 移动服务，将进军家庭宽带市场	T-Mobile	此次 T-Mobile 的动向直指美国家庭宽带市场，将在此细分领域对相关厂商带来一定冲击
11	高通推出全球首款支持 5G 的移动处理器	高通	此次高通推出面向旗舰机、AI 及车联网的 5G 移动处理器，预示着 5G 终端技术已经成熟，实现落地指日可待
12	大唐电信与高通合作，完成首个多芯片组厂商 C-V2X 直接通信互操作	大唐电信 高通	C-V2X 是唯一一项基于全球 3GPP Release 14 规范的 V2X 通信技术，其基于 PC5 的直接通信模式在 5.9GHz 智能交通系统（ITS）频谱运行，车辆与其他车辆及基础设施可基于该频谱传输信息以避免碰撞事故，无须依赖任何蜂窝运营商网络。该技术的成功操作推动了 5G 车联网服务的进程
13	中国移动研究院携手诺基亚贝尔完成 5G 测试	中国移动 诺基亚贝尔	中国移动研究院与诺基亚贝尔积极携手推动 5G 产业的完善与成熟，并第一时间适配 3GPP 的最新标准，以全力支持中国的 5G 发展。双方在 5G 技术、产品解决方案等方面的各自优势，以及丰富的产业落地经验，为双方的长期技术合作奠定了基础
14	澳大利亚电信成功接通 5G 网络	澳大利亚电信	澳大利亚电信在黄金海岸上接通了具备 5G 能力的站点，这使得澳大利亚电信能够在真实世界的条件下测试 5G 商用设备，并使用包括互联汽车等独特创新来测试其 5G 覆盖能力。这也意味着在 5G 覆盖区，澳大利亚电信的客户可以连接商用的兼容 5G 设备

序号	事 件 说 明	事件主体	影响／意义
15	爱立信获 Telenor 多国市场 5G 核心网升级合同	爱立信 Telenor	最新的合作加强了爱立信与 Telenor 的业务关系，网络转型将进一步为 Telenor 提供最先进的虚拟核心应用，可服务于移动和固定接入，并延长传统网络的生命周期
16	爱立信率先在菲律宾发展 5G	爱立信	根据爱立信的 5G 商业潜能报告，预计到 2026 年，5G 将为菲律宾创造约 18 亿美元的收入机会
17	中兴通讯首次实现 5G "刷微信"	中兴通讯	5G 呼叫、5G 上网、5G 微信作为收发三大消费者最关心的应用场景顺利通过测试
18	三星计划 2020 年拿下全球 5G 设备市场 20% 份额	三星电子	三星电子作为通信制造商的非新入局者，这次表态预示着其将全力进军 5G 设备市场，将对一众相关设备带来一定冲击和推动
19	中国联通采集 NB-IoT 模组	中国联通	本次采购表明，中国联通将发力物联网应用场景，在未来万物互联的 5G 时代，物联网无疑是最重要应用场景细分的一支
20	亨通光电入选国家工信部 2018 智能制造试点规范项目	亨通光电	以光纤光缆制造作为主营业务的亨通光电此次入选，表明从国家层面对 5G 基础层的重视与支持，5G 未来前途一片光明

数据来源：相关部门网站公开信息，赛迪顾问整理，2018 年 12 月。

第七节　市场规模预测

从 5G 的建设需求来看，5G 将会采取"宏站＋小站"组网覆盖的模式，历次基站的升级，都会带来一轮原有基站改造和新基站建设潮。2017 年我国 4G 广覆盖阶段基本结束，4G 基站达到 328 万个。赛迪顾问预测，5G 基站总数量是 4G 基站 1.1～1.5 倍，据此赛迪顾问将对我国 5G 市场规模进行预测。2019—2024 年中国 5G 通信市场规模及预测如图 4-6 所示。

图 4-6　2019—2024 年中国 5G 通信市场规模及预测

（数据来源：赛迪顾问，2018 年 12 月）

5G 具备低时延、高速率的特点，为无人驾驶汽车的安全性提供了保障，从而推动无人驾驶汽车的发展；同时也推进了车辆与车辆之间的互联互通，能有效促进车联网市场规模迅速提升。2019—2024 年中国车联网机动车装机车辆数预测如图 4-7 所示。

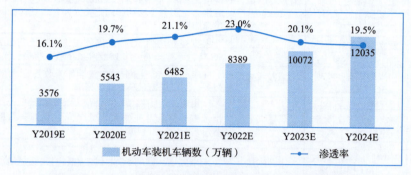

图 4-7　2019—2024 年中国车联网机动车装机车辆数预测

（数据来源：赛迪顾问，2018 年 12 月）

5G 开放架构的特点，为万物互联提供了可能，同时能够促进多行业融合发展，将会促进物联网市场规模迅速提升。同时，运营商已经开始着手布局国内物联网市场，为 5G 的铺开打下了良好的基础。2019—2024 年中国物联网用户规模预测如图 4-8 所示。

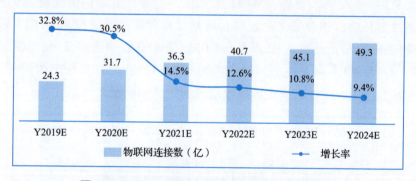

图 4-8　2019—2024 年中国物联网用户规模预测

（数据来源：赛迪顾问，2018 年 12 月）

5G 所具备的高速率、低时延特点，能够有效提高 VR/AR 的体验，让用户获得更好的视听享受，从而直接拉动 VR/AR 设备的产量迅速提升。2019—2024 年中国 VR/AR 设备出货量及增长预测如图 4-9 所示。

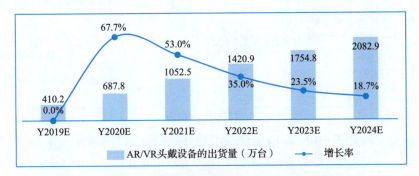

图 4-9　2019—2024 年中国 VR/AR 设备出货量及增长预测

（数据来源：赛迪顾问，2018 年 12 月）

第八节　赛道选择建议

（1）主设备及光模块：无线和网络主设备供应商是确定性核心受益标的，将会带动整个国内产业链在全球 5G 生态的参与度提升。基站数量增加以及 5G 的升级，将带来基站间连接光模块的数量和速率发生跃变，拉动高速率光模块需求。

（2）射频天线：MIMO 多天线技术，超高频乃至毫米波的应用，将带来射频天线、射频连接器件及电缆等配套需求激增。

（3）车联网：依靠 5G 的低时延、高可靠、高速率、安全性等优势，推动车联网产业快速发展。预计到 2030 年，我国车联网行业中 5G 相关投入（通信设备和通信服务）约达到 120 亿元。

（4）工业物联网：5G 将广泛深入应用于工业领域，工厂车间中将出现更多的无线连接，工业物联网逐步普及。预计到 2030 年，我国工业领域中 5G 相关投入（通信设备和通信服务）约达到 2000 亿元。

（5）智慧医疗：5G 将有效满足如远程医疗过程中低时延、高清画质和高可靠高稳定等要求，推动远程医疗应用快速普及。预计到 2030 年，我国远程医疗行业中 5G 相关投入（通信设备和通信服务）约达到 640 亿元。

2019 年 5G 通信细分领域投资潜力气泡图如图 4-10 所示。

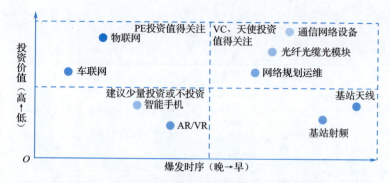

图 4-10　2019 年 5G 通信细分领域投资潜力气泡图

（数据来源：赛迪顾问，2018 年 12 月）

第九节　资本市场动向

一、通信领域投资金额逐年下降

从 2016—2018 年来看，我国 5G 通信领域的投资金额基本上呈现出逐年下滑的态势（见图 4-11）。由于 5G 通信技术尚未进入商用阶段，因此 2016—2018 年仍为 4G 通信产业的收尾期，其投资事件和投资金额数均逐年降低。

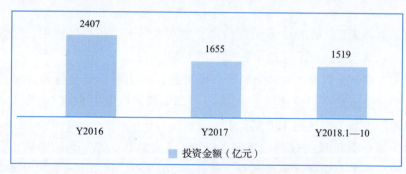

图 4-11　2016—2018 年中国 5G 通信领域投资金额

（数据来源：赛迪顾问，2018 年 12 月）

二、前期轮次投资仍占主导

整体来看，2016—2018 年，资本市场对 5G 通信产业的投融资逐渐向 B—C 轮倾斜，说明初创企业对 5G 商业模式不断进行探索；2018 年，国内 5G 通信领域 A 轮前（含 A 轮）融资数量总计达到 65 件（见图 4-12），占比达到

50.0%，仍然占据主导地位，说明在 5G 通信产业完全落地前，资本市场对其持试探态度。

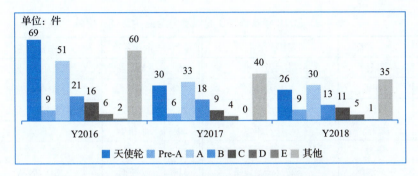

图 4-12　2016—2018 年中国 5G 通信产业投融资轮次情况

（数据来源：投中数据，赛迪顾问整理，2018 年 12 月）

三、北京领跑的同时，东部沿海发达地区仍是投融资主要区域

从 2016—2018 年的投融资发生区域来看，北京、广东、上海、江苏的投融资数量排在前四位，而浙江则在 2017 年及 2016 年超过江苏排到了第四位（见图 4-13）。同时，我们明显可以看出，北京投融资数量较多，说明北京是 5G 发展的重要区域之一，其他上榜地区均处于东部沿海，说明东部沿海发达地区对 5G 通信产业的发展具有敏感性，可以进行超前布局。

图 4-13　2016—2018 年中国 5G 通信产业投融资数量地区 TOP 5

（数据来源：投中数据，赛迪顾问整理，2018 年 12 月）

第十节　五十强潜力企业

5G 时代还未到来，潜力企业已经初露锋芒。赛迪顾问从行业知名度、主

营业务关联度、市值及主营业务收入等方面对 5G 通信产业未上市潜力企业进行排名，投资者可以依据表 4-3 择机进行投资。

表 4-3　2018 年赛迪 5G 通信潜力企业 TOP 50 榜单

排名	企业名称	主营业务	排名	企业名称	主营业务
1	中兴微	芯片及模组	26	太辰光	光模块 / 光器件
2	海思	芯片及模组	27	金信诺	射频电缆
3	MTK	芯片及模组	28	硕贝德	手机滤波器 / 天线 /PA
4	展讯	芯片及模组	29	菲利华	光棒辅材
5	华为	基站及数据通信终端	30	长飞光纤	光纤光缆
6	中兴通讯	基站及传输设备	31	赛特斯	SDN/NFV
7	烽火通信	传输设备及数据通信终端	32	日海通信	网络工程
8	OPPO/VIVO	数据通信终端	33	超讯	网络工程
9	鹏博士	多媒体终端	34	海格	网络工程
10	特发信息	ODM/OEM	35	富春通信	网络优化
11	卓翼科技	ODM/OEM	36	世纪鼎利	网络优化
12	凯乐科技	ODM/OEM	37	三维通信	网络优化
13	高新兴	物联网模组	38	科信技术	配套设备
14	广和通	物联网模组	39	新海宜	配套设备
15	移为通信	物联网模组	40	百度	自动驾驶
16	乐土科技	工业互联网	41	路畅科技	自动驾驶
17	佳讯飞鸿	工业互联网	42	索菱股份	自动驾驶
18	宜通世纪	智慧医疗	43	国脉科技	自动驾驶
19	彩虹集团	智慧医疗	44	川大智胜	VR/AR 内容应用
20	东欧医疗	智慧医疗	45	中视典	VR/AR 内容应用
21	光迅科技	光模块 / 光器件	46	幻维数码	VR/AR 内容应用
22	天孚通信	光模块 / 光器件	47	京东	VR/AR 内容应用
23	中际装备	光模块 / 光器件	48	腾讯科技	VR/AR 交互系统
24	新易盛	光模块 / 光器件	49	中科创达	VR/AR 交互系统
25	博创科技	光模块 / 光器件	50	金亚科技	VR/AR 交互系统

注：此次排名不分先后。　　　　　　　　　数据来源：赛迪顾问，2018 年 12 月。

第五章

智能硬件

第一节　产业定义或范畴

　　智能硬件是指具备信息采集、处理和连接能力，并可实现智能感知、交互、大数据服务等功能的新兴互联网终端产品。新一代信息技术加速与家居、个人穿戴、交通出行、医疗健康、生产制造等领域的集成融合，催生各领域智能硬件的蓬勃发展，带动生产效率和生活方式质的提升。

　　从细分产品来看，智能硬件可分为以智能手机、智能手表、智能手环、智能眼镜等为代表的智能穿戴设备；以智能电视、智能机顶盒、智能路由器、智能冰箱、智能空调等为代表的智能家居设备；以智能车载雷达、智能后视镜、智能记录仪、智能导航设备等为代表的智能车载设备；以智能血压计、智能体温计、智能血糖仪、智能心电图机等为代表的智能医疗设备；以智能 PLC、智能工业传感器等为代表的工业级智能硬件；以及消费级无人机、机器人等其他智能硬件。智能硬件与传统产业融合，赋予其智能化功能，具备大数据等附加值，同时催生出新兴业态和新的应用，在转变经济发展方式、传统产业转型升级和服务社会民生方面发挥着重要作用。

第二节　赛迪重大研判

　　（1）智能车载设备、无人机等新兴智能硬件市场呈现高速增长态势。

　　（2）智能硬件感知交互技术是驱动智能硬件产品和服务创新的重要力量。

　　（3）智能硬件产业主要集中在四个层面，即基础层、网络层、终端层和附加值层，规模均保持稳步增长。其中智能硬件终端层中智能家居设备占比较低。

（4）智能硬件产业资源存在一定的不平衡现象，北京、上海、广东等产业基础雄厚地区具有先发优势，发展态势较好。

（5）从投资潜力来看，智能硬件基础层的功能模块和终端层的各个细分领域均具有较好的投资前景。

第三节　产业政策分析

一、产业环境

1．我国市场的巨大潜力及日益提高的人力成本客观上推动了智能硬件的产业发展

得益于我国的巨大市场和逐年上升的人力成本，智能硬件在各行各业中应用广泛。智能穿戴设备、智能医疗设备、工业级智能硬件等垂直领域已经基本形成较为成熟的智能硬件应用模式。智能穿戴设备依托平台向用户提供个性化增值服务，从而形成特色服务导向的应用模式；智能医疗设备与传统医疗加速融合，助力传统医疗产业的智能化转型升级；工业级智能硬件则以工业数据为核心，在采集数据、生产制造、运维等不同环节实现工业生产的数字化、智能化和自动化，从而实现高效率、低成本、安全、环保的现代工业生产。各行业与智能硬件融合程度加深，客观上推动了智能硬件的产业发展。

2．人工智能技术走向指明智能硬件产业的投资方向

智能硬件是通过移动通信和便携计算技术，将互联网服务通过终端推送到每位用户。时至今日，智能硬件不再局限于移动互联网的发展和变革，而是凭借人工智能技术反过来塑造新时代信息和通信的新形态。受计算能力、数据处理等关键要素的影响，人工智能技术步入技术拐点期，发展势头迅速猛烈，为智能硬件资本市场提供了新方向。深度学习、神经网络、类脑科学、量子计算等新兴人工智能技术使得智能硬件产业步入更深一步的智能化阶段，改变了信息的获取方式，开拓了新的应用场景和终端形态，改变了智能硬件产业的商业模式，带动资本市场一轮又一轮的新投资热潮。

3．摩尔定律趋于失效，我国智能硬件产业发展迎来战略机遇

进入 21 世纪，智能硬件核心元器件性能提升已经接近瓶颈，摩尔定律趋于失效。

伴随着人工智能技术与硬件的共同发展，相关智能硬件企业竞争激烈，需打磨针对细分市场和特定场景的自家产品核心功能与价值。究其原因，在于当前的智能硬件发展的矛盾是数据总量与计算能力不匹配的矛盾，需要新的元器件来支持计算需求的增长。同时智能硬件渗透至社会生活的诸多角落，细分种类难以计数，形态、功能、服务的快速升级迭代，对前端器件性能不断提出集成化和柔性化的需求，使得硬件环节竞争越发关键，硬件门槛越来越高。可预见的是，随着我国在智能硬件产业核心元器件方面实力的增强，其性能需求将被进一步推高，倒逼计算能力持续升级，使得我国智能硬件产业进入战略机遇期。

二、政策导向

1. 提升终端产品智能化水平是主要任务

国家发展改革委、科技部、工信部、中央网信办四部门联合印发的《"互联网＋"人工智能三年行动实施方案》（以下简称"方案"）中将"提升终端产品智能化水平"列为主要任务，并明确提出了要加快智能终端核心技术研发及产业化，丰富移动智能终端、可穿戴设备、虚拟现实等产品的服务及形态，提升高端产品供给水平。智能硬件是人工智能技术的载体，其终端智能化水平直接反映了技术的成熟度，是我国智能硬件产业发展质量和水平的重要衡量标准。因此制定智能硬件产业创新发展专项行动方案，从部委层面确立智能硬件的主要任务是终端智能化的地位，对引导智能硬件产业健康有序发展，推动人工智能与各项智能硬件技术的深度融合，提升智能家居、智能穿戴、智能交通等智能硬件技术与应用水平，以及产业的发展起到指导作用。

2. 亟须建设智能硬件的技术基础服务平台

工信部会同国家发展改革委印发的《智能硬件产业创新发展专项行动（2016—2018年）》（以下简称"行动"）指出，要提升高端共性技术与产品的有效供给，满足社会生产、生活对智能硬件的多元化需求。行动以提升智能硬件关键技术和产品创新能力、夯实产业基础为核心，以优化政策环境，繁荣产业生态，加强公共服务为牵引，着力推动我国智能硬件产业高端化、创新化、自主化、生态化、服务化发展。行动提出，亟须建立智能硬件标准化和公共服务平台，支持面向标准符合性、软硬件协同、互联互通、用户体验、安全可靠等产品检测服务。行动的提出为企业提供产品的软硬件一体化解决方案以及相关孵化服务，有利于形成统一标准，推动产业链及价值链上下游企业集聚，同时打造智能硬件生态链条，促进我国智能硬件产业技术服务平台快速发展。

3. 通过智能硬件带动相关行业的协同进步

加强政策法规建设、推动跨行业协同创新，优化产业发展环境来带动相关行业的协同进步是各地方政府发展智能硬件产业的总体思路。《关于促进中关村智能硬件产业创新发展的若干支持措施》《关于上海市推动新一代人工智能发展的实施意见》等政策均围绕价值链配置资源链，整合资源链打造创新链，依托创新链贯穿技术链，依据技术链布局产业链，统筹产业链形成生态链。培育具有国际竞争力的企业集团，推动全球布局和产业体系国际化；同时通过传统产业转型升级和新型智能硬件产业生态的建立，带动其他相关行业的协同进步和国民经济持续增长。

智能硬件产业主要政策如表 5-1 所示。

表 5-1　智能硬件产业主要政策

颁布时间	颁布主体	政策名称	支持对象	相关内容
2017.12	工信部	《促进新一代人工智能产业发展三年行动计划（2018—2020年）》	智能硬件	详细规划人工智能技术的载体即智能硬件发展路径，提出量化目标
2017.12	工信部	《关于促进和规范民用无人机制造业发展的指导意见》	无人机	技术创新、提升产品质量性能、加快培育优势企业、拓展服务应用领域、建立完善标准体系
2017.10	上海市人民政府办公厅	《关于本市推动新一代人工智能发展的实施意见》	工业级智能硬件、无人机等	以人工智能芯片及传感器、机器人、智能无人系统及软件等为重点的世界级新兴产业集群
2017.04	工信部、国家发展改革委、科技部	《汽车产业中长期发展规划》	先进汽车电子、关键零部件模块化开发制造、核心芯片等智能车载设备	兼顾智能化与网联化两头两条路线，实现核心技术和产业体系的并行突破
2016.09	工信部、国家发展改革委	《智能硬件产业创新发展专项行动（2016—2018年）》	智能穿戴设备、智能家居设备、智能医疗设备、智能车载设备等	推动我国智能硬件产业向高端化、创新化、自主化、生态化、服务化方向发展
2016.06	国务院办公厅	《国务院办公厅关于促进和规范健康医疗大数据应用发展的指导意见》	智能医疗设备	"互联网＋健康医疗"探索服务新模式、培育发展新业态

颁布时间	颁布主体	政 策 名 称	支 持 对 象	相 关 内 容
2016.12	工业和信息化部办公厅、国家发展改革委办公厅、国家认监委办公室	《关于促进机器人产业健康发展的通知》	各类服务机器人	促进机器人产业链关键环节中高精度减速器、伺服电机和控制器等核心零部件的发展
2015.03	中关村科技园区管理委员会、海淀区人民政府	《关于促进中关村智能硬件产业创新发展的若干支持措施》	智能穿戴设备、智能家居设备、车载智能设备等	打造软件、硬件、互联网融合发展的智能硬件产业生态

数据来源：相关部门网站公开信息，赛迪顾问整理，2018 年 12 月。

第四节 产业链全景图

智能硬件产业主要集中在 4 个层面，即基础层、网络层、终端层和附加值层（见图 5-1），为收集处理数据和实现感知交互的"智能化"提供了技术基础和实现途径。基础层中，除了一般电子终端的核心元器件和机械硬件的生产和组装外，还有能够实现数据获取、连接的功能模块，使用场景的深度融合和灵活获取的特点使其能较好地完成获取信息的任务。网络层中，多种通信协议、云服务的应用和丰富的接入技术能够准确及时地传递基础层传递的信息。终端层呈现的是智能硬件的外部形态和实际应用，而附加值层则是对于智能硬件产业价值的深度挖掘，催生了产业的新业态。

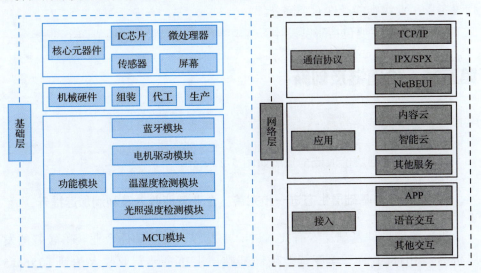

图 5-1 智能硬件产业链全景图

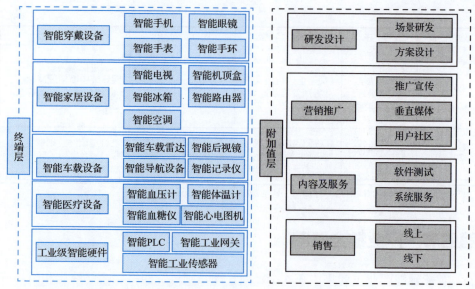

注：终端层全部产品限于篇幅并未列出，所列智能硬件仅为各类代表产品。

图 5-1 智能硬件产业链全景图（续）

（数据来源：赛迪顾问，2018 年 12 月）

基础层：主要包括核心元器件、机械硬件及功能模块三个部分。

网络层：主要包括通信协议、应用及接入三个部分。

终端层：主要包括智能穿戴设备、智能家居设备、智能车载设备、智能医疗设备、工业级智能硬件五个部分。

附加值层：主要包括研发设计、营销推广、内容服务和销售四个部分。

第五节 价值链及创新

一、基础层

智能硬件基础层价值链全景图如图 5-2 所示。

1. 智能硬件基础层生态进一步完善，企业营业收入及利润加速提升

我国智能硬件基础层专有技术进一步发展，智能硬件企业获得较好的发展机会。2018 年前三季度智能硬件基础层上市企业营业收入达到 1056.15 亿元，如图 5-3（a）所示，智能硬件基础层上市企业净利润达到 58.17 亿

元，如图 5-3（b）所示，营业收入及净利润保持高速增长态势，规模均超过 2017 年全年。

企业名称	市值（亿元）	营业收入（亿元）	净利润（亿元）	企业名称	市值（亿元）	营业收入（亿元）	净利润（亿元）
东软载波	59.47	6.25	1.17	太极实业	127.80	112.26	3.68
鼎信通讯	74.20	10.95	1.98	中兴通讯	849.40	587.66	-72.60
上海新阳	52.55	3.94	-0.02	光迅科技	173.80	36.59	2.63
亚光科技	47.92	8.33	0.88	兴森科技	57.43	26.04	1.76
深科技	90.92	126.11	4.41	华胜天成	68.78	37.63	0.51
企业名称	市值（亿元）	营业收入（亿元）	净利润（亿元）	企业名称	市值（亿元）	营业收入（亿元）	净利润（亿元）
潍坊歌尔	230.70	154.48	8.56	星星科技	30.94	34.70	0.72
光弘科技	50.86	11.28	1.77	赢合科技	108.00	13.66	2.08
福斯特	130.60	34.11	3.47	南洋科技	117.90	15.04	0.83
中钢天源	24.28	9.62	1.06	横店东磁	91.55	45.55	5.02
新海宜	48.94	2.75	1.07	雪莱特	28.39	5.36	-0.55
企业名称	市值（亿元）	营业收入（亿元）	净利润（亿元）	企业名称	市值（亿元）	营业收入（亿元）	净利润（亿元）
深圳惠程	89.43	15.22	3.26	新时达	41.12	27.27	0.52
弘讯科技	28.18	5.56	0.53	世纪鼎利	28.28	6.63	0.32
金智科技	39.45	11.46	0.80	爱仕达	31.46	22.66	1.14
长虹华意	28.95	67.58	0.63	蓝英装备	19.55	12.17	0.13
中南建设	239.70	300.00	12.67	雷柏科技	29.59	3.65	0.18

核心元器件

机械硬件

基础层

功能模块

注：企业市值为 2018 年 11 月数据，营业收入和净利润为 2018 年前三季度数据。

图 5-2　智能硬件基础层价值链全景图

（数据来源：上市企业财报，赛迪顾问，2018 年 12 月）

（a）上市企业营业收入及同比增长情况　　　（b）上市企业净利润及同比增长情况

图 5-3　2014—2018 年中国智能硬件基础层上市企业规模及增长情况

（数据来源：赛迪顾问，2018 年 12 月）

2．核心元器件自主化瓶颈待突破

如图 5-4 所示，从基础层四类核心元器件来看，从 2014 年到 2018 年创造的产值变化较小，对国外核心技术的依赖仍然限制着我国智能硬件基础层向高附加值方向发展，瓶颈亟待突破。

图 5-4　2014—2018 年中国智能硬件核心元器件各细分领域产值结构情况

（数据来源：赛迪顾问，2018 年 12 月）

3．功能模块更受市场青睐

如图 5-5 所示，从功能模块上市企业营业收入占比情况来看，2015—2018年均保持 20% 以上，可见使得智能硬件与场景结合紧密的功能模块越发受到市场重视。

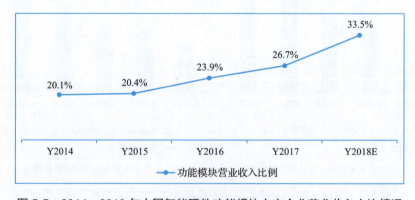

图 5-5　2014—2018 年中国智能硬件功能模块上市企业营业收入占比情况

（数据来源：赛迪顾问，2018 年 12 月）

二、网络层

智能硬件网络层价值链全景图如图 5-6 所示。

企业名称	市值（亿元）	营业收入（亿元）	净利润（亿元）	企业名称	市值（亿元）	营业收入（亿元）	净利润（亿元）
乾照光电	45.02	7.97	1.52	欧比特	65.86	5.78	0.91
纳思达	262.9	158.94	4.96	木林森	180.20	123.50	6.01
移为通信	36.80	3.05	0.82	振芯科技	60.19	3.05	0.27
耐威科技	64.81	5.69	0.82	华工科技	119.90	40.28	2.56
新大陆	154.7	40.26	4.79	深南电路	224.80	53.37	4.73

企业名称	市值（亿元）	营业收入（亿元）	净利润（亿元）	企业名称	市值（亿元）	营业收入（亿元）	净利润（亿元）
超华科技	32.79	10.14	0.41	惠伦晶体	15.03	2.48	0.10
超声电子	38.07	36.35	1.82	中京电子	30.79	12.24	0.59
华正新材	19.99	12.10	0.58	胜宏科技	93.37	24.04	3.20
华微电子	41.26	12.52	0.78	北斗星通	111.80	21.84	0.54
文一科技	20.82	2.22	-0.10	中颖电子	47.36	5.66	1.21

企业名称	市值（亿元）	营业收入（亿元）	净利润（亿元）	企业名称	市值（亿元）	营业收入（亿元）	净利润（亿元）
奋达科技	84.24	24.12	2.62	飞荣达	75.96	9.07	1.21
睿能科技	25.82	14.84	1.04	易德龙	23.60	6.88	0.73
蓝思科技	303.30	189.93	10.65	传艺科技	26.54	7.17	0.91
国光电器	24.64	29.31	-0.62	美格智能	31.41	6.05	0.29
春兴精工	43.66	36.11	0.44	铭普光磁	26.59	11.59	0.15

注：企业市值为 2018 年 11 月数据，营业收入和净利润为 2018 年前三季度数据。

图 5-6　智能硬件网络层价值链全景图

（数据来源：上市企业财报，赛迪顾问，2018 年 12 月）

1. 网络层趋于成熟，增长速度较为稳定

我国智能硬件网络层趋于稳定。2018 年前三季度智能硬件网络层上市企业营业收入达到 894.75 亿元，如图 5-7（a）所示；智能硬件网络层上市企业净利润达到 50.94 亿元，如图 5-7（b）所示，企业营业收入和净利润规模均超过 2017 年全年。

2. 接入环节多种交互方式增长快，发展潜力大

智能硬件网络层的接入环节中，APP 比重逐年下降，2018 年已经降至 2014 年的一半左右（见图 5-8），而语音交互和视觉、温度、湿度等多种交互保持较快增长，具有较大发展潜力。

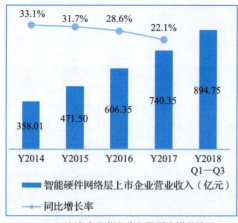

（a）上市企业营业收入及同比增长情况　　　　（b）上市企业净利润及同比增长情况

图 5-7　2014—2018 年中国智能硬件网络层上市企业规模及增长情况

（数据来源：赛迪顾问，2018 年 12 月）

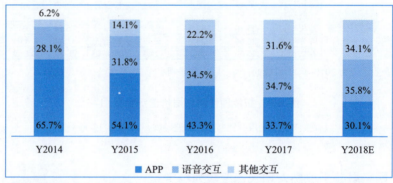

注：目前智能硬件大多有多种交互方式，研究中仅考虑其主要交互方式。如智能手机一般也可语音交互，但以 APP 交互为主，故算为后者。

图 5-8　2014—2018 年中国智能硬件网络层接入环节各细分领域产值结构情况

（数据来源：赛迪顾问，2018 年 12 月）

三、终端层

智能硬件终端层价值链全景图如图 5-9 所示。

1．终端层居于智能硬件价值链主体地位，占比较高

智能硬件终端层细分环节较为丰富，在全价值链中占有较高比重。随着智能硬件产业不断发展，未来终端层将进一步发挥其主体地位，具有广阔的发展前

景。2014—2018 年中国智能硬件终端层上市企业规模及增长情况如图 5-10 所示。

2. 终端层中智能家居比重降低，智能穿戴保持增长

受成本和市场容量影响，智能家居设备占比逐年降低，需要新的智能家居产品开拓市场。而智能穿戴设备普及度逐渐提升，迎来较快增长。其余智能硬件终端层领域变化较小。2014—2018 年中国智能硬件终端层各细分领域产值结构情况如图 5-11 所示。

	企业名称	市值（亿元）	营业收入（亿元）	净利润（亿元）	企业名称	市值（亿元）	营业收入（亿元）	净利润（亿元）
智能穿戴设备	ST大唐	58.48	15.71	2.52	东阳光科	237.20	85.79	8.38
	苏州固锝	36.91	14.16	0.69	小米	3219.57	795.11	308.26
	赢趣科技	200.80	20.16	6.06	邦讯技术	22.08	1.85	-0.11
	达华智能	69.78	21.26	-4.03	科大讯飞	533.20	52.83	2.19
	漫步者	32.33	6.06	0.54	暴风集团	33.25	10.34	-2.28

	企业名称	市值（亿元）	营业收入（亿元）	净利润（亿元）	企业名称	市值（亿元）	营业收入（亿元）	净利润（亿元）
智能家居设备	长虹美菱	40.11	132.49	0.66	高斯贝尔	17.82	6.25	-0.29
	科沃斯	197.6	37.51	2.88	实达集团	39.97	40.21	1.24
	乐金健康	28.32	22.76	0.56	鹏博士	113.5	52.32	3.42
	英飞拓	45.55	27.34	0.66	探路者	30.57	12.42	0.25
	宜华生活	65.54	56.08	5.29	和而泰	56.65	19.13	1.85

	企业名称	市值（亿元）	营业收入（亿元）	净利润（亿元）	企业名称	市值（亿元）	营业收入（亿元）	净利润（亿元）
智能车载设备	江淮汽车	102.6	363.31	0.48	富通鑫茂	52.08	18.61	0.8
	超图软件	82.09	9.16	1.06	比亚迪	1529.4	889.81	15.27
	中科创达	93.25	8.99	1.03	德赛西威	107.4	40.61	3.38
	路畅科技	29.88	5.69	-0.27	中海达	19.55	8.33	0.75
	中南建设	239.7	300	12.67	雷柏科技	29.59	3.65	0.18

	企业名称	市值（亿元）	营业收入（亿元）	净利润（亿元）	企业名称	市值（亿元）	营业收入（亿元）	净利润（亿元）
智能医疗设备	宜通世纪	42.28	18.43	-5.7	卫宁健康	203.8	9.25	1.93
	朗玛信息	44.54	3.5	0.78	用友网络	456.8	45.48	1.51
	润欣科技	29.16	13.08	0.31	万达信息	142.6	15.68	1.52
	天泽信息	34.24	5.31	-0.21	汉鼎宇佑	79.06	3.89	1.37
	东软集团	138.6	42.55	1.25	博实医疗	67.56	6.31	1.31

	企业名称	市值（亿元）	营业收入（亿元）	净利润（亿元）	企业名称	市值（亿元）	营业收入（亿元）	净利润（亿元）
工业级智能硬件	安控科技	27.99	7.54	-0.08	泰尔股份	18.74	5.29	0.15
	福鞍股份	26.42	2.43	0.09	金麒麟	31.11	10.36	0.78
	鲍斯股份	48.42	10.94	1.35	星徽精密	15.56	5.02	0
	正业科技	53.52	10.69	1.64	华工科技	125.4	40.28	2.56
	先导智能	231.8	26.96	5.47	双良节能	60.04	17.67	1.51

注：（1）智能穿戴设备中小米在香港上市，其市值以 2018 年第三季度为准。相关金额数据已折合为人民币计算。

（2）企业市值为 2018 年 11 月数据，营业收入和净利润为 2018 年前三季度数据。

图 5-9　智能硬件终端层价值链全景图

（数据来源：上市企业财报，赛迪顾问，2018 年 12 月）

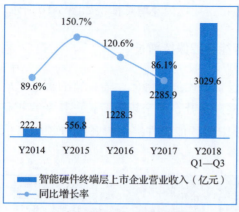
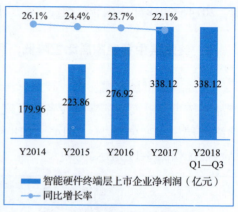

（a）上市企业营业收入及同比增长情况　　（b）上市企业净利润及同比增长情况

图 5-10　2014—2018 年中国智能硬件终端层上市企业规模及增长情况

（数据来源：赛迪顾问，2018 年 12 月）

图 5-11　2014—2018 年中国智能硬件终端层各细分领域产值结构情况

（数据来源：赛迪顾问，2018 年 12 月）

四、附加值层

智能硬件附加值层价值链全景图如图 5-12 所示。

附加值层巨大潜力有待发掘。智能硬件附加值层在价值链中所占比重最低，增速也较慢，滞后于其他领域发展速度（见图 5-13）。但设计、推广、测试和销售等对于产业发展极为重要，随着智能硬件产业的不断成熟，该领域的巨大机会有待利用。

企业名称	市值 （亿元）	营业收入 （亿元）	净利润 （亿元）	企业名称	市值 （亿元）	营业收入 （亿元）	净利润 （亿元）
安控科技	27.99	7.54	-0.08	泰尔股份	18.74	5.29	0.15
福鞍股份	26.42	2.43	0.09	金麒麟	31.11	10.36	0.78
鲍斯股份	48.42	10.94	1.35	星徽精密	15.56	5.02	0
正业科技	53.52	10.69	1.64	华工科技	125.40	40.28	2.56
先导智能	231.8	26.96	5.47	双良节能	60.04	17.67	1.51

（附加值层）

注：企业市值为 2018 年 11 月数据，营业收入和净利润为 2018 年前三季度数据。

图 5-12　智能硬件附加值层价值链全景图

（数据来源：赛迪顾问，2018 年 12 月）

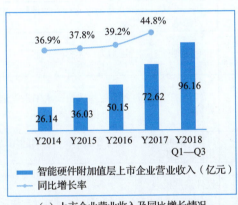

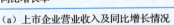

（a）上市企业营业收入及同比增长情况　　　（b）上市企业净利润及同比增长情况

图 5-13　2014—2018 年中国智能硬件附加值层上市企业规模及增长情况

（数据来源：赛迪顾问，2018 年 12 月）

第六节　行业龙头动向

2018 年，智能硬件企业在资本整合、技术创新、新产品发布和市场开拓等方面继续发力，各细分领域呈现不同特点。以小米为代表的智能穿戴设备企业为进一步满足市场需求，扩大企业资金供应规模；智能家居设备企业采用与外企合作的方式，打开国外市场"走出去"；智能医疗设备与医保等领域进一步融合，发展速度快；智能车载设备助力传统汽车企业向新能源汽车和智能网联汽车转型；工业级智能硬件与生产活动更深入结合，有利于制造强国战略的实施。2018 年中国智能硬件行业重大事件如表 5-2 所示。

表 5-2　2018 年中国智能硬件行业重大事件

序号	事件说明	事件主体	影响 / 意义
1	小米赴港上市	小米	促进小米智能硬件产业生态进一步完善和巩固，也启示了同类企业发展的路径
2	华为发布新型智能手机	华为	华为 Mate 20 和 Mate 20 Pro 海内外市场反响热烈，标志着华为手机在全球影响力的提升
3	海尔获中国质量协会"40 周年卓越企业奖"	海尔	海尔在智能家居设备的产品服务、质量领域和创新成果等方面得到业内肯定
4	京东无人配送落地	京东	京东率先开启智能物流新时代
5	阿里巴巴发布新一代天猫精灵	阿里巴巴	阿里巴巴智能硬件凭借其丰富内容和服务生态系统，具有较强竞争力
6	格力旗下 TOSOT 大松生活电器正式进驻天猫旗舰店	格力	格力在智能化、健康化、节能化、集成化的家居设备上为消费者提供多样化选择
7	美的吸收合并小天鹅	美的	进一步提升美的在智能家电行业的地位，整合资源进军国外市场
8	腾讯发布 2018 年 Q3 财报，收入主要来自支付相关服务、网络广告、数字内容销售	腾讯	智能硬件附加值层潜力巨大有待挖掘
9	联想 Tech World 2018 在北京雁栖湖举行，发布智能体脂秤、空气净化器等多个智能家居设备	联想	传统 IT 企业向智能硬件转型或成未来发展趋势
10	百度与沃尔沃汽车共同开发智能车载设备	百度	继 Apollo 后，百度向智能车载设备国际化迈出重要一步
11	歌尔在南宁投建智能终端生产基地	歌尔集团	南宁市高新区迎来智能音箱、无人机等智能硬件发展机遇
12	科大讯飞在机器翻译领域取得前沿成果	科大讯飞	智能语音技术的发展将促进智能硬件智能化程度提升
13	中兴在 RAN 领域市场排名升至第四	中兴通讯	中兴在 5G 领域布局或将改变智能硬件产业格局
14	暴风在资本市场遇冷	暴风集团	虚拟现实行业正在洗牌阶段，智能穿戴设备进入理性发展阶段
15	东软集团成为本田智能车载设备供应商	东软集团	标志着东软 PACK 业务进入大规模量产阶段，具有重大战略意义
16	华海医信获 3 亿元政府产业发展资金	华海集团	政府对于智能医疗设备持积极态度，肯定其发展潜力
17	万达信息承建全国首个异地门诊结算平台	万达信息	智能医疗设备在医保领域进展迅速，医药信息化进一步加速
18	海得控制与西门子合作提升智能化水平	海得控制	树立行业内智能工厂示范工程
19	乐普医疗心电图人工智能自动分析诊断系统获得美国 FDA 批准	乐普医疗	智能心电图设备"AI-ECG Platform"是国内首项实现新一代心电图自动分析诊断研发和产业化的人工智能心电医用技术
20	美菱电器成 2018 年世界杯合作伙伴	美菱电器	中国智能家居设备品牌、质量和营销水平大幅提升

数据来源：赛迪顾问，2018 年 12 月。

第七节　市场规模预测

中国智能硬件市场正向成熟阶段迈进，市场格局初步成形，正迎来历史性机遇。目前，我国智能硬件产业正进入成长规模扩张的黄金时期，我国移动互联网广阔市场的独特优势，为智能硬件产业发展提供了良好环境。2016 年我国智能硬件市场规模达到 1039.8 亿元，2017 年达到 2351.3 亿元，同比增长126.1%。2018 年，我国智能硬件市场规模接近 4000 亿元（见图 5-14），同比增速维持在 43% 以上。

图 5-14　2016—2021 年中国智能硬件市场规模及预测

（数据来源：赛迪顾问，2018 年 12 月）

随着我国智能硬件产业不断成熟，各产品终端呈现不同特点。智能穿戴设备、智能家居设备比重趋于平稳，表明其市场越发成熟；智能车载设备、工业级智能硬件比重逐年上升，表明市场需求进一步释放，价值进一步彰显；而智能医疗设备和其他智能硬件产品市场情况处于波动状态，表明目前该细分领域市场情况不明朗，发展前景有待进一步观察。2016—2021 年中国智能硬件结构及预测如图 5-15 所示。

	Y2016	Y2017	Y2018	Y2019E	Y2020E	Y2021E
智能穿戴设备	20.8%	13.1%	14.3%	14.6%	14.5%	14.2%
智能家居设备	35.7%	34.2%	33.7%	32.8%	30.6%	28.9%
智能车载设备	14.1%	2.9%	2.4%	2.8%	16.8%	2.9%
智能医疗设备	15.7%	7.9%	8.3%	8.6%	2.7%	9.5%
工业级智能硬件	5.5%	14.7%	14.7%	15.5%	9.4%	18.2%
其他	7.6% / 14.7%	27.8%	26.6%	25.7%	26.0%	26.3%

注：智能硬件市场情况以终端层各产品形态进行测算。

图 5-15　2016—2021 年中国智能硬件结构及预测

（数据来源：赛迪顾问，2018 年 12 月）

第八节　赛道选择建议

（1）智能硬件网络层接入、通信协议和终端层智能车载设备居于投资热门领域。

（2）智能家居设备技术已经基本成熟，资本进入应考虑市场容量情况，避免饱和市场低价竞争。

（3）机械硬件、功能模块、智能穿戴设备、智能医疗设备、工业级智能硬件的技术成熟度在未来 5 ~ 10 年内将进入爆发期，资本可考虑进入。

2019 年中国智能硬件细分领域投资潜力气泡图如图 5-16 所示。

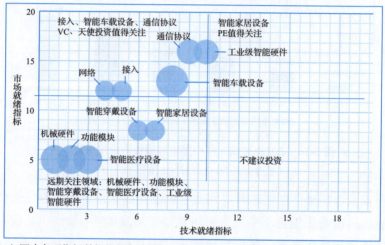

注:（1）图中各项指标数据依据赛迪顾问产业投资潜力评价指标体系评估而得。

（2）市场就绪指标：0 ~ 3 表示 10 年以上爆发期，3 ~ 6 表示 5 到 10 年爆发期。技术就绪指标数值越大，表示投资潜力越大。

图 5-16　2019 年中国智能硬件细分领域投资潜力气泡图

（数据来源：赛迪顾问，2018 年 12 月）

第九节　资本市场动向

一、智能硬件领域投融资事件数平稳增加

从 2016—2018 年的投融资事件数量来看，智能硬件呈现平稳发展态势，如图 5-17（a）所示。从细分领域来看，智能家居设备、智能车载设备和智能穿戴设备比重较高，如图 5-17（b）所示，具有较大投资机会。智能医疗设备、工业

级智能硬件和其他领域比重较小，需要突破性技术和具有竞争力的产品引领新一轮资本热潮。

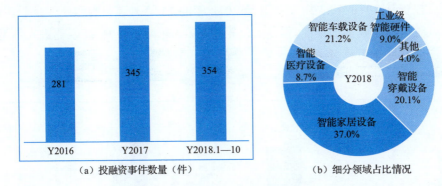

(a) 投融资事件数量（件）　　　　　　（b) 细分领域占比情况

图 5-17　2016—2018 年中国智能硬件领域投融资事件数量及细分领域占比情况

（数据来源：公开资料，赛迪顾问整理，2018 年 12 月）

二、投融资金额呈现稳步增长态势

从 2016—2018 年的投融资事件金额来看，基本上呈现出逐年上涨趋势，但增长速度较为平缓，如图 5-18（a）所示。从细分领域来看，投融资金额集中在智能家居设备、智能穿戴设备、智能车载设备领域，如图 5-18（b）所示，智能医疗设备和工业级智能硬件投融资金额相对较少，与投融资笔数情况具有较高的一致性。

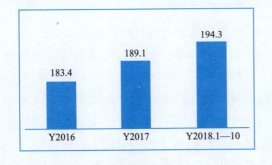
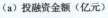

(a) 投融资金额（亿元）　　　　　　（b) 细分领域占比情况

图 5-18　2016—2018 年中国智能硬件领域投融资金额情况

（数据来源：公开资料，赛迪顾问整理，2018 年 12 月）

三、智能硬件融资轮次平稳过渡

2016—2018 年，智能硬件企业融资轮次平稳增加，如图 5-19 所示。A 轮及以后投资从 2016 年的 36 笔提升至 2018 年的 73 笔，表明智能硬件企业在资本领域获得越来越多的重视。但是天使轮和Pre-A 轮增长较慢，新企业进入不足，促进产业发展作用有限。

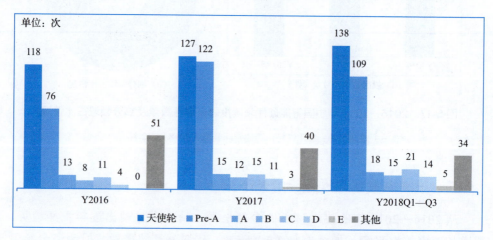

图 5-19　2016—2018 年中国智能硬件行业投融资轮次情况

（数据来源：公开资料，赛迪顾问整理，2018 年 12 月）

四、广东、北京和上海为投融资主要区域

从 2016—2018 年中国智能硬件的投融资发生区域来看（见图 5-20），广东、北京、上海、浙江、江苏、重庆和四川的投融资事件数量较为靠前。广东省依托深圳市雄厚的电子信息产业基础，在智能硬件的基础层和终端层居于领先位置。北京、上海科研实力及市场份额较高，属于传统优势地区。浙江、江苏等东部沿海地区发展基础较好，加上与国外先进企业联系紧密，也具有一定的先发优势。重庆和四川等西南地区则凭借其良好的新一代信息技术发展环境，在智能硬件附加值层具备一定的竞争实力。

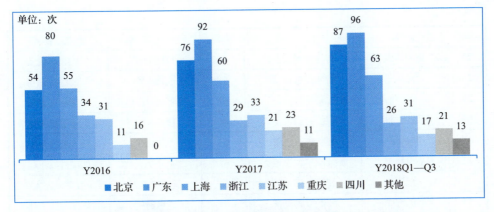

图 5-20 2016—2018 年中国智能硬件投融资地区分布情况

（数据来源：公开资料，赛迪顾问整理，2018 年 12 月）

第十节 百强潜力企业

赛迪智能硬件百强潜力企业榜通过建立评判指标体系，从企业估值、营收状况、专利数量、产品竞争力、企业潜力、领导层能力等多个维度进行定量与定性结合的评比，经过专家打分，评出 2018 年赛迪智能硬件潜力企业 TOP 100 榜单（见表 5-3）。

表 5-3 2018 年赛迪智能硬件潜力企业 TOP 100 榜单

排名	企 业 名 称	主 营 业 务	排名	企 业 名 称	主 营 业 务
1	华为	智能手机	14	积木云	智能硬件云服务
2	大疆无人机	无人机	15	艾可蓝	智能医疗设备
3	超级队长	虚拟现实设备	16	邦藏思科技	智能车载设备
4	大道智创	机器视觉技术	17	超美斯	智能医疗设备
5	跟斗云 VR	虚拟现实设备	18	道来智能	智能家居设备
6	海克智动	智能硬件大数据服务	19	古蓄科技	智能穿戴设备
7	机智云	智能硬件开发	20	海陆特锻	虚拟现实设备
8	阿才喜机器人	服务机器人	21	吉福普瑞	智能家居设备
9	柏狮光电	智能穿戴设备	22	艾克普	智能穿戴设备
10	超级快印	智能穿戴设备	23	邦草恩	智能医疗设备
11	大族锐视	虚拟现实设备	24	超拓远大	智能车载设备
12	工业湾	智能家居设备	25	德固特	智能医疗设备
13	海力威新材	智能穿戴设备	26	古峰	智能家居设备

排名	企业名称	主营业务	排名	企业名称	主营业务
27	海容冷链	智能穿戴设备	60	点睛创视	智能车载设备
28	吉欧电子	智能穿戴设备	61	光语空间	智能医疗设备
29	艾米机器人	服务机器人	62	瀚瑞微电子	智能家居设备
30	邦瑞新材料	智能穿戴设备	63	极睿公司	智能手机充电
31	车听宝	智能车载设备	64	爱客仕	接入解决方案
32	小电科技	智能车载设备	65	北京爱的天使	智能硬件线下体验
33	冠亚	智能医疗设备	66	厨芯机器人	服务机器人
34	海源智能	智能家居设备	67	点名时间	智能硬件线下体验
35	吉阳智云	智能穿戴设备	68	广东乐源数字	智能家居设备
36	爱咕咄	智能车载设备	69	瀚信通信	智能硬件云服务
37	邦天佶息	智能车载设备	70	极鱼科技	智能医疗设备
38	成都爱科	智能医疗设备	71	爱乐优	智能医疗设备
39	第二空间	智能家居设备	72	北京环卫集团	智能车载设备
40	冠众	智能穿戴设备	73	楚山创新	智能医疗设备
41	筑氢云	智能车载设备	74	丁盯智能	智能家居设备
42	吉影科技	智能车载设备	75	广西硕方集团	智能穿戴设备
43	爱航拍	智能医疗设备	76	杭州回车	智能车载设备
44	宝护科技	智能家居设备	77	极鱼科技	服务机器人
45	成都君乾	智能穿戴设备	78	爱拱科技米兔	智能穿戴设备
46	谛听科技	智能车载设备	79	北京金日	智能车载设备
47	光巢科技	智能车载设备	80	触电	智能车载设备
48	汉邦高科	智能医疗设备	81	县飞航空	智能医疗设备
49	极果网	智能家居设备	82	广州吉特科技	智能车载设备
50	爱和酷	智能家居设备	83	航特装备	智能医疗设备
51	豹米空气	智能家居	84	极智嘉科技	智能家居设备
52	橙普	智能家居设备	85	爱索能源	智能穿戴设备
53	典赞科技	深度学习技术	86	北京清鸿科技	智能穿戴设备
54	畅充科技	智能手机充电	87	传送科技	机器人
55	汉明科技云	接入解决方案	88	丢不了	智能穿戴设备
56	极喜未来	智能硬件线下体验	89	广州小瓦	智能车载设备
57	爱家 Aika	智能家居设备	90	航天宏图	智能车载设备
58	北科天绘	虚拟现实	91	集灵星泰	智能医疗设备
59	橙子自动化	智能医疗设备	92	爱优特	智能车载设备

续表

排名	企 业 名 称	主 营 业 务	排名	企 业 名 称	主 营 业 务
93	北京神磊	智能医疗设备	97	好享家	服务机器人
94	创感科技	智能家居设备	98	记忆科技	智能穿戴设备
95	东方酷音	智能穿戴设备	99	安道云科	智能车载设备
96	广州幽联	智能穿戴设备	100	北京文安	智能车载设备

注：此次排名不分先后。　　　　　　　　　数据来源：赛迪顾问，2018 年 12 月。

第六章

区块链

第一节　产业定义或范畴

区块链（Blockchain）技术源于化名为中本聪发表的论文"Bitcoin：A Peer-to-Peer Electronic Cash System"。具体来说，区块链是一种按照时间顺序将数据区块以链条的方式组合成特定数据结构，并通过密码学等方式保证数据不可篡改和不可伪造的去中心化的互联网公开账本。

区块链运用密码学保证了数据的传输和使用安全，是利用自动化脚本代码智能合约（Smart Contract）来编程和操作数据的，一种全新的去中心化的基础架构与分布式计算范式。解决了不依靠中心机构，在完全无信任基础的前提下如何建立信任机制。不依靠中心机构完成社会价值转移，可以改变现有的社会价值转移方式。

第二节　赛迪重大研判

（1）区块链底层架构竞争激烈。以互联网机构、金融机构为代表，区块链底层平台的格局将更加明晰。未来可能会形成几个大的知名底层，大部分行业应用都会基于这几个平台开发。

（2）我国区块链相关标准将加快推出。我国在区块链相关标准建设方面已有一定基础，预计未来我国相关标准化组织、联盟协会、研究机构将加快开展标准预研等一系列工作。

（3）区块链金融应用场景将快速显现。未来涉及多机构合作的联合贷款、跨境清算、供应链金融等进展将越来越快。

（4）预计区块链产业规模将在 2025 年前后再次出现爆发式增长。目前区块链的优势明显，将为社会节约大量成本。但实现区块链应用场景全面落地的前提是需要企业、民间社会组织、政府等多方携手合作，这需要时间达成共识。

第三节　产业政策分析

一、产业环境

1. 区块链市场以金融领域的应用为主

区块链行业发展迅速，出现了大量的创业公司，同时也形成了诸多的区块链发展联盟。在医疗、保险、能源、供应链等垂直领域里，中国的区块链行业发展已经走在世界前列。但从全球市场来看，金融行业方面的应用依然是区块链绝对主流的应用场景，其他行业应用场景也开始有了一定程度的发展，但目前还主要在探索期。

2. 区块链投资尚处于早期融资阶段

从投融资阶段来看，绝大多数处于早期阶段，其中战略投融资、天使轮、种子轮占比超过 80%。从投融资金额来看，不到 80% 项目融资规模达到千万元及以上量级。具体到业务场景，在 2018 年 66 个获投项目中，除了数字货币交易平台占比最大且主要分布在国外地区外，其余主要包括区块链游戏、营销服务及底层区块链技术开发等。

3. 非金融领域的区块链应用场景逐步落地

在区块链实体应用领域的技术创新热度有增无减。无论是政府机关还是民营企业，都在不遗余力地摸索将现有的公务和商业模式与区块链技术相结合达到节约运营成本与提高管控和经营效率等目的。例如"商超供应链"服务，就是围绕大型商超搭建供应链采购平台，将大型供应商、供应链管理企业、大型商超的采购流程线上化，同时运用区块链技术确保数据真实性与不可篡改，依据平台数据为供应链管理企业提供融资，从而扩大供应链管理企业的资金来源，降低资金融资成本。

二、政策导向

1. 国家针对区块链产业多个环节给予重点扶持

区块链未来应用前景广阔，但区块链还处于理论结合实际尝试阶段，为在区块链的创新浪潮中夺得先机，从国家已经出台的相关扶持政策分析，政府对该产业非常重视并给予了一定的财政支持。从具体政策层面来看，国务院将"区块链"首次作为战略性前沿技术写入"十三五"国家信息化规划，强化战略性前沿技术超前布局；工信部发布《中国区块链技术和应用发展白皮书（2016）》指导产业的发展方向。

2. 各地加速出台政策扶持区块链发展

截至 2018 年 10 月，北京、上海、广州、重庆、深圳、江苏、浙江、贵州、山东、江西、广西等多地发布政策指导信息，开展对区块链产业链布局。其中"北上广深浙"政策倾向于金融领域的应用，江苏则更倾向于实体领域的应用，如南京发布的"互联网＋政务服务＋普惠金融便民服务应用协同区块链支撑平台项目方案"，该方案利用区块链技术解决了政府各部门政务系统与各银行业务系统的打通。区块链产业主要政策如表 6-1 所示。

表 6-1　区块链产业主要政策

颁布时间	颁布主体	政策名称	支持对象	相 关 内 容
2016.10	工信部	《中国区块链技术和应用发展白皮书(2016)》	区块链相关解决方案提供商、相关研究部门等	介绍了我国区块链技术发展路线图以及未来区块链技术标准化方向和进程
2016.12	国务院	《国务院关于印发"十三五"国家信息化规划的通知》	国家信息化产业	"区块链"首次被作为战略性前沿技术写入"十三五"国家信息化规划
2017.01	工信部	《软件和信息技术服务业发展规划（2016—2020 年)》	高新技术的中小企业	提出区块链等领域创新达到国际先进水平等要求
2017.08	国务院	《关于进一步扩大和升级信息消费持续释放内需潜力的指导意见》	新一代信息技术产业	提出开展基于区块链、人工智能等新技术的试点应用
2017.10	国务院	《关于积极推进供应链创新与应用的指导意见》	新一代信息技术产业	提出要研究利用区块链、人工智能等新兴技术，建立基于供应链的信用评价机制

续表

颁布时间	颁布主体	政 策 名 称	支 持 对 象	相 关 内 容
2018.03	工信部	《2018 年信息化和软件服务业标准化工作要点》	中国标准化协会、中国通信标准化协会等	提出推动组建全国信息化和工业化融合管理标准化技术委员会、全国区块链和分布式记账技术标准化委员会

数据来源：相关部门网站公开信息，赛迪顾问整理，2018 年 12 月。

第四节　产业链全景图

区块链产业主要集中在三个层面，即基础网络层、中间协议层、应用服务层（见图 6-1）。基础网络层由数据层、网络层组成，实现数据加密和传输的机制。中间协议层由共识层、激励层和合约层组成，主要涵盖各种网络算法。应用服务层作为区块链产业链中最重要的环节，包括各种应用场景和案例。

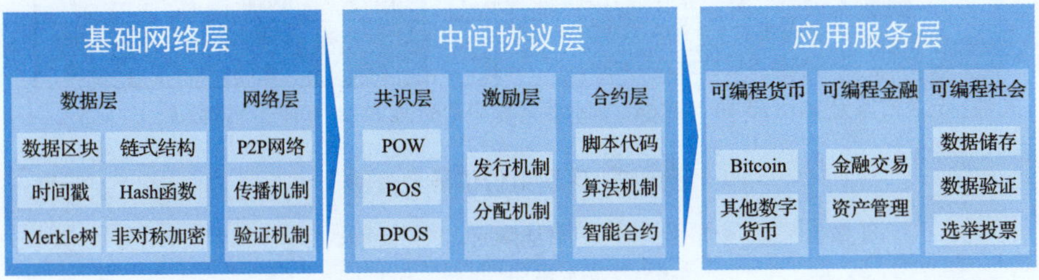

图 6-1　区块链产业链全景图

（数据来源：赛迪顾问，2018 年 12 月）

第五节　价值链及创新

区块链产业链全景图如图 6-2 所示。从企业组成来看，区块链市场处于成长阶段，主要因为区块链领域创业企业数量占较大比重，而上市企业较少，且多属于新三板。

1. 基础层营业收入及净利润保持高速增长

2018 年 1—11 月区块链基础层企业营业收入达到 0.48 亿元，如图 6-3（a）所示。同比增长 108.7%，区块链基础层企业净利润达到 0.08 亿元，如图 6-3（b）所示，同比增长 44.4%，营业收入及净利润保持高速增长态势。

网络基础层

企业名称	市值（亿元）	营业收入（百万元）	净利润（百万元）
毅航互联	1.36	20.48	3.55
赞普科技	0.43	88.33	-20.05
太一云	2.25	32.94	-18.77
安博通	12.02	150.76	36.47
华证联	0.23	19.22	-1.88

企业名称	融资额（万元）	所属省份	所属城市
Onchain	数千	–	上海
哈希世界	2400	–	北京
币看Bitkan	8000	广东	深圳
趣链科技	270000	浙江	杭州
众享比特	9600	–	北京

中间协议层

企业名称	市值（亿元）	营业收入（亿元）	净利润（亿元）
现在支付	5.53	2.53	0.48
京东	4760.32	3272	21.78
腾讯	33037.11	2278.03	658.83
百度	6279.32	751	255
区块链集团	1.11	–	–

企业名称	融资额（万元）	所属省份	所属城市
全息互信	3000	–	北京
网录科技	2500	–	北京
信数链	1200	–	上海
维优元界	700	–	上海
银链科技	150	广东	深圳

应用服务层

企业名称	市值（亿元）	营业收入（亿元）	净利润（亿元）
阿里巴巴	29822.48	1883.34	547.71
京东	4760.32	3272	21.78
迅雷	42.41	12.9132	-0.8228
映翰通	7.37	229.23	32.3
网易	1520.24	473.12	51.11

企业名称	融资额（万元）	所属省份	所属城市
云象区块链	数千	浙江	杭州
火币网	260	–	北京
通付盾	105000	江苏	苏州
布比区块链	13000	–	北京
芯链	数千	–	上海

■ 上市企业
■ 非上市企业

注：企业市值为 2018 年 10 月数据，营业收入和净利润为 2018 年前三季度数据。

图 6-2　区块链价值链全景图

（数据来源：上市企业财报，赛迪顾问，视野金服，2018 年 12 月）

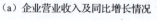

（a）企业营业收入及同比增长情况

（b）企业净利润及同比增长情况

图 6-3　2016—2018 年中国区块链基础层企业规模及增长情况

（数据来源：赛迪顾问，2018 年 12 月）

2．区块链应用平台占主要份额

从平台层三大细分领域结果来看，2016 年网络基础层占据主要份额，比例在 60% 左右（见图 6-4），到 2018 年 1—11 月，应用服务层的占比大幅提升，达到 30% 左右。中间协议层占比有小幅下降，但总体平稳，保持在 30% 上下。

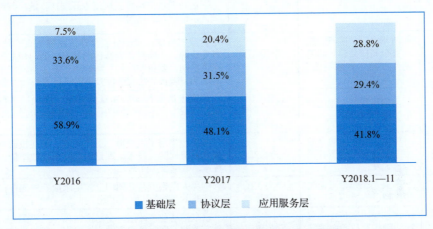

图 6-4　2016—2018 年中国区块链各层结构情况

（数据来源：赛迪顾问，2018 年 12 月）

第六节　行业龙头动向

2018 年，相比于火爆的 ICO，互联网及电子信息等领域的龙头企业则热衷于更加有实际意义的项目，如区块链征信、溯源防伪等领域。国内互联网巨头百度、阿里巴巴、京东、腾讯，都在 2018 年开展区块链应用领域的布局并纷纷发布白皮书。家乐福、IBM 也竞相争夺区块链供应链领域的市场。2018 年中国区块链产业重大事件如表 6-2 所示。

表 6-2　2018 年中国区块链产业重大事件

序号	事件说明	事件主体	影响 / 意义
1	阿里菜鸟与天猫国际推进区块链技术追溯商品信息应用场景落地	阿里巴巴	对区块链防伪溯源领域技术开展初步的可行性尝试，是该领域的风向标
2	百度发布《百度区块链白皮书 V1.0》	百度	百度开源的 "XuperChain 超级链"，成为区块链生态百花齐放最值得期待的底层平台

序号	事件说明	事件主体	影响 / 意义
3	中国人民银行启动"区块链登记"	中国人民银行	尽管中国对数字货币交易、所有权和投资一直报以谨慎态度和中立立场，但区块链的热度始终不减。此次央行出手，正式宣告国家对区块链态度的积极转变，将会对以后中国区块链的众多公司起到积极的推动作用
4	蚂蚁金服已经将区块链技术用在公益、食品安全溯源上	蚂蚁金服	对区块链金融结算领域技术开展初步的可行性尝试，是该领域的风向标
5	清华经管学院宣布全球首个高校共建区块链创新联盟"青藤链盟"在京成立	清华经管学院	青藤链将依托青藤链盟全球区块链教育、技术、产业资源，不断完善青藤链的共识机制，建立相关防范机制，避免非高校、科研单位算力对网络平台的影响，防止非法或违背教学科研目的的行为发生
6	上海银行开立国内首单区块链信用证	上海银行、江苏润和软件	此次上海银行与润和软件共建"区块链平台"，将发挥双方在不同领域的优势，加快供应链金融创新步伐
7	中国平安集团旗下金融壹账通宣布壹资管平台正式发布	壹账通	该平台采用了区块链、量化风控、智能投研及开放式云架构四大技术，理论上能够解决效率低、风控难、数据少等问题
8	中央人民银行限期关停比特币矿场	中央人民银行	中央人民银行召开闭门会议要求限期关停存在用电情况不规范的比特币矿场
9	京东集团发布《京东区块链实践技术白皮书(2018)》	京东集团	京东推动动产评估、交易清结算、二手买卖、商品一致性、资质备案、供应链追溯、慈善公益、合同防伪、电子发票等场景从私有链走向联盟链
10	人人网进军区块链	人人网	人人网发布 RRCoin 白皮书，正式进军区块链。截至 2018 年 1 月 3 日美股收盘，人人股价涨至18.32 美元，人人公司股价 2018 年 1 月 2 日和 3 日累计已飙涨 76%，市值达 12.5 亿美元
11	腾讯区块链白皮书发布，可信区块链 TrustSQL 是基础平台	腾讯	腾讯与商户能力共享，从打造共享经济的智能云生态方面着手，推动共享经济的发展
12	360 设立区块链研究中心	360	360 正式成立 360 金融区块链研究中心，并上线了名为"比特社区"的官网，进军区块链领域
13	青岛市发布区块链的产业沙盒	青岛市崂山区	青岛市崂山区发布了全球首个基于区块链的产业沙盒"泰山沙盒"，旨在形成区块链监管体系
14	中国工商银行公布区块链专利	中国工商银行	中国工商银行公布了三项区块链专利，从不同角度进行区块链＋银行业解决方案的探索。此外，还建立了区块链实验室，并与京东金融合作推出了三款区块链相关产品
15	OKEX、火币等交易所遭维权	OKEX、火币	2018 年 3 月，交易所 OKEX 发生合约用户大量爆仓事件，损失惨重，用户开始组织维权。同年 9 月，火币网上包括 ONT、IOST、DTA、BTM 等多个币种，在一分钟内砸盘腰斩，然后又迅速拉回，仅仅几分钟时间，导致大量用户被强制爆仓

序号	事件说明	事件主体	影响／意义
16	BEC 被盗，美图出局	美蜜、美图	2018 年 4 月 22 日，才发行两个月左右的 BEC 美蜜合约出现重大漏洞，黑客通过合约的批量转账方法无限生成代币，天量 BEC 从两个地址转出，引发抛售潮。当日，BEC 的价值几乎归零。美图发声明宣布终止与 BEC 美蜜合作，同时美图重申没有、也不会发行任何数字货币。对比 EOS 总共发行 10 亿代币，市值 80 亿美元，BEC 发行 70 亿代币，开盘 40 倍的涨幅，市值 265 亿美元，明显不合常理，应该说这是一种"割韭菜"的营销手段，远远背离区块链的本质
17	华大基因联合长沙市，用区块链协建基因筛诊医联体	华大基因	此项目有助于打通各级医疗机构间的数据孤岛，同时支撑卫计委对基因筛查的民生项目进行实时、协同、透明的全流程监管
18	腾讯游戏与区块链游戏竞技平台合作推出直播频道	腾讯游戏	奖励机制与区块链技术相结合，未来有望改善混乱的游戏虚拟币私下买卖的乱象。此举可以使用户更好地获得游戏体验，同时也能为游戏带来更多的忠实玩家
19	XMX 空气币归零	3 点钟 &XMX 全球社群联盟	2018 年 6 月 7 日，XMX 上线火币 HADAX 交易所后，却在当天暴跌，后来甚至跌破私募价，几近归零，令众投资者血本无归
20	区块链媒体被大规模封号	金色财经、币世界快讯服务、深链财经、每日币读、Babi 财经等	2018 年 8 月至年末，陆续有多家区块链媒体公众号被永久封停。这其中不乏很多排名靠前的知名媒体，如金色财经、币世界快讯服务、深链财经、每日币读、Babi 财经及吴解区块链等。一时间引发链圈媒体恐慌，很多未被封停的媒体也开始了自查自纠工作。自此，链圈媒体基本上停止发布首次代币发行和虚拟货币交易炒作信息

数据来源：赛迪顾问，2018 年 12 月。

第七节　市场规模预测

2018 年，国内区块链市场投资热情高涨，并且诸多互联网公司也纷纷试水区块链业务，受此影响，中国区块链市场热度有所增加，虽然 ICO 监管条例的出台使数字货币市场发展速度放缓，但是区块链行业整体水平依然保持了稳定增长，2018 年中国区块链市场规模达到 0.67 亿元，同比增长 109.4%（见图 6-5）。

从区块链的应用领域来看，2018 年私有链占市场 65.1% 的份额（见图 6-6），但这种格局将会改变。由于区块链 2.0 金融领域将是 2019—2021 年三年内区块链市场最主流的应用场景，预计未来联盟链将会进一步扩大市场份额，2021 年达到 53.3%。

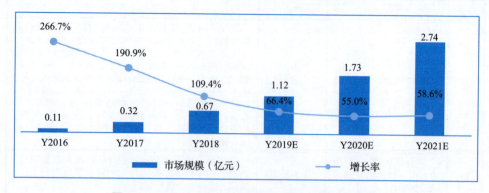

图 6-5　2016—2021 年中国区块链市场规模及预测

（数据来源：赛迪顾问，2018 年 12 月）

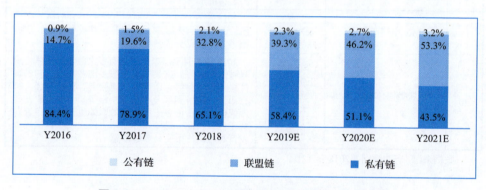

图 6-6　2016—2021 年中国区块链市场结构及预测情况

（数据来源：赛迪顾问，2018 年 12 月）

第八节　赛道选择建议

（1）区块链技术服务商和部分领域的落地应用为成熟的公司。

（2）区块链将在商业银行展开更广泛的应用，创新管理模式是一种国际趋势。

（3）基于区块链 1.0 的数字货币，未来可能会成为泡沫。

2019 年中国区块链细分领域投资潜力气泡图如图 6-7 所示。

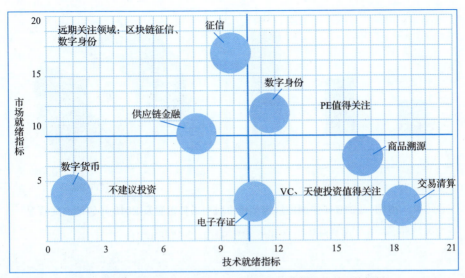

注:(1)图中各项指标数据依据赛迪顾问产业投资潜力评价指标体系评估而得。

（2）市场就绪指标：0 ~ 3 表示 10 年以上爆发期，3 ~ 6 表示 5 到 10 年爆发期。技术就绪指标数值越大，表示投资潜力越大。

图 6-7　2019 年中国区块链细分领域投资潜力气泡图

（数据来源：赛迪顾问，2018 年 12 月）

第九节　资本市场动向

一、区块链领域投融资事件数量下降

从 2016—2018 年的投融资事件数量来看，基本上呈现略有下降状态，如图 6-8（a）所示。从细分领域来看，供应链金融、征信、交易清算、商品溯源、电子存证、数字身份和数字货币 7 大领域投融资事件数量最多。

二、投融资金额呈现增长态势

从 2016—2018 年的投融资金额来看，基本上呈现出逐年上涨的态势，如图 6-9（a）所示，尤其是 2018 年投融资金额大幅上涨，截至 10 月份已经是 2017 年全年的 1.5 倍左右。从细分领域来看，商品溯源和供应链金融等 7 大领域投融资金额最多。

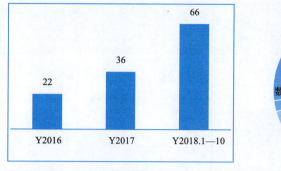 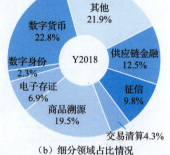

（a）投融资事件数量（件）　　　（b）细分领域占比情况

图 6-8　2016—2018 年中国区块链领域投融资事件数量及 2018 年领域占比情况

（数据来源：因果树，赛迪顾问，2018 年 12 月）

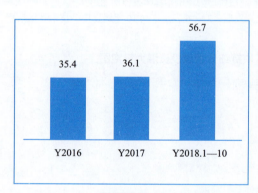 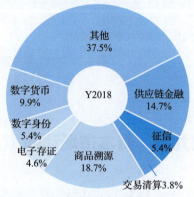

（a）投融资金额（亿元）　　　（b）细分领域占比情况

图 6-9　2016—2018 年中国区块链领域投融资金额及 2018 年细分领域占比情况

（数据来源：赛迪顾问，2018 年 12 月）

三、B 轮 C 轮融资数量实现零的突破

2018 年，B 轮 C 轮融资数量分别为 4 件和 5 件（见图 6-10）。天使轮融资数量为 19 件，同比增长 5 件。Pre-A 轮融资数量为 11 件，同比增长 8 件，其他轮次的投融资数量则均出现不同程度的增长。

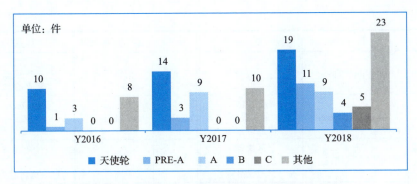

图 6-10　2016—2018 中国区块链投融资轮次情况

（数据来源：因果树，赛迪顾问整理，2018 年 12 月）

第十节　五十强潜力企业

区块链应用场景还不成熟，绝大多数企业还处于发展的早期阶段。赛迪顾问从行业知名度、主营业务关联度、市值及主营业务收入等方面对区块链产业未上市企业进行排名，列出 50 名潜力企业排行榜单（见表 6-3），供投资者参考。

表 6-3　2018 年赛迪区块链潜力企业 TOP 50 榜单

排名	企 业 名 称	主 营 业 务	排名	企 业 名 称	主 营 业 务
1	云象区块链	企业服务 供应链管理 区块链	8	币加加	区块链 数字货币 数字资产
2	DeepBrain 云大脑	SaaS 工具软件 语义技术	9	超脑链	IT 服务 企业服务 区块链
3	量子保	金融 保险 创新型保险	10	上海竞动科技 有限公司	FinTech 企业服务 企业金融
4	比捷科技	交易技术 交易系统 企业服务	11	Onchain 分布 科技	FinTech 区块链 定制服务
5	信任度	互联网金融 电子签名 移动安全	12	布洛克社区	社交网络 综合社交 区块链媒体及社区
6	星途协议 ATP	企业服务 区块链 广告营销	13	哈希世界	区块链 文娱传媒 游戏
7	Usechain	区块链 信用评估 交易平台	14	BitStar 交易 平台	区块链 数字货币 数字货币交易服务

续表

排名	企业名称	主营业务	排名	企业名称	主营业务
15	GxbShowCase	金融 大数据 爬虫	30	海链租房	区块链 房产家居 房产交易
16	The Blockchainer	区块链 企业服务 供应链管理	31	唯链	FinTech 企业服务 供应链管理
17	布络客区块链	区块链 媒体 垂直媒体	32	小 V 咖	社交网络 商务社交 区块链行业应用
18	惠智生态	B2C 资产数字化平台 生态圈	33	比特易	区块链 投资分析 数字货币
19	芯链	区块链 数字货币 区块链技术	34	真相网络	数据服务 企业服务 算法
20	果仁宝	充值服务 区块链 支付	35	信真科技	FinTech 企业服务 区块链
21	OneChain	交易所 比特币 虚拟货币	36	币看 Bitkan	交易市场 企业服务 区块链
22	初星科技	人工智能 企业服务 区块链	37	达朴汇联	IT 服务 加密 区块链
23	丰收科技	企业服务 供应链金融 区块链	38	OKCoin	交易平台 交易所 区块链
24	赛分科技	区块链 数字资产 区块链资产	39	易通天下	AI 医疗 人工智能 企业服务
25	币牛牛	区块链 投资 数字货币	40	31 区	垂直媒体 媒体 文娱传媒
26	趣链科技	企业服务 区块链 技术研发	41	FusionBlock 融数链	金融 金融机构 大数据
27	耳朵财经	文娱传媒 科技博客 科技资讯	42	币世界	区块链 垂直媒体 媒体
28	YOYOW	传统媒体 内容平台 内容社区	43	智铀科技	人工智能 机器学习 神经网络
29	七印科技 - 原本	企业服务 区块链 外包	44	区块之家	企业服务 内容平台 区块链

续表

排名	企 业 名 称	主 营 业 务	排名	企 业 名 称	主 营 业 务
45	果味财经	企业服务 区块链 区块链底层平台	48	ATMatrix	FinTech
46	边界智能	区块链 医疗信息化 医疗健康	49	链平方	人工智能 企业服务 区块链
47	平安壹账链	个人征信 企业征信	50	远光软件	金融 区块链金融 供应链金融

注：此次排名不分先后。　　　　　　　　数据来源：赛迪顾问，2018 年 12 月。

第七章

数字经济

第一节　产业定义或范畴

赛迪顾问认为数字经济是以数字技术为重要内容的一系列经济活动的总和，这些活动既包含了数字化要素催生的一系列新技术、新产品、新模式、新业态，也包括数字化要素与传统产业深度融合带来的经济增长。具体可划分为以下五大领域。

数字经济基础领域：主要体现为数字基础设施建设，包括数字产品、数字服务的生产和供给，如电子信息制造业、信息传输业和软件信息技术服务业等。其更侧重于物理数字基础设施，体现了数字经济的"硬实力"。

数字经济资源领域：主要体现在数据层面，包括潜在数据资源的集聚及数据资源的利用。该领域体现了数字经济的"软实力"。

数字经济技术领域：主要体现为数字经济领域前沿技术的投入，以及围绕技术转移、转化带来的技术输出。数字经济技术领域是数字经济发展、升级的主线，是数字经济发展的核心驱动力。

数字经济融合领域：主要体现为通信技术、网络技术等与传统产业融合带来的规模增长，重点是指与第一二产业的融合。该领域数字经济的发展与基础领域信息经济的发展是相辅相成的，是数字技术和设施在传统产业中的应用。

数字经济服务领域：主要是指数字技术与第三产业的融合，体现在针对消费者各方面生活需求提供便捷、高效、快速的数字服务。

第二节　赛迪重大研判

（1）中国数字经济进入裂变式发展阶段，整体规模不断扩大，GDP 占比持续增加，成为拉动国民经济高质量发展的重要支撑。

（2）未来几年，数字经济应用服务层仍将是数字经济发展的第一驱动力，规模和比重将持续提升；相比之下，基础层作为重要支撑，在数字经济结构中体量仍居第一位，但占比逐渐下降。

（3）2018 年，中国数字经济龙头企业广泛开展战略升级与合作，持续深化数字技术与传统领域的融合应用，积极布局数字经济应用服务层，优化个人应用服务、拓展产业应用服务、加强政府应用服务，努力推动数字经济高质量发展。

（4）数字经济重点企业主要分布在东部沿海省份，长三角地区成为重点企业集聚地；广东数字经济重点企业突破 500 家，数字经济企业资源位居榜首；湖北、四川数字经济重点企业数量领跑中西部各省。

（5）近三年，数字经济资本市场投融资事件数量虽然出现下降，但金额却大幅增长，Pre-A 轮融资数量明显增多，东部沿海发达地区仍是投融资事件集中区域。

（6）十大最具投资潜力领域：智能穿戴设备、机器人、信息安全、通信技术、人工智能、3D 打印、大数据可视化、生产控制类平台、运营管理类平台及研发设计类平台。

（7）六大细分领域投资热度持续爬升，即：人工智能、大数据服务、数字消费、互联网金融、互联网医疗、智能制造。

第三节　产业政策分析

一、产业环境

2018 年，我国数字经济产业发展环境形势向好：新兴消费快速兴起，数字化转型升级提速，市场机遇有待发掘；科创板上线，行业代谢加快，资本市场多层次开放；投融资体制建设不断完善，各方对接效率提升，投资环境持续优化；创新协同平台涌现，边界束缚减弱，创新体系加快重塑。

1. 市场环境：传统消费提档升级，新兴消费快速兴起

当前，中国已成为全球第一电子商务大国，电子商务交易额约占全球市场的 40%。随着社会经济的发展，我国消费者收入水平普遍提高，消费档次提升。

同时，中国市场持续扩大开放，跨境电子商务迅速兴起，2018 年新增 22 个跨境电商综合试验区，极大地满足了中国消费者消费升级和多样化的需求。

2．资本环境：资本市场多层次开放，科创企业优胜劣汰

2018 年 11 月，在首届进博会上，上交所设立科创板并试点注册制。科创板作为多层次资本市场横向建设的重要一环，将对新技术高发、科创企业扎堆的数字经济产业产生直接的促进作用，助力数字经济科创企业新龙头的产生，加速科创企业优胜劣汰，促进行业快速发展。

3．投资环境：投融资体制不断完善，投资环境持续优化

2018 年 3 月，中央网信办与中国证监会联合印发《关于推动资本市场服务网络强国建设的指导意见》，为资本市场支持数字经济发展提供了政策依据。同年 9 月，第五届世界互联网论坛期间，中国数字经济投融资联盟成立，作为政府、数字经济企业和投资机构之间交流合作的平台，致力于提升数字经济领域投融资对接效率。

4．创新环境：协同平台不断涌现，创新体系加快重塑

受技术开源化和组织方式去中心化的影响，知识传播壁垒显著消除，创新模式发生重大变革，不再受既定边界的束缚，资源运作和成果转化方式更多依托互联网展开。2018 年，众筹、众包、众创、众智平台不断涌现，凸显出开放、协同的创新特质，支撑构造以数据增值为核心竞争力的数字经济生态系统。

二、政策导向

1．《"十三五"国家信息化规划》确立"数字中国"建设目标

《"十三五"国家信息化规划》明确指出：到 2020 年，"数字中国"建设取得显著成效，信息化发展水平大幅跃升，信息化能力跻身国际前列，具有国际竞争力、安全可控的信息产业生态体系基本建立。信息技术和经济社会发展深度融合，数字鸿沟明显缩小，数字红利充分释放。

2．政府工作报告再提"数字经济"

继 2017 年"数字经济"首次写入政府工作报告之后，2018 年政府工作报

告再提"数字经济",明确指出要加快新旧发展动能接续转换,深入开展"互联网+"行动,实行包容审慎监管,推动大数据、云计算、物联网广泛应用,新兴产业蓬勃发展,传统产业深刻重塑。

3. 全国网络安全和信息化工作会议推动数字产业化

2018年4月召开的全国网络安全和信息化工作会议强调要发展数字经济,加快推动数字产业化,依靠信息技术创新驱动,不断催生新产业、新业态、新模式,用新动能推动新发展。要推动产业数字化,利用互联网新技术新应用对传统产业进行全方位、全角度、全链条的改造,提高全要素生产率,释放数字对经济发展的放大、叠加、倍增作用。

数字经济产业主要政策如表7-1所示。

表 7-1　数字经济产业主要政策

颁布时间	颁布主体	政策名称	支持对象	相关内容
2016.05	国务院	《深化制造业与互联网融合发展的指导意见》	制造强国	打造互联网"双创"平台;构建"双创"服务体系;培育融合新模式;强化基础支撑等
2016.05	国家发展改革委、科技部、工信部、中央网信办	《"互联网+"人工智能三年行动实施方案》	人工智能	培育人工智能新兴产业;推进重点领域智能产品创新;提升终端产品智能化水平等
2016.11	国务院	《"十三五"国家战略性新兴产业发展规划》	战略性新兴产业	推动信息技术产业跨越发展;促进高端装备与新材料产业突破发展等
2016.12	工信部、财政部	《智能制造发展规划(2016—2020年)》	智能制造	加快智能制造装备发展;加强关键技术创新;建设智能制造标准体系等
2017.01	国务院办公厅	《关于创新管理优化服务培育壮大经济发展新动能加快新旧动能接续转换的意见》	新旧动能转化	提高行政审批服务效能;加快法规政策标准动态调整;提高创业创新服务效率等
2017.11	国务院	《关于深化"互联网+先进制造业"发展工业互联网的指导意见》	工业互联网	夯实网络基础;打造平台体系;加强产业支撑;促进融合应用等
2017.12	工信部	《促进新一代人工智能产业发展三年行动计划(2018—2020年)》	人工智能	人工智能重点产品规模化发展;人工智能整体核心基础能力显著增强等

数据来源:相关部门网站公开信息,赛迪顾问整理,2018年12月。

第四节　产业链全景图

数字经济以数据为基础,贯穿数据产生、数据处理和数据应用的整个周期。

数字经济产业主要集中在三个层面，即基础层、平台层及应用服务层。

基础层：主要包括数字硬件及数字软件两部分。

平台层：主要包括数字云平台、大数据中心及数字应用平台。

应用服务层：主要包括个人应用服务、政府应用服务、企业应用服务。

数字经济产业链全景图如图 7-1 所示。

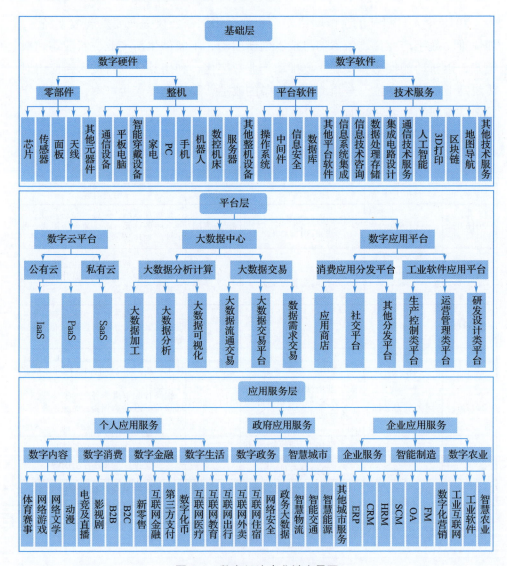

图 7-1　数字经济产业链全景图

（数据来源：赛迪顾问，2018 年 12 月）

第五节 价值链及创新

一、数字经济基础层

基础层是数字经济建设的重要支撑，主要包括数字硬件与数字软件两部分。数字经济基础层价值链全景图如图 7-2 所示。

企业名称	市值（亿元）	营业收入（亿元）	净利润（亿元）	企业名称	市值（亿元）	营业收入（亿元）	净利润（亿元）
京东方	974	695	34	TCL集团	333	823	25
中兴通讯	721	588	−73	蓝思科技	311	190	11
三安光电	568	64	26	信维通信	255	34	9
汇川技术	369	40	8	东旭光电	248	173	13
汇顶科技	353	24	3	纳思达	240	159	5

企业名称	市值（亿元）	营业收入（亿元）	净利润（亿元）	企业名称	注册资本（亿元）	所属省份	所属城市
美的集团	2678	2074	179	沈阳机床	15	辽宁	沈阳
格力电器	2346	1501	211	联创哲方	10	浙江	金华
比亚迪	1300	890	15	浙江机器人	10	浙江	宁波
广汽集团	1098	535	99	哈工大机器人	8	黑龙江	哈尔滨
青岛海尔	800	1381	61	楚天机器人	7	湖南	长沙

企业名称	市值（亿元）	营业收入（亿元）	净利润（亿元）	企业名称	市值（亿元）	营业收入（亿元）	净利润（亿元）
东方财富	644	24	8	中国卫星	189	45	3
中科曙光	284	55	2	网宿科技	189	46	6
同方股份	259	166	−6	启明星辰	173	13	1
沈阳新松	221	21	1	旋极信息	166	25	4
四维图新	202	15	2	中国长城	152	63	2

企业名称	市值（亿元）	营业收入（亿元）	净利润（亿元）	企业名称	注册资本（亿元）	所属省份	所属城市
紫光股份	488	344	12	四维高景	12	浙江	杭州
科大讯飞	485	53	2	百诚立合	11	广东	深圳
信威集团	426	2	−8	华大鑫盛	5	广东	广州
隆基股份	374	147	17	福瑞泰克	5	浙江	杭州
欧菲科技	369	311	14	中意启迪	4	浙江	宁波

（左侧纵向分类：基础层 → 数字硬件：零部件、整机；数字软件：平台软件、技术服务）

■ 上市企业
■ 非上市企业

注：企业市值为 2018 年 10 月数据，营业收入和净利润为 2018 年前三季度数据。

图 7-2 数字经济基础层价值链全景图

（数据来源：上市企业年度财报、视野金服，赛迪顾问整理，2018 年 12 月）

1. 企业营业收入与净利润整体稳定增长

2018 年前三季度数字经济基础层上市企业营业收入达到 43934 亿元，如图 7-3（a）所示，数字经济基础层上市企业净利润达到 2452 亿元，如图 7-3（b）所示，营业收入及净利润保持高速增长态势。

（a）上市企业营业收入及同期增长率　　　　（b）上市企业净利润及同期增长率

图 7-3　2014—2018 年中国数字经济基础层上市企业营业收入及净利润情况

（数据来源：赛迪顾问，2018 年 12 月）

2. 细分领域收入结构相对稳定，零部件企业占比小幅升高

基础层各领域上市企业收入中（见图 7-4），2018 年整机和技术服务在数字经济基础层占比最高，分别达到 57.5% 和 23.9%；零部件占比达到 14.7%，同比小幅增长；而平台软件占比则略有下降。从整体上来看，近 5 年基础层细分领域结构变化较小。

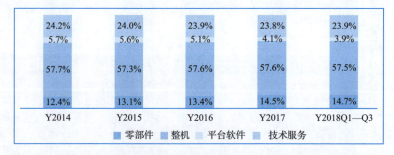

图 7-4　2014—2018 年中国数字经济基础层上市企业各领域收入结构情况

（数据来源：赛迪顾问，2018 年 12 月）

3. 家电和信息系统集成分别在数字硬件和数字软件市场中占比最高

从数字软件领域来看，各细分领域差距较小，其中信息系统集成及信息咨

询服务占比最高，如图 7-5（a）所示；从数字硬件领域来看，家电、汽车、面板、通信设备和天线处于市场占比前五位，其中家电和汽车占比分别达 27.3% 和 24.7%，如图 7-5（b）所示，合计占比超过 50%。

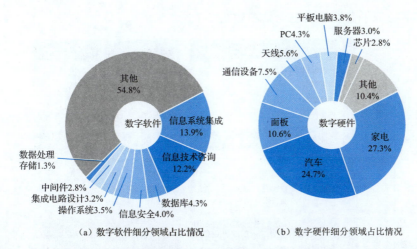

（a）数字软件细分领域占比情况　　　　（b）数字硬件细分领域占比情况

图 7-5　2018 年中国数字经济基础层上市企业数字软件及数字硬件各领域收入占比情况

（数据来源：赛迪顾问，2018 年 12 月）

4. 机器人、传感器领域企业净利率显著高于其他细分领域

从各细分领域净利率来看，机器人、传感器、信息安全领域排名前三（见图 7-6），净利率都超过了 8.0%，图中排名前 14 位的领域中有 9 个属于数字硬件。

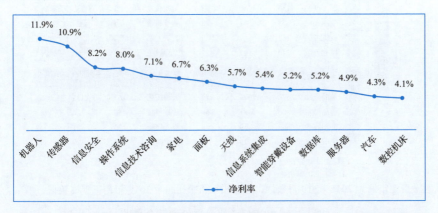

图 7-6　2018 年前三季度中国数字经济基础层各细分领域上市企业净利率情况

（数据来源：赛迪顾问，2018 年 12 月）

二、数字经济平台层

平台层是数字经济发展的重要媒介，主要包括数字云平台、大数据中心和数字应用平台。

数字经济平台层价值链全景图如图 7-7 所示。

数字云平台 — 公有云

企业名称	市值（亿元）	营业收入（亿元）	净利润（亿元）	企业名称	市值（亿元）	营业收入（亿元）	净利润（亿元）
中兴通讯	721	588	-73	万达信息	126	16	2
用友网络	483	45	2	东软集团	125	43	1
光环新网	196	45	5	华数传媒	117	24	5
网宿科技	189	46	6	东方国信	114	10	2

数字云平台 — 私有云

企业名称	市值（亿元）	营业收入（亿元）	净利润（亿元）	企业名称	市值（亿元）	营业收入（亿元）	净利润（亿元）
鹏博士	114	52	3	海航科技	94	2326	0.4
汉得信息	102	21	2	泛微网络	76	6	1
启明星辰	173	13	1	华胜天成	64	38	1
恒华科技	86	7	1	梦网集团	59	20	2

大数据中心 — 大数据分析计算

企业名称	市值（亿元）	营业收入（亿元）	净利润（亿元）	企业名称	注册资本（亿元）	所属省（市）	所属城市
东方财富	644	24	8	陕西大数据	13	陕西	西安
同方股份	259	166	-6	云引擎	5	北京	北京
利亚德	212	54	9	新华智云	4	浙江	杭州
四维图新	202	15	2	幸汇云峰	3	江苏	常州

大数据中心 — 大数据交易

企业名称	市值（亿元）	营业收入（亿元）	净利润（亿元）	企业名称	市值（亿元）	营业收入（亿元）	净利润（亿元）
东软集团	125	43	1	中昌数据	60	22	1
美亚柏科	110	7	0.4	苏州科达	56	15	1
金证股份	74	35	1	数字政通	43	6	1
东方网力	74	14	2	华测导航	40	6	1

数字应用平台 — 消费应用分发平台

企业名称	市值（亿元）	营业收入（亿元）	净利润（亿元）	企业名称	注册资本（亿元）	所属省（市）	所属城市
苏宁易购	1135	1730	61	威尔视觉	1	广东	深圳
亨通光电	368	741	21	智度科技	0.5	福建	福州
视觉中国	167	7	2	力天无限	0.2	北京	北京
昆仑万维	140	27	7	英威诺	0.2	广东	深圳

数字应用平台 — 工业软件应用平台

企业名称	市值（亿元）	营业收入（亿元）	净利润（亿元）	企业名称	市值（亿元）	营业收入（亿元）	净利润（亿元）
美的集团	2678	2074	179	人福医药	163	135	6
青岛海尔	800	1381	61	盈趣科技	150	20	6
汇川技术	369	39	8	科大智能	105	21	2
中航机电	296	79	5	翰宇药业	96	9	3

■ 上市企业
■ 非上市企业

注：企业市值为 2018 年 10 月数据，营业收入和净利润为 2018 年前三季度数据。

图 7-7　数字经济平台层价值链全景图

（数据来源：上市企业年度财报、视野金服，赛迪顾问整理，2018 年 12 月）

1．企业营业收入高速增长，净利润增长幅度有所波动

得益于国家对制造强国战略的持续推动、国内互联网产业的飞速发展，以及云计算、大数据技术的不断成熟，数字经济平台层企业效益不断攀升，2018 年前三季度平台层上市企业营业收入达到 16347 亿元，如图 7-8(a)所示。另外，随着新兴数字技术的成熟，平台企业间技术竞争压力不断增强，受企业研发投入的影响，平台层企业的效益出现了一定程度的波动，但总体保持增长态势。

　　（a）上市企业营业收入及增长情况　　　　　（b）上市企业净利润及增长情况

图 7-8　2014—2018 年中国数字经济平台层上市企业营业收入及净利润情况

（数据来源：赛迪顾问，2018 年 12 月）

2．数字应用平台占据平台层半壁江山

从平台层三大细分领域上市企业收入的分布情况来看，数字应用平台占据半壁江山，比例稳定在 60% 左右（见图 7-9），数字云平台和大数据中心两者差距不大，且从近 5 年的变化趋势来看基本保持稳定态势。

3．消费端数字经济平台仍是主要组成部分

从三个细分领域上市企业的收入结构来看（见图 7-10），数字云平台以 IaaS 为主，SaaS 领域发展迅猛；数字应用平台还是以消费端应用为主，生产端数字应用平台处于萌芽期；大数据中心相关环节以大数据加工和大数据可视化为主，大数据的分析利用仍急需加强。

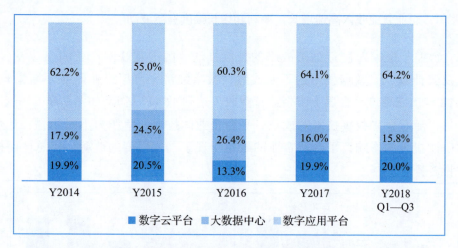

图 7-9　2014—2018 年中国数字经济平台层上市企业各领域收入结构情况

（数据来源：赛迪顾问，2018 年 12 月）

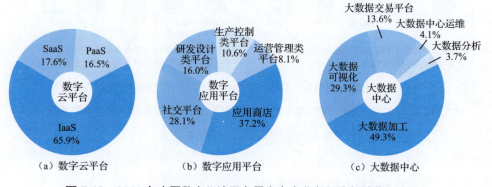

（a）数字云平台　　　　（b）数字应用平台　　　　（c）大数据中心

图 7-10　2018 年中国数字经济平台层上市企业各细分领域收入占比

（数据来源：赛迪顾问，2018 年 12 月）

4．数据中心运维、大数据可视化、运营管理类平台等领域企业净利润较高

从各细分领域净利率来看，大数据中心运维、大数据可视化、运营管理类平台、SaaS、大数据加工等领域净利率较高（见图 7-11），大数据相关产业净利率高于数字云平台和数字应用平台相关产业。

三、数字经济应用服务层

应用服务层是服务输出的重要手段，包括个人应用服务、政府应用服务、企业应用服务。

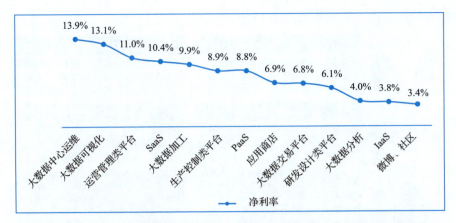

图 7-11　2018 年前三季度中国数字经济平台层各细分领域上市企业净利率情况

（数据来源：赛迪顾问，2018 年 12 月）

数字经济应用服务层价值链全景图如图 7-12 所示。

1．企业营业收入保持高速增长，净利润增速放缓

数字经济应用服务层企业的营业收入逐年增长，2018 年前三季度实现营业收入 27032 亿元，如图 7-13（a）所示。近几年，营业收入保持高速增长，而应用服务层企业净利润额同比增长率却出现放缓趋势，如图 7-13（b）所示，主要原因是我国互联网人口红利逐步消失，但市场竞争依然激烈，运营成本升高。

2．产业应用服务占比不断提升，个人应用服务占据半壁江山

应用服务层各领域上市企业收入中（见图 7-14），个人应用服务始终占据最大比重，政府应用服务与产业应用服务则各占 20% 左右。另外，产业应用服务占比不断提升，这与我国不断推动"互联网+"、智能制造等国家战略有直接关系。

3．数字消费、企业服务和智慧物流是应用服务层主要细分领域

深入到应用服务层三大领域的内部，如图 7-15 所示，个人应用服务层 58.1% 属于数字消费，而数字生活只占据了 6.0%；政府应用服务领域则主要是智慧物流和智慧能源；企业应用服务领域将近一半的比例为企业服务，其次近

40% 为智能制造，数字农业占比 14.2%。

企业名称	市值（亿元）	营业收入（亿元）	净利润（亿元）
分众传媒	1083	109	48
万达电影	609	109	13
巨人网络	384	29	10

企业名称	注册资本（亿元）	所属省（市）	所属城市
杭州逗宝	21	浙江	杭州
云毅国凯	18	上海	上海
微可视	13	贵州	贵阳

数字内容

企业名称	市值（亿元）	营业收入（亿元）	净利润（亿元）
苏宁易购	1135	1730	61
石基信息	333	20	3
九州通	270	637	8

企业名称	注册资本（亿元）	所属省（市）	所属城市
趣校园	1	江西	赣州
叮当快药	0.6	北京	北京
十九楼	0.6	浙江	杭州

数字消费

企业名称	市值（亿元）	营业收入（亿元）	净利润（亿元）
中信证券	2019	272	73
申万宏源	976	94	33
广发证券	898	114	41

企业名称	注册资本（亿元）	所属省（市）	所属城市
易生金服	21	北京	北京
银联商务	16	上海	上海
支付宝	15	上海	上海

数字金融

企业名称	市值（亿元）	营业收入（亿元）	净利润（亿元）
科伦药业	347	122	10
沃森生物	234	6	1
卫宁健康	220	9	2

企业名称	注册资本（亿元）	所属省（市）	所属城市
环球车享	17	上海	上海
华夏出行	15	北京	北京
西安金汇	11	陕西	西安

数字生活

个人应用服务

企业名称	市值（亿元）	营业收入（亿元）	净利润（亿元）
三六零	1506	94	25
紫光股份	488	344	12
科大讯飞	485	83	2

企业名称	市值（亿元）	营业收入（亿元）	净利润（亿元）
亨通光电	368	260	21
中科曙光	284	63	3
广联达	274	23	5

政务服务

企业名称	市值（亿元）	营业收入（亿元）	净利润（亿元）
顺丰控股	1793	654	30
国电南瑞	792	172	23
韵达股份	572	92	20

企业名称	注册资本（亿元）	所属省（市）	所属城市
重庆丰涪	15	重庆	重庆
联绿技术	3	北京	北京
中车	3	上海	上海

智慧城市

政府应用服务

企业名称	市值（亿元）	营业收入（亿元）	净利润（亿元）
京东方A	974	695	34
紫光股份	488	344	12
用友网络	483	45	2

企业名称	市值（亿元）	营业收入（亿元）	净利润（亿元）
苏泊尔	425	142	13
石基信息	333	30	4
森马服饰	269	120	11

企业服务

企业名称	市值（亿元）	营业收入（亿元）	净利润（亿元）
青岛海尔	800	1381	61
用友网络	483	45	2
传化智联	297	177	4

企业名称	注册资本（亿元）	所属省（市）	所属城市
翱捷科技	22	上海	上海
嘉平智能	21	上海	上海
易联	2	北京	北京

智能制造

企业名称	市值（亿元）	营业收入（亿元）	净利润（亿元）
中联重科	258	210	13
中国卫星	189	45	3
金正大	178	213	10

企业名称	市值（亿元）	营业收入（亿元）	净利润（亿元）
旋极信息	166	33	4
大北农	141	187	13
神州信息	98	82	3

数字农业

企业应用服务

应用服务层

■ 上市企业
■ 非上市企业

注：企业市值为 2018 年 10 月数据，营业收入和净利润为 2018 年前三季度数据。

图 7-12　数字经济应用服务层价值链全景图

（数据来源：上市企业年度财报、视野金服，赛迪顾问整理，2018 年 12 月）

（a）上市企业营业收入及增长情况　　　　（b）上市企业净利润及增长情况

图 7-13　2014—2018 年中国数字经济应用服务层上市企业营业收入及净利润情况

（数据来源：赛迪顾问，2018 年 12 月）

图 7-14　2014—2018 年中国数字经济应用服务层上市企业各领域收入结构情况

（数据来源：赛迪顾问，2018 年 12 月）

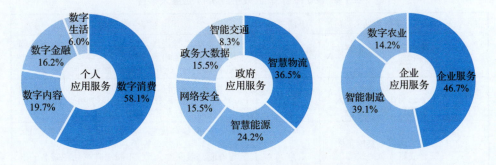

图 7-15　2018 年中国数字经济应用服务层上市企业各细分领域收入占比情况

（数据来源：赛迪顾问，2018 年 12 月）

4．网络游戏、互联网金融、数字货币等领域企业净利率较高

从各细分领域净利率来看，网络游戏、互联网金融、数字货币、互联网住宿、电竞及直播排名前五，净利率都超过了 20%（见图 7-16），前 15 名中有 12 个属于个人应用服务领域。

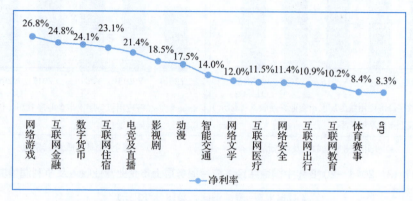

图 7-16　2018 年前三季度中国数字经济应用服务层各细分领域上市企业净利率情况

（数据来源：赛迪顾问，2018 年 12 月）

第六节　行业龙头动向

2018 年，中国数字经济的龙头企业广泛开展战略升级与合作，持续深化数字技术与传统领域的融合应用，积极布局数字经济应用服务层，优化个人应用服务、拓展产业应用服务、加强政府应用服务，努力推动数字经济高质量发展。

2018 年中国数字经济行业重大事件如表 7-2 所示。

表 7-2　2018 年中国数字经济行业重大事件

序号	事件说明	事件主体	影响／意义
1	腾讯启动新一轮整体战略升级	腾讯控股	腾讯聚焦已有资源，成立云与智慧产业事业群（CSIG）、平台与内容事业群（PCG），推动实现由消费互联网向产业互联网的升级
2	百度联合英伟达、采埃孚公司在中国推出人工智能自动汽车平台	百度	合作基于新的 NVIDIA DRIVE Xavier，新款 ProAI 车载电脑和百度的 Apollo Pilot，为中国创造一个能量产的人工智能自动汽车平台
3	海康威视与美的集团签署战略合作协议	海康威视	双方发挥各自优势，在智能家居、智慧零售、智能制造、工业物联网及机器人自动化、人工智能等方面开展深度合作，不断提升产品和服务的创新能力

序号	事件说明	事件主体	影响／意义
4	华为公布全场景智慧生活生态战略	华为	华为全场景生态战略涉及个人、汽车、家庭、办公、运动健康，在全场景终端的基础上，致力于打造全新的交互入口，开启了全新智慧体验革命
5	紫光发布"紫光云战略"	紫光股份	紫光进军公有云市场，扩展云产业版图，发挥集团云网板块优势资源，凝聚核心竞争力
6	阿里巴巴收购饿了么，与口碑整合发力，成立阿里巴巴本地生活服务公司	阿里巴巴	阿里巴巴本地生活服务公司的成立是其完成对大消费领域布局的重要里程碑。继新零售取得丰硕成果后，本地生活服务成为阿里巴巴生态战略的最新高地
7	京东推出小京鱼座独立品牌，展开全新 AIoT 生态布局	京东	京东将原有 IoT 业务全面整合升级为小京鱼 AIoT 生态，通过软硬一体的方式，向行业合作伙伴提供优质的物联网解决方案
8	唯品会、京东达成跨境电商合作	唯品会	未来双方合作将拓展至营销、物流、服务等全供应链体系，全面提升采买优势
9	京东方收购法国 SES 公司，拓展欧洲智慧零售市场	京东方	此举将加速京东方在智慧零售解决方案领域的布局，推出了面向新零售的全产业链物联网解决方案
10	小米 MIUI 与一汽奔腾达成战略合作，构建互联网生态运营体系	小米	双方依托小米的 AI 技术和优势生态及一汽在出行领域的技术积累，在人工智能、智能设备、物联网等领域开展基于量产的深度合作
11	苏宁与 SAP 签订战略合作备忘录	苏宁控股	双方将在零售、物流和体育等领域展开技术合作，推动人工智能、物联网、大数据等方面的创新
12	网易发布瀚海私有云、轻舟微服务，并联合浪潮推出首款云计算全栈一体机	网易	网易顺应数字经济主流模式，积极进行卡位布局，从传统 IT 平台向数字化转变，将云计算的解决方案与业务场景紧密结合

数据来源：赛迪顾问，2018 年 12 月。

第七节　市场规模预测

中国数字经济受宏观政策环境、技术进步与升级、数字应用普及渗透等众多利好因素的影响，规模持续扩大，2018 年市场规模达到 32.4 万亿元，到 2021 年将接近 60 万亿元（见图 7-17）。数字经济规模在 GDP 中的比重将进一步提升，促进国民经济高质量发展，持续为社会经济的增长做出巨大贡献。

随着"互联网＋"的不断深入推进及先进技术的不断成熟，数字技术在传统工业领域的融合应用持续深化，应用服务层数字经济仍将是数字经济发展最大的驱动力，规模和占比会持续增加。相比之下，基础层作为数字经济的重要支撑，未来几年在数字经济结构中所占比重仍将最大，但却会呈现占比逐渐降低的趋势（见图 7-18）。

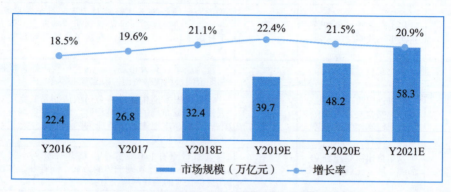

图 7-17   2016—2021 年中国数字经济规模及预测

（数据来源：赛迪顾问，2018 年 12 月）

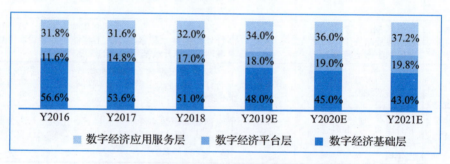

图 7-18   2016—2021 年中国数字经济结构及预测

（数据来源：赛迪顾问，2018 年 12 月）

第八节　赛道选择建议

一、最具投资潜力领域

2019 年数字经济最具投资潜力领域 TOP 19 如图 7-19 所示。

二、投资领域赛道选择

六大产业值得关注领域，即人工智能、大数据服务、数字消费、互联网金融、互联网医疗、智能制造。

（1）人工智能、大数据服务、数字消费、互联网医疗、互联网金融在短期内投资热度将持续爬升。

（2）智能制造相关的数字化生产及营销、互联网医疗、数字消费 B2B、B2C 等领域在竞争、政策、人才等指标的衡量下，在目前看来具有十分高的可投资性。

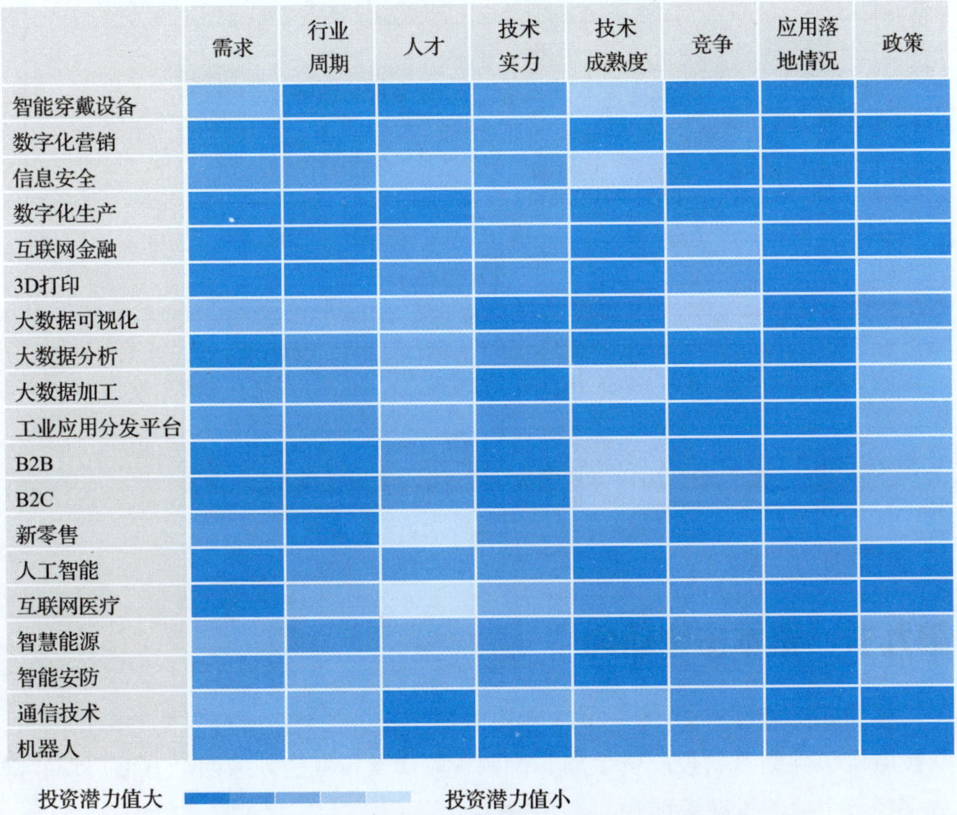

	需求	行业周期	人才	技术实力	技术成熟度	竞争	应用落地情况	政策
智能穿戴设备								
数字化营销								
信息安全								
数字化生产								
互联网金融								
3D打印								
大数据可视化								
大数据分析								
大数据加工								
工业应用分发平台								
B2B								
B2C								
新零售								
人工智能								
互联网医疗								
智慧能源								
智能安防								
通信技术								
机器人								

投资潜力值大　　　　　　　　　　　投资潜力值小

图 7-19　2019 年数字经济最具投资潜力领域 TOP 19

注：以上排名不分先后。　　　（数据来源：赛迪顾问，2018 年 12 月）

（3）新零售、人工智能、机器人、通信技术、智慧能源等领域应用落地情况、技术成熟度在未来 5～10 年内将进入爆发期，资本可考虑进入。

（4）信息安全、工业应用分发平台、数字化生产、数字化营销等领域可考虑较后阶段进入。

2019 年中国数字经济细分领域投资潜力气泡图如表 7-20 所示。

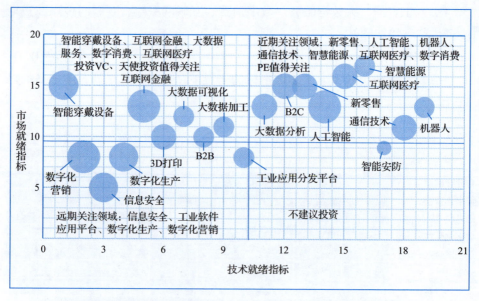

注:(1)图中各项指标数据依据赛迪顾问产业投资潜力评价指标体系评估而得。

(2)市场就绪指标:0 ~ 3 表示 10 年以上爆发期,3 ~ 6 表示 5 到 10 年爆发期。技术就绪指标数值越大,表示投资潜力越大。

图 7-20   2019 年中国数字经济细分领域投资潜力气泡图

(数据来源:赛迪顾问,2018 年 12 月)

第九节　资本市场动向

赛迪顾问通过对 2016—2018 年中国数字经济领域投融资事件的深度剖析,从投融资事件数量、投融资金额、投融资轮次及投融资地域四个方面展现我国数字经济企业的投融资现状。

1.投融资事件数量逐渐下降

2016—2018 年投融资事件数量基本呈现逐年下滑态势,如图 7-21(a)所示。从细分领域来看,2018 年前三季度,数字内容、数字消费、整机、数字生活、数字金融、技术服务和零部件七大领域投融资事件数量最多,如图 7-21(b)所示。

（a）投融资事件数量（件）　　　　（b）细分领域占比情况

图 7-21　2016—2018 年中国数字经济各领域投融资事件数量及 2018 年各领域占比情况

（数据来源：赛迪顾问，2018 年 12 月）

2. 投融资事件金额大幅增长

从 2016—2018 年的投融资事件金额来看，基本上呈现出逐年上涨的态势，如图 7-22（a）所示，尤其是 2018 年投融资资金额大幅上涨，截至 2018 年 10 月已经是 2017 年全年的三倍左右。从细分领域来看，零部件、技术服务、数字金融、数字内容、数字消费、整机和数字生活七大领域投融资资金额最多，如图 7-22（b）所示。

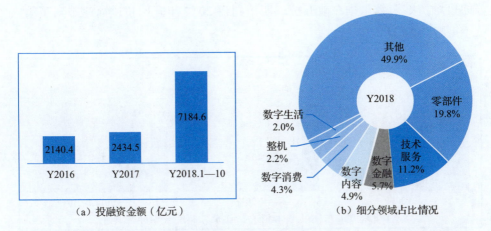

（a）投融资资金额（亿元）　　　　（b）细分领域占比情况

图 7-22　2016—2018 年中国数字经济各领域投融资资金额及 2018 年各领域占比情况

（数据来源：赛迪顾问，2018 年 12 月）

3．Pre-A 轮融资数量明显增多

截至 2018 年 10 月，Pre-A 轮融资数量达 256 件（见图 7-23），已远超 2017 年全年 Pre-A 轮融资数量。

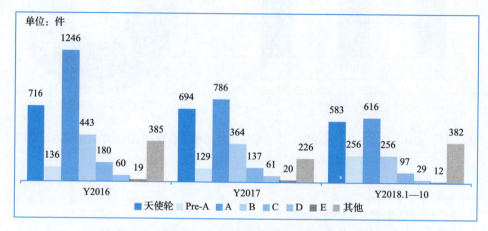

图 7-23　2016—2018 年中国数字经济投融资轮次情况

（数据来源：赛迪顾问，2018 年 12 月）

4．东部沿海发达地区仍是投融资主要区域

从 2016—2018 年的投融资发生区域来看，北京、广东、上海、浙江和江苏的投融资案例数量排在前五位，四川则自 2017 年开始超过福建排到了第六位（见图 7-24）。

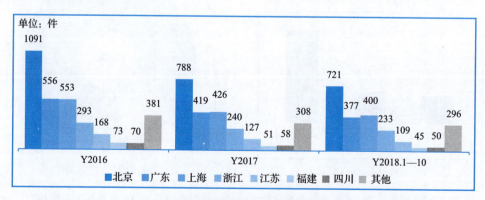

图 7-24　2016—2018 年中国数字经济投融资事件数量地区分布情况

（数据来源：赛迪顾问，2018 年 12 月）

第十节 百强潜力企业

赛迪顾问从行业发展前景、企业竞争优势、企业创新发展情况、企业创始人及管理团队、融资阶段、企业估值等多个方面进行投资价值评价，评出 2018 年赛迪数字经济潜力企业 TOP 100 榜单如表 7-3 所示。

表 7-3　2018 年赛迪数字经济潜力企业 TOP 100 榜单

排名	企业	排名	企业	排名	企业	排名	企业
1	蚂蚁金服	26	喜马拉雅	51	奥比中光	76	辣妈帮
2	今日头条	27	西山居	52	优客工厂	77	微医
3	钉钉	28	游侠汽车	53	正奇金融	78	地平线机器人
4	陆金所	29	聚合数据	54	小红书	79	土巴兔
5	阿里云	30	商汤科技	55	链家网	80	爱回收
6	京东数科	31	云从科技	56	淘票票	81	百果园
7	比特大陆	32	首汽租车	57	贝贝网	82	华云数据
8	大疆科技	33	WeWork China	58	金山云	83	中粮我买网
9	菜鸟网络	34	作业帮	59	荔枝 FM	84	宝宝树
10	滴滴出行	35	网易云音乐	60	斑马智行	85	美菜网
11	京东物流	36	拉卡拉	61	OYO 酒店	86	电咖汽车
12	寒武纪	37	拜腾	62	每日优鲜	87	自如网
13	腾讯音乐娱乐	38	魅族	63	爱驰汽车	88	氪空间
14	旷视科技	39	挖财	64	汇通达	89	掌门 1 对 1
15	小鹏汽车	40	途虎养车	65	团贷网	90	曹操专车
16	网信理财	41	蘑菇街	66	车和家	91	好大夫在线
17	微众银行	42	大搜车	67	玖富	92	医联
18	依图科技	43	九次方大数据	68	Ucloud	93	途家网
19	威马汽车	44	柔宇科技	69	汇桔网	94	哈啰出行
20	快手	45	知乎	70	一下科技	95	小猪短租
21	易生金服	46	快看漫画	71	酷开	96	易果生鲜
22	度小满金融	47	优必选科技	72	VIPKID	97	同程旅游
23	奇点汽车	48	轻轻家教	73	房多多	98	猿辅导
24	猪八戒网	49	联影医疗	74	李群自动化	99	云鸟配送
25	满帮集团	50	车好多集团	75	猫眼电影	100	碳云智能

注：此次排名不分先后。　　　　　　　　　数据来源：赛迪顾问，2018 年 12 月。

2018 年赛迪数字经济潜力企业 TOP 100 图谱如图 7-25 所示。

图 7-25　2018 年赛迪数字经济潜力企业 TOP 100 图谱

（数据来源：赛迪顾问，2018 年 12 月）

第八章

共享经济

第一节　产业定义或范畴

共享经济是指以获得一定报酬为主要目的，基于陌生人且存在物品使用权暂时转移的一种新的经济模式。其本质是利用互联网等现代信息技术整合有价值的闲置资源、零散时间、特殊技能来创造新价值的经济活动。共享经济领域包括共享出行、共享住宿、共享金融、共享医疗、共享物流、共享知识技能等。

第二节　赛迪重大研判

（1）共享经济重点企业主要分布在东部沿海地区，尤其是长三角地区是重点企业数量最多的聚集区，其中广东、北京、上海、浙江是产业规模最大的四个地区。

（2）共享经济上市企业营业收入及净利润保持稳步增长，共享金融领域净利率水平最高。

（3）在市场需求刺激和国家政策的引导下，共享经济市场仍将处于高速发展期，预计到 2021 年将达到 16.9 万亿元，成为拉动国民经济增长的重要力量。

（4）从投资潜力来看，共享出行和共享金融领域依然可作为短期投资重点；而共享物流、共享医疗及共享知识技能等领域可以作为长期关注的重点。

（5）根据"2018 赛迪共享经济五十强潜力企业"的分析，以共享出行领域及共享金融领域企业居多。

第三节 产业政策分析

一、产业环境

1．消费观念的改变推动共享经济市场发展

随着时代的发展，"80 后""90 后"逐渐成为消费市场的中坚力量，人们的消费观念也逐渐升级，从占有转向享有，消费标准化转向个性化，保守型消费转向超前消费，对自身健康、知识技能和服务体验的需求度增加。这一消费观念的转变，推动了在各行业传统模式的基础上衍生出共享模式，使共享经济模式在各领域、各角度多元化发展，进一步使资源配置合理化，提供更优质的服务体验，满足消费者需求，进而促进共享经济市场快速发展。

2．新一代信息技术加速共享经济技术革新

随着大数据、云计算、人工智能等新一代信息技术的蓬勃发展，其应用也在共享经济各领域不断深化，推动共享经济技术革新。一方面，新一代信息技术的快速发展在推进共享资源最优化配置的基础上，优化了产品功能、提高了服务质量，例如，通过大数据分析得出用户的潜在需求，基于智能算法为用户进行个性化推荐。另一方面，新一代信息技术为用户的使用安全带来了保障，例如，通过环境检测系统采集的数据分析用户使用过程中的安全隐患，通过信息安全系统的开发保护用户个人信息等。未来随着无人驾驶技术、区块链技术的成熟，对共享经济的发展起着重要驱动作用，为共享经济发展提供新的方向，进一步降低共享经济的交易成本。

3．共享经济相关领域的行业并购趋势显现

近年来，共享经济行业在各领域都有并购事件，例如，2016 年滴滴收购 Uber 中国，途家网收购携程网、去哪儿网的公寓民宿业务；2017 年聚美收购街电，永安行收购哈啰单车。随着各领域的共享经济模式不断成熟和完善，一些问题平台和企业相继停止运营，部分品牌被行业龙头收购，标志着各共享领域将迎来行业洗牌，逐渐形成恶性竞争减少、龙头企业带领行业发展的格局。

二、政策导向

1．共享经济成为国家信息化发展重要抓手

2018 年，从中央到地方陆续出台了一系列政策文件支持促进共享经济规范发展。这表明政府极为重视共享经济的发展，并已经将共享经济视为国家信息化发展的重要组成部分，为共享经济营造了积极利好的政策环境，有利于共享经济发展破除行业壁垒，引导更多创新型企业参与到共享经济当中。同时在大数据、云计算及人工智能等新兴技术的推动下，共享经济市场得到健康蓬勃发展。

2．政策频出促进共享经济逐步走向规范化

从政府政策层面看，交通出行、内容共享、金融共享等多个领域，都在完善相关监管制度，并且越来越强化制度的落实。内容共享的监管则是多部门联动，中央部门和属地部门联动，重点整治与常规化专项整治行动相结合，平台外部监管和内部监管相结合等制度化机制越来越完善。共享金融领域进一步加强网贷备案工作和开展合规检查，针对 P2P 网贷"爆雷潮"采取应对处置措施。而从行业和企业层面看，在行业协会、第三方社会组织等的带领下行业自律不断加强，企业也在积极采取措施配合政府监管，加强平台安全保障工作。

3．共享经济综合监管手段不断地完善进步

有关部门积极创新监管方式，实时把握平台企业市场运营、资金管理、用户权益保护等风险动态，提高潜在风险处置能力。针对可能引发系统性风险的金融欺诈行为、随意侵害用户数据权益的行为、严重妨碍市政市容管理等问题，将有针对性地强化治理力度；对一些苗头性、倾向性的风险问题，将采取措施积极防范。同时，多方参与的协同治理体系建设加速推进。比如，建立和完善平台企业与相关部门的联动机制，不断升级平台技术手段，加强对参与用户的培训和资格审查，加强客户服务等。

共享经济产业主要政策如表 8-1 所示。

表 8-1　共享经济产业主要政策

颁布时间	颁布主体	政策名称	支持对象	相关内容
2017.08	交通运输部、中央宣传部、中央网信办、国家发展改革委、工信部、公安部、住房城乡建设部、人民银行、质检总局、国家旅游局	《关于鼓励和规范互联网租赁自行车发展的指导意见》	共享单车	科学确定发展定位。各地要坚持优先发展公共交通，结合城市特点做好慢行交通规划，统筹发展互联网租赁自行车，建立完善多层次、多样化的城市出行服务系统。加强停放管理和监督执法。互联网租赁自行车运营企业要落实对车辆停放管理的责任，推广运用电子围栏等技术，综合采取经济惩罚、记入信用记录等措施，有效规范用户停车行为，及时清理违规停放、存在安全隐患、不能提供服务的车辆。各地要加强对互联网租赁自行车停放的监督，明确相关主管部门的执法职责
2017.08	交通运输部和住房城乡建设部	《关于促进小微型客车租赁健康发展的指导意见》	共享汽车	科学确定分时租赁发展定位。各地交通运输部门要会同住房城乡建设（规划）部门综合考虑城市经济发展、交通出行结构、汽车保有量、停车资源等实际情况，在坚持公交优先发展战略的前提下，考虑分时租赁非集约化出行的特点，合理确定分时租赁在城市综合交通运输体系中的定位，研究建立与公众出行需求、城市道路资源、停车资源等相适应的车辆投放机制，使其与城市公共交通、出租汽车等出行方式协调发展，形成多层次、差异化的城市交通出行体系。建立健全配套政策措施。鼓励城市商业中心、政务中心、大型居民区、交通枢纽等人流密集区域的公共停车场为分时租赁车辆停放提供便利。鼓励探索通过优惠城市路内停车费等措施，推动租赁车辆在依法划设的城市路内停车泊位停放，在不增加城市道路拥堵、不影响其他社会车辆停放的情况下，提高路内停车泊位的使用效率和租赁车辆使用便利度。鼓励使用新能源车辆开展分时租赁，并按照新能源汽车发展有关政策在充电基础设施布局和建设方面给予扶持
2018.11	国家信息中心	《共享住宿服务规范》	共享住宿	平台和房东应遵守法律，履行消费者权益保护、网络安全与个人信息保护、知识产权保护、环境保护等方面的义务。平台和房东应遵守商业道德，遵循自愿、平等、公平、诚信的原则，公平参与市场竞争，承担产品和服务质量责任，接受政府和社会的监督。平台和房东应在治安、消防、卫生、食品安全、信息安全等方面按照相关法律要求进行管理。平台和房东应加强行业自律，建立健全行业规范，推动行业诚信建设

数据来源：相关部门网站公开信息，赛迪顾问整理，2018 年 12 月。

第四节 产业链全景图

共享经济产业链（见图 8-1）主要包含了共享出行、共享金融、共享住宿、共享医疗、共享物流、共享知识技能等。

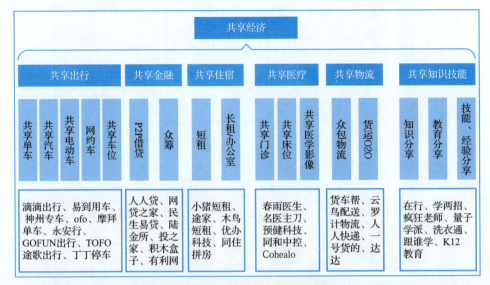

图 8-1 共享经济产业链全景图

（数据来源：赛迪顾问，2018 年 12 月）

共享出行：包括共享单车、共享汽车、共享电动车、网约车以及共享车位等。行业并购加剧，共享单车、汽车及电动车将受政策影响，在停放管理方面有待于进一步规划改进。

共享金融：包括 P2P 借贷以及众筹两部分，目前发展更加规范化、理性化，小微业务将会崛起。

共享住宿：包括短租和长租 / 办公室等。短租行业发展将稳定增长，成为重要发力点。

共享医疗：包括共享门诊、共享床位、共享医学影像等。多点执业政策落地困难，医保体系尚未打通。

共享物流：包括众包物流和货运 O2O 两部分。无车承运业务进一步提高，行业整合在即。

共享知识技能：包括知识分享、教育分享和技能、经验分享等。知识创造、分享和教育学习浪潮将带来围绕知识变现的商业机遇。

第五节 价值链及创新

共享经济价值链全景图如图 8-2 所示。

共享出行

企业名称	注册资本（万元）	所属省份	所属城市	企业名称	注册资本（万元）	所属省份	所属城市
滴滴出行	560000	–	北京	GOFUN出行	857.1	–	北京
神话专车	268571	–	北京	摩拜单车	500	–	北京
首汽约车	3200	–	北京	美团打车	500	–	上海
TOFO途歌出行	1336.8	–	北京	丁丁停车	132.7	–	北京
易到用车	1210	–	北京	ofo	38.5	–	北京

共享金融

企业名称	市值（亿元）	营业收入（亿元）	净利润（亿元）	企业名称	市值（亿元）	营业收入（亿元）	净利润（亿元）
东方财富	644.48	23.79	8.01	赢时胜	92.87	4.73	1.18
中天金融	341.16	83.20	47.31	润和软件	81.47	15.24	1.79
恒生电子	320.33	19.63	3.61	金证股份	74.49	35.42	0.98
同花顺	190.42	9.10	3.19	汉鼎宇佑	71.61	3.89	1.37
二三四五	177.27	24.43	10.81	大智慧	68.58	4.17	−0.39

共享住宿

企业名称	注册资本（万元）	所属省份	所属城市	企业名称	注册资本（万元）	所属省份	所属城市
增城万家	5000	广东	广州	小猪短租	200	–	北京
平安好假期	2660	广东	深圳	途家	200	–	北京
妈妈送房	1000	广东	深圳	优办科技	128.2	–	北京
九宿网络	1000	浙江	杭州	木鸟短租	126.2	–	北京
宿百家	1000	浙江	宁波	同住拼房	50	广东	广州

共享医疗

企业名称	注册资本（亿元）	营业收入（亿元）	净利润（亿元）	企业名称	注册资本（万元）	所属省份	所属城市
卫宁健康	219.6	9.25	1.93	怡合春天	15200	–	北京
朗玛信息	42.55	3.50	0.78	杨继洲医药	10000	浙江	杭州
和仁科技	36.08	2.31	0.25	银川盛禾	10000	宁夏	银川
麦迪科技	24.34	1.60	0.11	微医互联网	10000	河南	郑州
荣科科技	17.4	3.71	0.08	趣医网络	9482.6	–	上海

共享物流

企业名称	市值（亿元）	营业收入（亿元）	净利润（亿元）	企业名称	注册资本（万元）	所属省份	所属城市
传化智联	297.44	176.75	4.04	货车帮	1000	贵州	贵阳
外运发展	181.01	49.75	9.02	达达	677.8	–	上海
中储股份	116.15	274.25	0.74	云鸟配送	500	–	北京
嘉诚国际	29.25	7.77	1.02	罗计物流	500	广东	深圳
华鹏飞	24.89	7.07	0.71	人人快递	200	–	北京

共享知识技能

企业名称	市值（亿元）	营业收入（亿元）	净利润（亿元）	企业名称	注册资本（万元）	所属省份	所属城市
新南洋	219.6	15.78	0.96	洗衣通	500	–	上海
凯文教育	42.55	1.57	−0.71	跟谁学	500	–	北京
全通教育	36.08	4.63	0.06	疯狂老师	174	–	上海
高乐股份	24.34	6.65	0.40	在行	173.4	–	北京
中国高科	17.4	0.74	0.30	学两招	110	–	北京

■ 上市企业
■ 非上市企业

注：企业市值为 2018 年 10 月数据，营业收入和净利润为 2018 年前三季度数据。

图 8-2 共享经济价值链全景图

（数据来源：上市企业财报，赛迪顾问，2018 年 12 月）

1. 共享经济上市企业营业收入及净利润保持稳步增长

2018 年前三季度,共享经济上市企业营业收入达到 3947 亿元,如图 8-3(a)所示,同比增长 20.2%;共享经济上市企业净利润达到 533.8 亿元,如图 8-3(b)所示,同比增长 7.9%,营业收入及净利润保持稳步增长。

（a）上市企业营业收入及增长情况　　　　（b）上市企业净利润及增长情况

图 8-3　2014—2018 年中国共享经济上市企业规模及增长

（数据来源：上市企业财报，赛迪顾问整理，2018 年 12 月）

2. 共享金融和共享住宿领域净利率高于其他细分领域

从各细分领域净利率来看,共享金融和共享住宿两个领域排名位于前 2 位,净利率都超过了 20.0%(见图 8-4);共享医疗、共享出行和共享知识技能分别排在第 3 ~ 5 位,净利率都超过 10.0%;共享物流目前净利率水平较低,仅为5.3%。

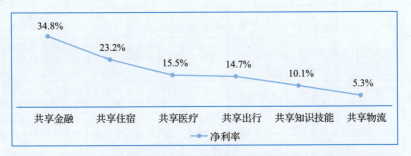

图 8-4　2018 年前三季度中国共享经济各细分领域上市企业净利润率情况

（数据来源：上市企业财报，赛迪顾问整理，2018 年 12 月）

第六节 行业龙头动向

2018 年，共享单车领域企业遇到了一定发展困难，并购倒闭浪潮出现，共享单车企业纷纷采取各种手段应对危机；共享汽车取代共享单车成为共享出行行业新宠，相关投融资事件数量和金额增多。共享金融随着国家监管趋严，行业面临动荡和整合，但总体上来看龙头企业保持了良好的发展态势，依然受到资本市场青睐。共享物流、共享医疗领域龙头企业纷纷在技术、商业模式等方面进行积极探索，发展形势较好。共享知识技能领域得到资本市场的关注，投融资事件数量明显增多。

2018 年中国共享经济行业重大事件如表 8-2 所示。

表 8-2 2018 年中国共享经济行业重大事件

序号	事 件 说 明	事件主体	影响／意义
1	美团收购摩拜	美团、摩拜	美团收购摩拜单车，证明了共享单车行业发展举步维艰，同时也进一步买断了共享单车的独立帝国梦想，让它沦为互联网集团的又一流量进出口
2	TOGO 获得 2600 万美元融资	TOGO	以 TOGO 投资为起点，说明共享汽车开始受到资本市场的追捧，逐步代替共享单车成为新的宠儿
3	摩拜宣布全国范围无门槛免押金	摩拜	在相关部门以及用户的强烈要求下，免押金已经成为未来的趋势。而在免押金之后，对共享单车企业的考验也会加大，也将成为共享单车行业走向成熟的一个标志
4	美团进入网约车市场	美团	美团进入了网约车市场，使得市场短暂地回到了成立之初的"烧钱大战"阶段，对网约车原有的市场格局造成了很大冲击
5	滴滴网约车安全问题备受关注	滴滴	对于新兴的互联网生活方式和平台来说，在抢夺用户的同时，安全问题已经变成了更切实、紧迫的社会问题，也是限制企业行业进一步发展的关键问题
6	街电和来电展开专利战	街电、来电	街电和来电的专利战代表着作为充电宝核心的专利，将会成为共享充电宝之前的下一个竞争看点
7	人人贷累计成交金额突破 500 亿元	人人贷	虽然共享金融（P2P）整个行业发展到达一定瓶颈，但是部分领军企业还是保持了良好的发展态势
8	宜人贷获得高盛提供的 3.24 亿元资金	宜人贷	共享金融企业在拓展机构资金方面取得重大进展，这体现了高盛对共享金融企业的运营能力及发展前景的认可
9	小猪短租全球房源突破 42 万套	小猪短租	共享住宿领军企业（尤其是短租行业）发展形势较好，规模不断扩大，并且业务呈现全球化的发展趋势
10	货车帮与交通运输通信信息集团签署战略协议	货车帮	交信集团同货车帮代表的满帮集团，将优势互补，在数据、投资等领域全面深入合作，共创中国智慧物流新未来
11	ofo 获得 8.66 亿美元融资	ofo	虽然目前共享单车企业倒闭潮开始出现，但是资本市场仍然对共享单车市场未来的发展前景呈现一定的乐观态度
12	摩拜正式进驻墨西哥市场	摩拜	国内共享单车市场日趋激烈，海外市场成为共享单车企业竞争的新蓝海

续表

序号	事件说明	事件主体	影响/意义
13	芒果出行获得数千万人民币融资	芒果出行	共享汽车开始收到资本市场的追捧，逐步代替共享单车成为新的宠儿
14	疯狂老师获B轮融资	疯狂老师	共享知识技能领域开始得到资本市场的关注，投融资事件数量逐步增多
15	玖富金融获得6500万美元投资	玖富金融	共享金融行业虽然面临一定发展困难，但是仍然收到资本市场的青睐
16	人人快送智能调度系统正式上线	人人快送	通过智能调度系统，根据订单情况匹配出最合适的自由人来推送订单，确保能在最短的时间内最大效率地完成调度，将会进一步推动共享物流行业发展
17	ofo宣布成立区块链研究院	ofo	共享单车企业面临发展困境，开始在原有业务之外探索新的业务模式和发展方向
18	卫宁健康助力南宁智慧健康信息工程项目落成	卫宁健康	各地政府积极和共享医疗企业联合推进医疗信息化，相关企业技术水平不断提升，业务范围逐步拓展
19	传化集团与物产中大集团达成战略合作	传化智联	充分利用双方物流供应链优势，融合发展，打通采集、加工、运输、仓储、销售全供应链，打造了共享物流新的发展模式模板
20	新南洋与韩国CDL公司正式拉开合作序幕	新南洋	新南洋与CDL公司通过合作，建立起坚固的战略合作伙伴关系，对公司K12教育培训业务的大力发展有着积极影响

数据来源：相关企业网站公开信息，赛迪顾问整理，2018年12月。

第七节 市场规模预测

在市场需求刺激和国家政策的引导下，共享经济市场仍将处于高速发展期，2018年整体规模将达到5.4万亿元，预计到2021年将达到16.9万亿元（见图8-5），2018—2021年年均复合增长率达32.9%，共享经济规模持续扩大，成为拉动国民经济增长的重要力量。

图8-5 2016—2021年中国共享经济规模及预测

（数据来源：赛迪顾问，2018年12月）

2018 年，共享金融市场规模占比最高，达 80.6%；从 2018 年开始，共享金融占比逐渐下降，预计到 2021 年下降到 53.2%，而共享知识技能、共享医疗和共享物流等占比将不断上升（见图 8-6）。

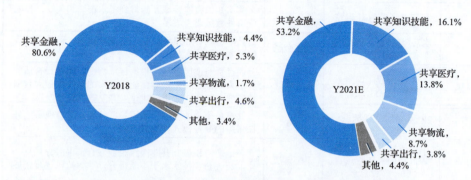

图 8-6 2016—2021 年中国共享经济产品市场结构及预测

（数据来源：赛迪顾问，2018 年 12 月）

第八节 赛道选择建议

1. 共享出行和共享金融领域依然可作为短期投资重点

虽然共享出行市场遇冷，但在未来一到两年，其市场需求依旧旺盛；而共享金融则是未来几年共享经济最大的市场，相关技术和商业模式也将不断成熟。因此，共享出行和共享金融短期内依然可以作为 VC/PE 机构的关注重点。

2. 长期关注共享物流、医疗及知识技能领域投资机遇

从共享经济几个细分领域来看，共享住宿领域商业模式还有待发展成熟；共享出行领域受资本影响，行业发展遇到一定瓶颈；共享金融领域政策监管不断趋严，未来发展受到限制。而共享物流、医疗及知识技能等领域，目前正处于市场上升期，随着用户需求的增长，发展形势较好，未来有望成为新的投资热点。

3．谨慎选择共享充电宝、共享雨伞和篮球等新兴领域

随着共享经济概念的火热，一系列共享产品、共享模式应运而生。共享充电宝、共享雨伞、共享篮球等众多共享产品层出不穷。但从用户需求方面来看，这些共享产品并非是用户刚性需求，可替代性较强，同时商业模式不够清晰，并非打上"共享"的旗号，就会是下一个风口。

2019 年中国共享经济细分领域投资潜力气泡图如图 8-7 所示。

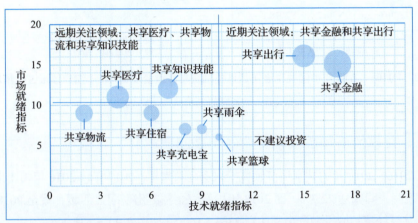

注：(1) 图中各项指标数据依据赛迪顾问产业投资潜力评价指标体系评估而得。
（2）市场就绪指标：0 ～ 3 表示 10 年以上爆发期，3 ～ 6 表示 5 到 10 年爆发期。技术就绪指标数值越大，表示投资潜力越大。

图 8-7　2019 年中国共享经济细分领域投资潜力气泡图

（数据来源：赛迪顾问，2018 年 12 月）

第九节　资本市场动向

一、共享经济领域投融资事件稳中有降

截至 2018 年 10 月，共享经济领域投融资事件为 640 件，基本和 2017 年总体数量持平，但相比 2016 年出现了一定数量的下降，总体来看，近三年的投融资数量基本上呈现出稳中有降的态势，如图 8-8（a）所示。

从细分领域来看，如图 8-8（b）所示，共享知识技能领域投融资数量最多，占比超过 50%，达到 55.5%；共享金融、共享物流、共享出行、共享医疗等领域投融资数量占比排在第 2 ～ 5 位，分别为 18.0%、12.2%、8.3% 和 4.1%；

共享住宿领域投融资数量占比最低，仅为 2.0%。

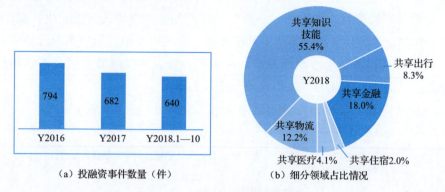

（a）投融资事件数量（件）　　　（b）细分领域占比情况

图 8-8　2016—2018 年中国共享经济领域投融资事件数量及 2018 年细分领域占比情况

（数据来源：赛迪顾问，2018 年 12 月）

二、共享经济领域投融资金额出现回暖

从 2016—2018 年的共享经济领域投融资金额来看，2017 年较 2016 年相比出现了明显下降，降幅达 22.7%，而 2018 年投融资金额则出现明显回暖，截至 2018 年 10 月，共享经济领域投融资金额达到 2363.5 亿元，如图 8-9（a）所示。

从细分领域来看，如图 8-9（b）所示，共享金融领域投融资金额最多，占比超过 50%，达到 57.3%；共享物流、共享知识技能、共享出行、共享住宿等领域投融资金融占比排在第 2～5 位，分别为 16.9%、10.2%、9.6% 和 5.5%；共享医疗领域投融资金融占比最低，仅为 0.5%。

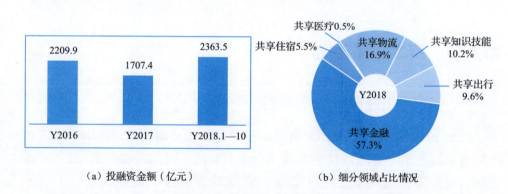

（a）投融资金额（亿元）　　　　（b）细分领域占比情况

图 8-9　2016—2018 中国共享经济领域投融资金额及 2018 年细分领域占比情况

（数据来源：赛迪顾问，2018 年 12 月）

三、Pre-A 轮投融资数量出现明显增多

2018 年，共享经济领域 Pre-A 轮投融资数量为 94 件，同比增长 53 件，实现翻倍增长；其他轮次的投融资数量则均出现一定数量的下降，尤其是 A 轮投融资数量下降明显（见图 8-10）。

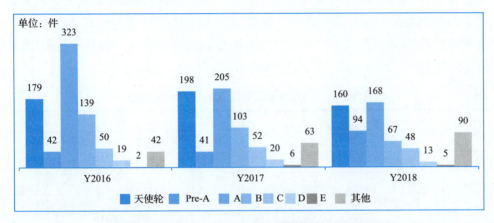

图 8-10　2016—2018 年中国共享经济投融资轮次情况

（数据来源：相关网站公开信息，赛迪顾问整理，2018 年 12 月）

四、沿海发达地区仍是投融资主要区域

从 2016—2018 年的投融资地区分布情况来看（见图 8-11），沿海发达地区仍是共享经济投融资事件发生的主要区域，北京、广东、上海、浙江和江苏等沿海发达地区的投融资数量排在前 5 位，尤其是北京、上海、广东三个地区投融资数量合计占比超过 70%。

图 8-11　2016—2018 年中国共享经济投融资地区分布情况

（数据来源：相关网站公开信息，赛迪顾问整理，2018 年 12 月）

第十节　五十强潜力企业

通过建立评判指标体系，以企业最新投融资额、国家政策、产品竞争力、企业潜力等多项指标为评判标准，采用综合评价的方法，对共享经济企业进行排名对比，评选出 2018 年赛迪共享经济潜力企业 TOP 50（见表 8-3）。其中，共享出行和共享金融领域企业数量排名前二，分别为 15 家和 9 家，占据总体企业数量的 50%；共享知识技能、共享住宿和共享物流企业数量则分别排到 3～5 位。

表 8-3　2018 年赛迪共享经济潜力企业 TOP 50

排名	企业名称	主营业务	排名	企业名称	主营业务
1	滴滴出行	共享出行	24	神州专车	共享出行
2	拍拍贷	共享金融	25	木鸟短租	共享住宿
3	摩拜单车	共享出行	26	量子学派	共享知识技能
4	首汽约车	共享出行	27	学两招	共享知识技能
5	陆金所	共享金融	28	人人贷	共享金融
6	民生易贷	共享金融	29	有利网	共享金融
7	货车帮	共享物流	30	人人快递网	共享物流
8	途家	共享住宿	31	嗨课智能小铺空间	共享知识技能
9	宜人贷	共享金融	32	ARTDNA 艺基因	共享知识技能
10	投之家	共享充电宝	33	罗计物流	共享物流
11	小猪短租	共享金融	34	优办科技	共享办公室
12	棠果旅居	共享住宿	35	丁丁停车	共享出行
13	ofo	共享出行	36	小电	共享充电宝
14	名医主刀	共享医疗	37	怪兽充电	共享充电宝
15	云鸟配送	共享物流	38	洗衣通	共享知识技能
16	BeeFly 蜜蜂出行	共享出行	39	Locals 路客旅行	共享住宿
17	网贷之家	共享金融	40	同住拼房	共享住宿
18	积木盒子	共享金融	41	同和中控	共享医疗
19	箱箱共用	共享物流	42	鹿驻	共享住宿
20	疯狂老师	共享知识技能	43	中移电力	共享充电宝
21	GOFUN 出行	共享出行	44	巴歌出行	共享出行
22	在行	共享知识技能	45	芒果出行	共享出行
23	TOGO 途歌出行	共享出行	46	Less	共享出行

续表

排　名	企业名称	主　营　业　务	排　名	企业名称	主　营　业　务
47	校校单车	共享出行	49	电滴出行	共享出行
48	倍速出行PESU	共享出行	50	猪了个球	共享篮球

注：此次排名不分先后。　　　　　　　　　　数据来源：赛迪顾问，2018年12月。

第九章

物联网

第一节　产业定义或范畴

　　物联网产业是继计算机、互联网与移动通信网之后的又一次信息产业浪潮。主要是通过安装信息传感设备，如射频识别（RFID）装置、红外感应器、全球定位系统、激光扫描器等，将所有的物品都与网络连接在一起，以此实现万物互联。

　　物联网作为一种信息时代的产物，是信息产业领域未来竞争的制高点和产业升级的核心驱动力。通过智能化的方式与农业、工业、物流、电力、交通、医疗、安防、家居等传统产业融合，诞生诸如智慧农业、智能工业、智慧物流、智能医疗、智能安防等产业。发展物联网产业不仅是提升信息产业核心竞争力、推动经济转型升级、增创发展新优势的战略选择，也是改造提升传统产业，促进"两化"融合的重要手段。

第二节　赛迪重大研判

　　（1）目前信息时代正在由移动互联网时代向物联网时代跨越，物联网迎来发展良机。

　　（2）中国物联网产业发展迅速，已成为全球增长新引擎。同时，物联网市场规模也在稳步扩大，2018年整体市场规模增长超过20%，增长态势明显。

　　（3）从企业和产业规模分布来看，环渤海、长三角、珠三角地区仍旧是物联网产业发展的重点地区，产业规模远超中部和西部地区。

（4）从上市企业来看，应用层占据营业收入大部分份额，车联网、智慧医疗等领域利润率远超其他环节。

（5）在非上市企业方面，物联网的100强潜力企业分布于产业链的各个环节，以应用层居多。

（6）从投资来看，NB-IoT、智能家居、智慧城市、车联网等具有较大的市场潜力，建议投资，可重点关注初创型企业。

第三节　产业政策分析

一、产业环境

1．技术研发成果显著，多领域标准建设引领全球

近年来，我国物联网创新成果不断涌现。在通信领域，我国积极引领全球NB-IoT标准及产业发展。在传感器领域，我国传感器市场增长迅猛，本土产业链趋于完备，产业组织模式加速向专业化分工的虚拟IDM模式转移。在MCU领域，我国物联网MCU企业联合下游应用企业，进军可穿戴、智能家居、工业控制等细分领域。在操作系统领域，国内企业纷纷布局新型操作系统，轻量级系统发展较快。

同时，我国在部分物联网国际标准化组织中逐步取得优势。首先，我国企业在物联网无线广域通信网、基于Web技术的物联网服务能力、可穿戴设备、车联网等领域形成了与发达国家共同主导标准制定的态势，共同推进了全球移动物联基础设施和业务应用的发展。其次，我国在物联网语义、物联网大数据、物联网网关等重要领域主导相关标准的制定上取得优势。

2．智慧城市强劲驱动，工业转型需求将持续释放

随着全球范围内智慧城市建设持续升温，物联网作为其核心基础要素，在各领域应用规模不断扩大。此外，未来随着传统产业智能升级、规模化消费兴起，物联网应用需求将进一步释放。制造业成为"十三五"时期我国物联网的重要应用领域之一，近几年，工信部启动年度智能制造试点示范项目，已设立上百个示范项目。2016年8月，工信部、国家发展改革委、科技部、财政部四部门联合发布《智能制造工程实施指南（2016—2020年）》，明确财

税金融支持。此外，各地方加强智能制造规划实施，目前已有 21 个省份出台对接政策。

3．行业应用逐渐成熟，通用物联网技术平台的出现促进产业发展

物联网的创新是应用集成性的创新，创新一种技术成熟、服务完善、产品类型众多、应用界面友好的应用，需要由设备提供商、技术方案商、运营商、服务商共同协作来完成。随着产业的成熟，支持不同设备接口、不同互联协议、可集成多种服务的共性技术平台将是物联网产业发展成熟的标志。物联网时代，移动设备、嵌入式设备、互联网服务平台将成为主流。当前，随着行业应用的逐渐成熟，有一批大的公共平台、共性技术平台涌现，平台将会大大促进产业的发展。未来，无论终端生产商、网络运营商、软件制造商、系统集成商、应用服务商，都需要在新一轮的竞争中寻找各自的重新定位。

二、政策导向

1．国家多个部委出台政策，物联网应用是重点支持对象

国家历来高度重视物联网产业的发展，自 2009 年起陆续出台了一系列产业政策和规划，从近期密集出台的政策来看，都与下游应用有关，包括智慧城市、车联网、智能制造等。政策出台的微观化，预示下游相关领域已到爆发前夜。工信部办公厅在 2017 年 6 月发布了《关于全面推进移动物联网（NB-IoT）建设发展的通知》，提出加强 NB-IoT 标准与技术研究、推广 NB-IoT 在细分领域的应用、优化 NB-IoT 应用政策环境的要求。为了深入贯彻落实习近平新时代中国特色社会主义思想，落实新发展理念，深入实施"互联网＋流通"行动计划，国务院办公厅在 2018 年 1 月和 4 月先后发布《关于推进电子商务与快递物流协同发展的意见》《关于促进"互联网＋医疗健康"发展的意见》，对于物联网在下游的具体应用具有重大指导意义。

2016—2018 年国家部委出台的物联网产业主要政策如表 9-1 所示。

表 9-1　2016—2018 年国家部委出台的物联网产业主要政策

颁布时间	颁布主体	政　策　名　称	支持对象	相　关　内　容
2016.05	国务院	《关于深化制造业与互联网融合发展的指导意见》	制造业、互联网	明确指出了制造业的发展目标以及物联网与行业融合发展的要求
2016.11	国务院	《"十三五"国家战略性新兴产业发展规划》	新兴产业、物联网、云计算、人工智能	实施网络战略强国，推动物联网、云计算和人工智能等技术向各行业全面渗透，构建新一代信息技术产业体系
2016.12	国务院	《"十三五"国家信息化规划》	大数据、互联网+、前沿技术	明确提出物联网感知设备的规划布局与在城市建设中的应用
2017.06	工信部	《关于全面推进移动物联网（NB-IoT）建设发展的通知》	物联网研究与创新、规模应用体系、应用政策环境	推进物联网（NB-IoT）的建设，提出了发展任务
2017.11	工信部	《关于第五代移动通信系统使用频段相关事宜的通知》	5G 系统	以规划 3300 ～ 3600MHz 和 4800 ～ 5000MHz 频段作为 5G 系统的工作频段
2018.01	国务院办公厅	《关于推进电子商务与快递物流协同发展的意见》	电子商务、快递物流	鼓励深入实施"互联网+流通"行动计划，提高电子商务与快递物流协同发展水平
2018.04	国务院办公厅	《关于促进"互联网+医疗健康"发展的意见》	互联网+、医疗健康	鼓励积极发展"互联网+医疗健康"，创新服务模式，提高效率，降低成本

数据来源：相关部门网站公开信息，赛迪顾问整理，2018 年 12 月。

2．地方政府支持政策频出，一二线城市成为集中地

各地方政府也积极创造有利于物联网产业发展的环境，以多层次、全方位的政策措施推动地方物联网发展。一是加强统筹协调，一二线城市依托科技、信息、资金、人才等资源，成立专项小组推进物联网产业发展。二是加大财税政策支持，各地方政府积极争取国家、省、市财政资金对物联网项目的支持，设立地方物联网产业发展专项资金。三是鼓励拓宽投融资渠道，如成都等城市制定政策支持物联网企业的债券融资和上市融资，并对成功融资的企业给予资金奖励。四是重点支持物联网科技攻关，各地方政府积极推动联合实验室等创新载体发展，加快创新公共服务体系建设。五是加强人才培养，物联网专项人才成为各地方政府人才战略的重要对象。

地方政府出台的物联网相关政策如表 9-2 所示。

表 9-2　地方政府出台的物联网相关政策

颁布时间	颁布主体	政 策 名 称	支持对象	相 关 内 容
2012.08	无锡市人民政府	《无锡国家传感网创新示范区发展规划纲要（2012—2020年）》	技术创新、产业集群、应用示范	依托无锡市在物联网领域的技术、应用和产业基础，建设无锡国家传感网创新示范区。在无锡建成一批战略性信息基础设施，建成新一代宽带网络、国家级超级计算机中心等
2014.12	重庆市人民政府办公厅	《重庆市加快物联网产业发展行动计划》	技术研发、行业示范应用、运营平台建设	突破一批核心技术，实施一批示范应用工程，引进培育一批骨干企业，同时达到硬件制造、软件开发和运营服务"三位一体"同步发展，将重庆打造成具有国际竞争力的物联网产业高地
2015.06	宁波市人民政府	《宁波市人民政府关于加快发展智能装备产业的实施意见》	智能装备制造	到2020年，把宁波打造成智能产业发展的先行区、长三角智能装备生产及服务等产业基地，以及国家重要的基于物联网等应用的示范区
2016.02	上海市人民政府	《上海市推进"互联网+"行动实施意见》	互联网＋创新	提出了互联网重要的应用场景与应用领域，推动上海产业升级
2016.08	深圳市人民政府办公厅	《深圳市信息化发展"十三五"规划》	信息化体系	到2020年，建成国际一流的信息基础设施，通过信息化和大数据应用，成为重点信息通信节点和重要的国际信息港
2016.09	杭州市经济和信息化委员会	《杭州市物联网产业发展"十三五"规划》	产业集聚、技术创新、示范应用	规划中提出了提升关键核心技术，形成标准一体的产业体系，同时到2020年物联网的产业规模位居全国前列，建成全国物联网产业中心

数据来源：相关部门网站公开信息，赛迪顾问整理，2018年12月。

第四节　产业链全景图

物联网产业主要集中在四个层面，即感知层、传输层、平台层、应用层。物联网产业链全景图如图 9-1 所示。

物联网主要包括感知层、传输层、平台层和应用层四个层次，感知层主要由硬件部分组成，包括光学镜头、光学元件、传感器、光电探测设备、二维码、RFID、智能仪表、导航定位、摄像机和芯片。传输层作为纽带连接着感知层和平台层，通过通信设备、系统建设及运维服务、光电器件、通信模块等媒介，把感知到的信息无障碍、高可靠性、高安全性地传输到平台层。平台层通过基础软件和云平台能够对感知层采集到的数据信息进行计算、处理和知识挖掘，从而实现对物理世界的实时控制、精确管理和科学决策，同时能够保证信息的安全性。丰富的应用是物联网的最终目标，主要体现为政府公共管理服务、行业智能应用和大众消费三方面，例如：在政府公共管理服务方面具体应用到智慧水务、应急安全、智慧气象、智慧政务、智慧城市、智能交通、智慧校园等方面；在行业智能应用方面体现在智慧电力、智慧物流、渔联网、智能制造、智慧农业、智慧建筑、金融支付等领域；在大众消费方面主要体现在智能家居、智慧社区、车联网、智慧医疗领域。

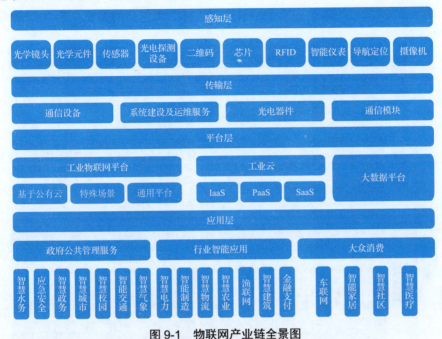

图 9-1　物联网产业链全景图

（数据来源：赛迪顾问，2018 年 12 月）

第五节　价值链及创新

物联网价值链全景图如图 9-2 所示。

1．物联网上市企业营收和净利润保持高速增长态势

物联网产业涉及环节较多，上市企业也较多。2018 年前三季度物联网上市企业营业收入达到 33807 万亿元，增长态势明显，如图 9-3（a）所示；上市企业净利润达到 4276 万亿元，近几年也处于快速增长态势，如图 9-3（b）所示。2014—2018 年中国物联网各细分领域上市企业收入结构情况如图 9-4 所示。

2．车联网、智慧医疗领域利润率远高于其他细分领域

从 2014—2018 年前三季度，物联网各细分领域上市企业利润率来看（见

图 9-5），排名最高的是车联网，利润率达到 19.5%；排名 2 ~ 5 位的分别是：智慧医疗、信息安全、光学元件、云平台，利润率分别为 16.1%、15.6%、12.9%、12.5%。从整体来看，应用层利润率普遍偏高，而光电器件、导航定位、通信模块厂商变化不大，利润率排名最后三位，整体利润率在 7.0% ~ 8.0%。

感知层

产品	企业名称	市值（亿元）	营业收入（亿元）	净利润（亿元）	产品	企业名称	市值（亿元）	营业收入（亿元）	净利润（亿元）
传感器	歌尔声学	245.3	154.5	8.4	RFID	航天信息	436.8	231.1	15.6
传感器	紫光国微	202.6	17.1	2.9	RFID	科陆电子	70.8	29.8	0.3
传感器	航天时代	164.8	90.8	3.7	RFID	优博讯	50.5	6.9	1.1
传感器	士兰微	124.0	22.1	0.8	导航定位	北斗星通	110.9	21.8	0.6
传感器	通鼎光电	104.8	33.3	4.7	导航定位	华力创通	48.1	4.1	0.5

传输层

产品	企业名称	市值（亿元）	营业收入（亿元）	净利润（亿元）	产品	企业名称	市值（亿元）	营业收入（亿元）	净利润（亿元）
通信设备	中兴通讯	876.3	587.7	-73.1	光电器件	光迅科技	176.0	36.6	2.5
通信设备	烽火通讯	342.8	173.7	6.8	光电器件	日海通讯	65.0	26.8	1.1
通信设备	中天科技	245.0	236.6	16.4	光电器件	新海宜	64.2	2.8	1.1
通信设备	亿联网络	215.5	13.2	6.6	通信模块	高新兴	111.2	25.5	3.9
通信设备	东山精密	212.1	134.1	6.8	通信模块	深科技	92.0	126.1	4.6

平台层

产品	企业名称	市值（亿元）	营业收入（亿元）	净利润（亿元）	产品	企业名称	市值（亿元）	营业收入（亿元）	净利润（亿元）
信息安全	启明星辰	191.8	13.0	1.1	云平台	用友网络	468.6	45.5	2.8
信息安全	东软集团	140.4	42.6	-0.2	云平台	深信服	342.7	20.6	3.1
信息安全	易华录	97.8	19.1	1.3	云平台	荣科技	20.5	3.7	0.1
信息安全	绿盟科技	75.2	6.7	-0.4	基础软件	国电南瑞	837.0	171.6	24.5
信息安全	北信源	48.9	3.1	0.3	基础软件	浙江大华	409.5	150.3	15.8

应用层

产品	企业名称	市值（亿元）	营业收入（亿元）	净利润（亿元）	产品	企业名称	市值（亿元）	营业收入（亿元）	净利润（亿元）
智能安防	海康威视	2627.9	338.0	73.5	智慧物流	德邦股份	179.0	160.5	4.6
智能安防	盈趣科技	222.9	20.2	6.0	智慧物流	安通控股	103.6	73.5	5.1
智能安防	星网锐捷	103.5	61.9	6.0	智慧物流	皖江物流	97.2	79.3	4.2
智能安防	网力科技	87.6	13.6	1.9	智慧物流	海峡航运	94.0	8.2	2.1
智能安防	科达科技	68.3	105.6	4.6	智慧物流	华贸物流	58.0	68.6	2.7

产品	企业名称	市值（亿元）	营业收入（亿元）	净利润（亿元）	产品	企业名称	市值（亿元）	营业收入（亿元）	净利润（亿元）
智慧医疗	鱼跃医疗	195.5	31.8	6.5	车联网	均胜电子	219.8	394.2	12.2
智慧医疗	卫宁健康	194.8	9.3	1.7	车联网	四维图新	200.0	15.2	1.6
智慧医疗	创业软件	81.1	8.0	1.2	车联网	宝信软件	186.9	38.4	5.5
智慧医疗	银江股份	45.7	15.2	0.1	车联网	中科创达	95.7	9.0	1.0
智慧医疗	九安医疗	26.1	4.1	-0.8	车联网	全志科技	77.2	10.3	1.4

产品	企业名称	市值（亿元）	营业收入（亿元）	净利润（亿元）	产品	企业名称	市值（亿元）	营业收入（亿元）	净利润（亿元）
智能工业	上汽集团	2929.7	6747.4	381.7	智能工业	广汽集团	1077.3	535.1	98.9
智能工业	美的集团	2657.9	2074.1	190.9	智能工业	京东方	974.4	694.6	29.7
智能工业	中国中车	2565.7	1353.7	86.9	智能工业	青岛海尔	917.7	1381.4	78.3
智能工业	格力电器	2246.3	1500.5	212.4	智能工业	中国核电	835.9	281.6	70.2
智能工业	比亚迪	1580.4	889.8	21.5	智能工业	上海电气	751.0	699.1	39.7

注：企业市值为 2018 年 12 月数据，营业收入和净利润为 2018 年前三季度数据。

图 9-2　物联网价值链全景图

（数据来源：上市企业财报，赛迪顾问，2018 年 12 月）

（a）上市企业营业收入及同比增长情况

（b）上市企业净利润及同比增长情况

图 9-3　2014—2018 年中国物联网上市企业规模及增长

（数据来源：上市企业财报，赛迪顾问整理，2018 年 12 月）

图 9-4　2014—2018 年中国物联网各细分领域上市企业收入结构情况

（数据来源：赛迪顾问，2018 年 12 月）

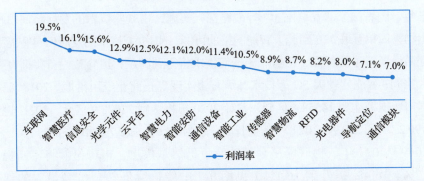

图 9-5　2014—2018 年前三季度中国物联网各细分领域上市企业平均利润率情况

（数据来源：赛迪顾问，2018 年 12 月）

第六节　行业龙头动向

2018 年，物联网领域的龙头企业主要动向有两个方面：一是热衷于并购产业上下游的企业，完善企业自身实力，合理的企业并购，能够激发全产业链的协同效应，提高企业整体运行效率和扩大企业的规模效应，进而促进企业利润的增长。二是企业除了在并购方面有重大行动外，也做出了与其他企业签署战略合作协议的举措。2018 年中国物联网行业重大事件如表 9-3 所示。

表 9-3　2018 年中国物联网行业重大事件

序号	事件说明	事件主体	影响／意义
1	阿里巴巴 95 亿美元收购饿了么	阿里巴巴	阿里巴巴和饿了么希望通过移动支付、在线商品、到店手机点单、外卖点单、口碑智慧餐厅等互联网技术产品，全面加速推进本地生活市场的数字化进程，为商家升级"新零售"打下基础
2	海康威视与美的集团签署战略合作协议	海康威视、美的	通过合作，双方将共同致力于不断提高产品的科技含量，推动智慧家庭＋智能制造升级，将制造与生活的实践推向全新高度，实现跨行业深度合作，为用户带来更美好的生活体验
3	上汽集团与中国移动达成战略合作，力促智能网联技术升级	上汽集团、中国移动	双方将共同探索未来在 5G 通信网络、智能网联汽车、智能交通系统（ITS）服务平台、车内娱乐、海外资源协同、工业互联网等领域的研究和应用
4	京东方与国家开发银行签订开发性金融合作协议	京东方	国家开发银行将积极支持京东方在显示和传感器件、智慧系统、健康服务等领域发展，以及相关核心及前沿技术研发

数据来源：赛迪顾问，2018 年 12 月。

第七节　市场规模预测

2018 年，物联网市场增长依旧明显，全年增长率达到 24.1%（见图 9-6）。预计未来三年，随着国家"互联网＋"等战略深入实施，物联网技术的发展将使得行业具备由物物简单互联扩充到庞大智能网络的可能。NB-IoT 技术的发展使得智能手环等可穿戴设备对于能耗低、覆盖广的通信需求将得到满足，可穿戴设备将拥有更广的接入空间；智能驾驶因 5G 等技术升级有望实现真正商业应用落地。2018 年国内物联网市场规模达到 14558.4 亿元，预计 2020 年将达到 22078.9 亿元，2021 年将达到 27190.2 亿元；2019—2021 年的增长率分别为 23.6%、22.7% 和 23.2%。

2019—2021 年，物联网平台层的竞争仍然是焦点，市场份额将不断提高，从 15.7%、16.4% 提升到 16.1%（见图 9-7）；传输层仍然是份额最大的部分，维持在 32% 左右；增长最快的是感知层，特别是随着传感器等核心技术的发展，感知层的发展速度将更快，2019—2021 年份额分别为 19.3%、19.5%、19.4%。

图 9-6　2016—2021 年中国物联网市场规模及预测

（数据来源：赛迪顾问，2018 年 12 月）

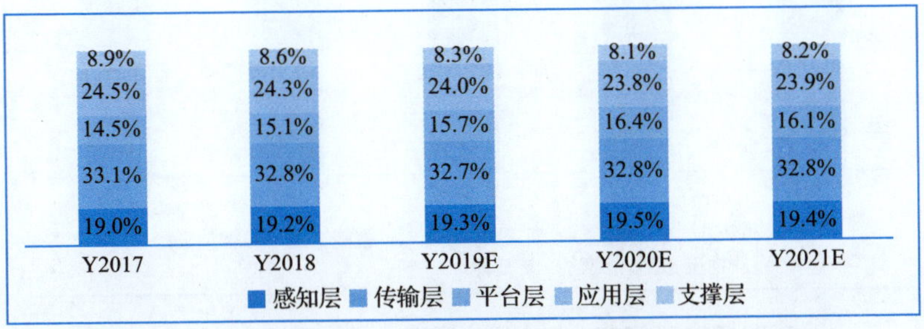

图 9-7　2017—2021 年中国物联网市场层级结构及预测

（数据来源：赛迪顾问，2018 年 12 月）

　　在产品形式方面，2019—2021 年，物联网的发展重点将向客户和服务发展，因此服务所占的市场份额提升最快，预计 2019 年将达到 19.5%，至 2020 年将超过 20%（见图 9-8）；硬件所占份额最大，2019—2021 年将分别达到 51.7%、51.3%、51.5%；软件部分基本稳定，变化不大。

图 9-8　2017—2021 年中国物联网市场产品结构及预测

（数据来源：赛迪顾问，2018 年 12 月）

在应用行业方面，2019—2021 年，物联网最大的增长潜力来源于工业，伴随着国家持续推行"工业互联网"战略，预计到 2021 年智能工业占比将会由 2017 年的 20.3% 快速提高到 24.5%（见图 9-9）；另一个增长较快的是智能安防，伴随着人民生活水平的提高和对安全的不断重视，市场份额预计在 2021 年将会达到 16.0%；随着服务业的发展，智慧物流的份额也将稳步提升，2019—2021 年占比将分别达到 13.4%、13.6%、13.5%。其他行业基本处于稳步提升态势。

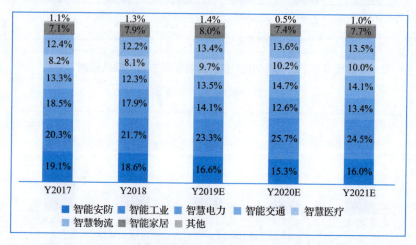

图 9-9　2017—2021 年中国物联网市场应用行业结构及预测

（数据来源：赛迪顾问，2018 年 12 月）

第八节　赛道选择建议

（1）NB-IoT、智能家居、智慧城市、车联网等具有较大的市场潜力，建议投资。

（2）物联网硬件、物联网软件、智慧医疗、智能工业市场潜力巨大，但是物联网硬件、物联网软件技术较为成熟，投资潜力不大；而智慧医疗、智能工业目前技术仍不成熟，未来增长点很多，可重点关注初创型企业。

（3）云平台市场潜力较大，目前面临解决方案不够完善、技术不成熟等问题，投资需要谨慎。

（4）智慧农业等传统领域相对变化不大，未来增长潜力有限，不建议投资。

2019 年中国物联网细分领域投资潜力气泡图如图 9-10 所示。

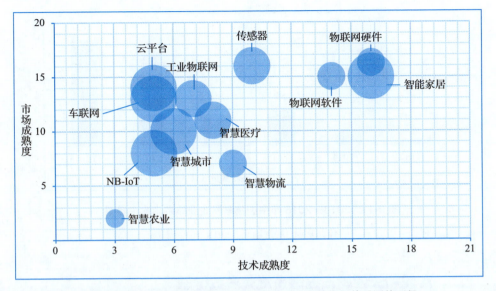

注:(1)图中各项指标数据依据赛迪顾问产业投资潜力评价指标体系评估而得。

(2)市场成熟度:数值越大,市场越成熟;技术成熟度:数值越大,投资潜力越大。

图 9-10　2019 年中国物联网细分领域投资潜力气泡图

(数据来源:赛迪顾问,2018 年 12 月)

第九节　资本市场动向

一、物联网产业投融资数量增长明显

物联网正在快速发展,国内物联网创新创业如火如荼,互联网巨头纷纷布局,投资公司也显得非常活跃,从物联网感知、传输、平台和应用全产业链环节,加速了物联网创新企业的专业化、产业化及商业化进程。

2016—2018 年,物联网的投融资事件增长非常明显。如图 9-11 所示,2016 年全年为 42 件,但是 2017 年增加到 112 件,2018 年增加到 163 件。预测未来几年,物联网领域投融资事件数量仍将会有较大的增长。

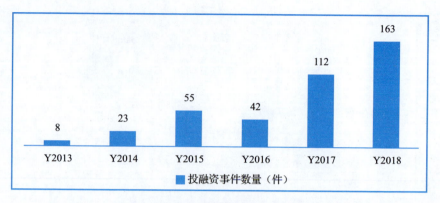

图 9-11 2013—2018 年中国物联网企业投融资事件数量

（数据来源：赛迪顾问，2018 年 12 月）

二、A 轮和天使轮占据融资绝大多数份额

从融资轮次看，A 轮、天使轮居多，只有少数企业迈入 C 轮，如图 9-12 所示；天使轮和 A 轮企业虽然数量众多，但也存在被淘汰的风险，只有为数不多的企业成功进入 B 轮、C 轮、D 轮、IPO 融资阶段，与所有的 IT 科技行业一样，物联网行业投资风险较高，创业成功的企业仍是少数。真正在物联网领域投资中获利的投资机构也将会是少数。

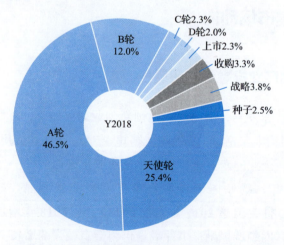

图 9-12 2018 年物联网创业企业融资轮次占比情况

（数据来源：赛迪顾问，2018 年 12 月）

三、产业链两端最容易得到融资者青睐

物联网产业链上游感知层的成本曲线决定了物联网产业的门槛高低和普及程度，下游应用层的市场接受度与受欢迎程度决定了物联网的商业价值与投资热度。产业链上下游均有很高的议价能力，而产业中游处于夹心层，既受制于上游硬件成本，又受制于下游的客户需求，议价能力偏弱，价值波动较大。因此，物联网产业链上、下游环节更能得到资本的青睐。2018 年物联网各环节融资份额如图 9-13 所示。

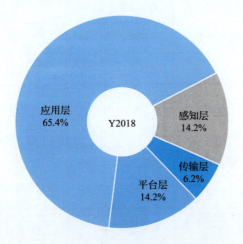

图 9-13　2018 年物联网各环节融资份额

（数据来源：赛迪顾问，2018 年 12 月）

第十节　百强潜力企业

根据物联网产业目前的发展现状，结合产业链结构和布局，通过跟踪物联网业内企业的发展状况，主要通过企业产品、技术实力、未来增长、企业潜力、注册资金、政府支持等多个维度对比，评选出 2018 年赛迪物联网潜力企业 TOP 100 榜单，具体如表 9-4 所示。

表 9-4　2018 年赛迪物联网潜力企业 TOP 100 榜单

排名	企 业 名 称	主营业务	排名	企 业 名 称	主营业务
1	广州海格通信集团股份有限公司	导航定位	4	北京京粮物流股份有限公司	智能物流
2	中国普天信息产业股份有限公司	系统建设及运营服务	5	安得智联科技股份有限公司	智能物流
3	佳都新太科技股份有限公司	智能安防	6	中兴软创科技股份有限公司	RFID

排名	企 业 名 称	主营业务	排名	企 业 名 称	主营业务
7	中星电子股份有限公司	智能安防	29	深圳市万佳安物联科技股份有限公司	智能安防
8	湖南一力股份有限公司	智慧物流	30	深圳市银河风云网络系统股份有限公司	智能家居
9	平安健康互联网股份有限公司	智慧医疗	31	上海新虹维信息科技股份有限公司	RFID
10	日海智能科技股份有限公司	通信模块	32	福建福特科光电股份有限公司	光学元件
11	福建八方物流股份有限公司	智慧物流	33	上海悠络客电子科技股份有限公司	智能安防
12	华瑞物流股份有限公司	智慧物流	34	福建新大陆通信股份有限公司	基础软件
13	中导光电设备股份有限公司	光电探测设备	35	深圳市麦驰物联股份有限公司	智能安防
14	深圳市创维群欣安防科技股份有限公司	智能安防	36	南京波长光电科技股份有限公司	光学元件
15	杭州智诺科技股份有限公司	智能安防	37	普元信息技术股份有限公司	基础软件
16	北京远特科技股份有限公司	车联网	38	深圳市赛格导航科技股份有限公司	车联网
17	重庆斯欧信息技术股份有限公司	基础软件	39	深圳市中瀛鑫科技股份有限公司	智能安防
18	广州市晶华精密光学股份有限公司	光学元件	40	深圳昌恩智能股份有限公司	智能安防
19	浙江富春江光电科技股份有限公司	通信设备	41	镇江加勒智慧电力科技股份有限公司	智慧电力
20	TCL 商用信息科技（惠州）股份有限公司	智能安防	42	达升物流股份有限公司	智慧物流
21	中控智慧科技股份有限公司	智能安防	43	杭州美思特智能科技股份有限公司	RFID
22	沧州运输集团股份有限公司	智慧物流	44	江苏宇迪光学股份有限公司	光学元件
23	上海京颐科技股份有限公司	智慧医疗	45	广州长视科技股份有限公司	智能安防
24	北京圣博润高新技术股份有限公司	信息安全	46	苏州中德宏泰电子科技股份有限公司	智能安防
25	盛视科技股份有限公司	智能安防	47	浙江蓝特光学股份有限公司	光学元件
26	威海北洋电气集团股份有限公司	RFID	48	深圳市联嘉祥科技股份有限公司	智能安防
27	山东省互联网传媒集团股份有限公司	云平台	49	武汉微创光电股份有限公司	智能安防
28	东莞市宇瞳光学科技股份有限公司	智能安防	50	广东美电贝尔科技集团股份有限公司	智能安防

续表

排名	企业名称	主营业务	排名	企业名称	主营业务
51	网神信息技术（北京）股份有限公司	信息安全	73	北京华海医信（集团）股份有限公司	智慧医疗
52	上海图聚智能科技股份有限公司	导航定位	74	厦门骐俊物联科技股份有限公司	通信模块
53	上海英内物联网科技股份有限公司	RFID	75	浙江华途信息安全技术股份有限公司	信息安全
54	北京声讯电子股份有限公司	智能安防	76	厦门信升达物联科技股份有限公司	RFID
55	虎符智能科技股份有限公司	智能家居	77	南京聚立科技股份有限公司	智能安防
56	中苏科技股份有限公司	智慧农业	78	温州华邦安全封条股份有限公司	RFID
57	广东力田科技股份有限公司	智慧电力	79	重庆微标科技股份有限公司	RFID
58	厦门英诺尔电子科技股份有限公司	RFID	80	南阳凯鑫光电股份有限公司	光学元件
59	上海移远通信技术股份有限公司	通信模块	81	上海信隆行信息科技股份有限公司	云平台
60	深圳市有方科技股份有限公司	通信模块	82	深圳市普天宜通技术股份有限公司	智能安防
61	深圳市远行科技股份有限公司	基础软件	83	惠州市天泽盈丰物联网科技股份有限公司	RFID
62	慧锐通智能科技股份有限公司	智能安防	84	深圳先施科技股份有限公司	RFID
63	科海电子股份有限公司	智能安防	85	深圳市群晖智能科技股份有限公司	光学镜头
64	四川格纳斯光电科技股份有限公司	光学元件	86	浙江钧普科技股份有限公司	RFID
65	深圳市朗尼科股份有限公司	智能安防	87	南阳格瑞光电科技股份有限公司	光学元件
66	北京天一众合科技股份有限公司	RFID	88	上海伟钊光学科技股份有限公司	光学元件
67	深圳市维冠视界科技股份有限公司	智能安防	89	浙江信网真科技股份有限公司	信息安全
68	麦克传感器股份有限公司	传感器	90	北京思必拓科技股份有限公司	RFID
69	上海司南卫星导航技术股份有限公司	导航定位	91	深圳中科讯联科技股份有限公司	RFID
70	珠海太川云社区技术股份有限公司	智能安防	92	北京慧网通达科技股份有限公司	RFID
71	合肥嘉东光学股份有限公司	光学元件	93	上海安达通信息安全技术股份有限公司	信息安全
72	南京茂莱光学科技股份有限公司	光学元件	94	精华隆智慧感知科技（深圳）股份有限公司	智能安防

续表

排名	企 业 名 称	主营业务	排名	企 业 名 称	主营业务
95	重庆奥根科技股份有限公司	光学镜头	98	北京芯联创展电子技术股份有限公司	RFID
96	山东亿能光学仪器股份有限公司	光学镜头	99	上海孔诚物联网科技股份有限公司	RFID
97	福建省华大数码科技股份有限公司	智能安防	100	北京探感科技股份有限公司	RFID

注：此次排名不分先后。　　　　　　　　　　　数据来源：赛迪顾问，2018 年 12 月。

第十章

窄带物联网

第一节　产业定义或范畴

窄带物联网产业是指围绕窄带物联网技术（NB-IoT）的基础理论、关键零组件、系统、平台以及针对 NB-IoT 技术相关产品和服务的研发、生产、销售等一系列经济活动的集合。

第二节　赛迪重大研判

（1）通信芯片厂商将成为窄带物联网全产业链最新引擎，带动窄带物联网进入规模化发展阶段。

（2）NB-IoT 重点企业主要分布在东部沿海地区，长三角和珠三角地区是 NB-IoT 重点企业数量最多的聚集区。

（3）NB-IoT 主要集中在四个层面，即通信芯片层、模组及设备层、运营服务层和终端应用层。通信芯片层是 NB-IoT 产业的基础与核心，芯片厂商将进一步加大研发力度，扩大规模；模组及设备层在芯片厂商和运营商的共同推动下，成本将快速下降，经济性需求开始出现。

（4）从投资潜力来看，公共事业、车联网、智能门锁、智能家居领域值得关注。

第三节　产业政策分析

一、产业环境

1．技术标准的冻结，将直接促进 NB-IoT 产业发展

NB-IoT 技术标准最早在 2014 年 5 月被提出，当时，在 GERAN 工作组立项研究项目（Study Item）的同时，华为提出新空口 NB M2M，并提出了整体框架，包括需求和工作假设。2015 年 5 月，NB M2M 方案和 NB-OFDM 方案进一步融合成为 NB-CIoT。最终在 2016 年 6 月 3GPP 釜山会议上宣布 NB-IoT 标准冻结，成为国际统一标准的运营商级物联网标准。NB-IoT 标准的统一，驱动了万亿元市场的迅速爆发，推动了 NB-IoT 产业链上各产业环节的成熟发展。

2．应用场景日趋成熟，为构建 NB-IoT 产业生态提供了有利条件

终端应用企业广泛加入 NB-IoT 的产业竞争中，扩大自身技术和产品应用范围。包括智慧城市、智能交通、智能表计、智慧水务、可穿戴智能设备、智能制造、智能建筑、智能商圈、智能安防、智能家居和智慧农业等，将为 NB-IoT 的产业发展提供更加广阔的市场空间，为构建产业生态提供了更加有利的条件。

3．NB-IoT 网络和信息安全保障体系日趋健全，安全保护能力不断提升

工信部办公厅 2017 年 6 月下发的《关于全面推进移动物联网（NB-IoT）建设发展的通知》中明确提出要推行建立 NB-IoT 网络安全管理机制，明确运营企业、产品和服务提供商等不同主体的安全责任和义务，加强 NB-IoT 设备管理；要建立覆盖感知层、传输层和应用层的网络安全体系。建立健全相关机制、加强用户信息、个人隐私和重要数据保护，为 NB-IoT 网络和信息安全保障体系日趋健全，优化应用政策环境创造了可持续发展条件。

二、政策导向

1．政策助力 NB-IoT 在基础设施、试点示范、平台与应用等方面持续发展

自 NB-IoT 技术协议获得 3GPP 无线接入网（RAM）技术规范组会议通过以来，我国出台了一系列政策推动 NB-IoT 网络部署和拓展应用，助力 NB-IoT

产业持续创新和有序发展。工信部 2016 年 12 月下发的《信息通信行业发展规划（2016—2020 年）》中提到要建设完善 NB-IoT 基础设施，实现在城市运行管理和重点行业的规模应用；要完善支持 NB-IoT 的全国性网络，升级改造无线、核心网络及配套网管运维系统，在全国范围内形成有效覆盖；要实现 NB-IoT 在智慧城市、重点行业等规模应用，研究设立 NB-IoT 应用示范工程，对典型应用与创新给予适当支持，探索业务模式，推动产业链成熟。

2. 国务院发文指出要加快推进物联网基础设施建设，发展物联网应用

国务院 2017 年 8 月下发的《关于进一步扩大和升级信息消费持续释放内需潜力的指导意见》中提出要加快推进物联网基础设施部署；统筹发展工业互联网，开展工业互联网产业推进试点示范。在 2017 年 3 月的《政府工作报告》中提出要加快大数据、云计算、物联网应用。

3. 工信部为加强 NB-IoT 建设发展，尽快商用，在基站建设、频率和号段上加紧规划落实

工信部办公厅 2017 年 6 月下发的《关于全面推进移动物联网（NB-IoT）建设发展的通知》，从政府层面表示了对以 NB-IoT 为代表的移动物联网产业的大力支持。到 2020 年，我国 NB-IoT 基站规模要达到 150 万个，实现对于全国的普遍覆盖以及深度覆盖，NB-IoT 的连接总数要超过 6 亿个。另外，2017 年 6 月，工信部正式明确 NB-IoT 网络可运行于 GSM 系统的 800MHz 频段和 900MHz 频段、FDD-LTE 系统的 1800MHz 频段和 2100MHz 频段。

中国窄带物联网产业主要政策如表 10-1 所示。

表 10-1　中国窄带物联网产业主要政策

颁布时间	颁布主体	政策名称	支持对象	相关内容
2017.08	国务院	《关于进一步扩大和升级信息消费持续释放内需潜力的指导意见》	物联网	加快推进物联网基础设施部署，统筹发展工业互联网，开展工业互联网产业推进试点示范
2017.06	工信部	《工信部公告 2017 年第 27 号》	NB-IoT	（1）频率方面 在不影响现有业务运行的前提下，运营商可以使用已分配的 GSM 或 FDD 方式的 IMT 系统频段来部署 NB-IoT，在频率配置方式上，运营商可根据需要选择带内工作模式、保护带工作模式或者独立工作模式。 （2）射频技术指标方面 对 NB-IoT 系统宏基站射频技术指标进行规范，并明确终端射频技术指标参照相关行业标准。

续表

颁布时间	颁布主体	政策名称	支持对象	相关内容
2017.06	工信部	《工信部公告2017 年第 27 号》	NB-IoT	（3）基站管理方面 明确了建设 NB-IoT 基站须取得无线电台执照，同时对 800MHz、900MHz、1800MHz 和 2100MHz 频段 NB-IoT 系统基站的设置提出了具体要求
2017.06	工信部办公厅	《关于全面推进移动物联网（NB-IoT）建设发展的通知》	NB-IoT	（1）建设 NB-IoT 基础设施 建设低功耗、广覆盖、强连接移动物联网（NB-IoT）基础设施，推广 NB-IoT 技术应用，有助于推进网络强国和制造强国建设，促进"大众创业、万众创新"和"互联网+"发展。 （2）推广 NB-IoT 细分行业发展 加快 NB-IoT 标准、芯片、模组、设备、应用以及网络在国内的发展，打造完整产业体系； 推广 NB-IoT 在细分领域的应用，逐步形成规模应用体系； 优化 NB-IoT 应用政策环境，创造可持续发展条件
2017.05	工信部国资委	《关于实施深入推进提速降费、促进实体经济发展 2017 专项行动的意见》	NB-IoT	加快窄带物联网（NB-IoT）商用进程
2016.12	工信部	《信息通信行业发展规划（2016—2020 年）》	物联网NB-IoT	建设完善窄带物联网基础设施，实现在城市运行管理和重点行业的规模应用

数据来源：相关部门网站公开信息，赛迪顾问整理，2018 年 12 月。

第四节　产业链全景图

NB-IoT 产业主要集中在四个层面，即通信芯片层、模组及设备层、运营服务层和终端应用层（见图 10-1）。

通信芯片层：是 NB-IoT 产业的基础与核心，主要包括研发、设计、制造和封测。

模组及设备层：位于 NB-IoT 产业链的上游，主要包括功能定制、硬件设计、硬件集成和软件开发。

运营服务层：位于 NB-IoT 产业链的中游，是推动产业发展的重要力量，主要包括网络搭建、客户服务和专用平台。

终端应用层：主要包括智慧城市、智能交通、智能表计、智能水务、智能穿戴、智能制造、智能建筑、智能物流、智慧商圈、智能安防、智能家居和智慧农业 12 个典型应用。

图 10-1　NB-IoT 产业链全景图

（数据来源：赛迪顾问，2018 年 12 月）

第五节　价值链及创新

从 NB-IoT 价值链全景图来看（见图 10-2），运营服务是中国 NB-IoT 价值链的核心，营业收入均在千亿元级别以上，其中，中国移动 2018 年前三季度营业收入为 5877.48 亿元，净利润为 986.13 亿元，营收净利率高达 16.8%；中国电信 2018 年前三季度营业收入为 2849.71 亿元，净利润为 191.31 亿元，营收净利率为 6.7%；中国联通 2018 年前三季度营业收入为 2197.12 亿元，净利润为 88.28 亿元，营收净利率为 4.01%。其次是终端应用和模组及设备。

1．NB-IoT 营业收入及净利润保持增长

2018 年前三季度 NB-IoT 上市企业营业收入达到 1.54 万亿元，已超过 2017 年全年营业收入，如图 10-3（a）所示；NB-IoT 上市企业净利润达到 1523 亿元，是 2017 年全年净利润的 1.1 倍，如图 10-3（b）所示。NB-IoT 营业收入及净利润均保持增长态势。

2．运营服务占据中国 NB-IoT 产业主要战场

从中国 NB-IoT 产业细分领域结果来看，运营服务占据中国 NB-IoT 产业主要战场，比例稳定在 90% 以上，其次是终端应用，比例维持在 6% ～ 8%，

模组及设备和通信芯片两者差距不大，而从近 5 年的变化趋势来看基本保持稳定态势（见图 10-4）。

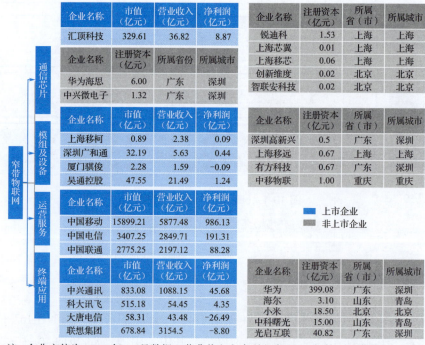

企业名称	市值（亿元）	营业收入（亿元）	净利润（亿元）
汇顶科技	329.61	36.82	8.87

企业名称	注册资本（亿元）	所属省份	所属城市
华为海思	6.00	广东	深圳
中兴微电子	1.32	广东	深圳

企业名称	市值（亿元）	营业收入（亿元）	净利润（亿元）
上海移柯	0.89	2.38	0.09
深圳广和通	32.19	5.63	0.44
厦门骐俊	2.28	1.59	-0.09
吴通控股	47.55	21.49	1.24

企业名称	市值（亿元）	营业收入（亿元）	净利润（亿元）
中国移动	15899.21	5877.48	986.13
中国电信	3407.25	2849.71	191.31
中国联通	2775.25	2197.12	88.28

企业名称	市值（亿元）	营业收入（亿元）	净利润（亿元）
中兴通讯	833.08	1088.15	45.68
科大讯飞	515.18	54.45	4.35
大唐电信	58.31	43.48	-26.49
联想集团	678.84	3154.5	-8.80

企业名称	注册资本（亿元）	所属省（市）	所属城市
锐迪科	1.53	上海	上海
上海芯翼	0.01	上海	上海
上海移芯	0.06	上海	上海
创新维度	0.02	北京	北京
智联安科技	0.02	北京	北京

企业名称	注册资本（亿元）	所属省（市）	所属城市
深圳高新兴	0.5	广东	深圳
上海移远	0.67	上海	上海
有方科技	0.67	广东	深圳
中移物联	1.00	重庆	重庆

企业名称	注册资本（亿元）	所属省（市）	所属城市
华为	399.08	广东	深圳
海尔	3.10	山东	青岛
小米	18.50	北京	北京
中科曙光	15.00	山东	青岛
光启互联	40.82	广东	深圳

■ 上市企业
■ 非上市企业

注：企业市值为 2018 年 12 月数据，营业收入和净利润为 2018 年前三季度数据。

图 10-2　NB-IoT 价值链全景图

（数据来源：上市企业财报，赛迪顾问，视野金服，2018 年 12 月）

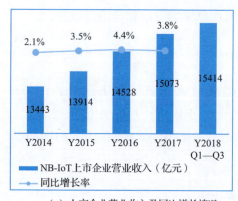

（a）上市企业营业收入及同比增长情况

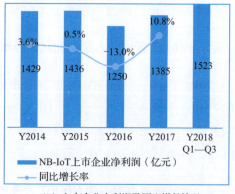

（b）上市企业净利润及同比增长情况

图 10-3　2014—2018 年中国 NB-IoT 上市企业规模及增长情况

（数据来源：赛迪顾问，2018 年 12 月）

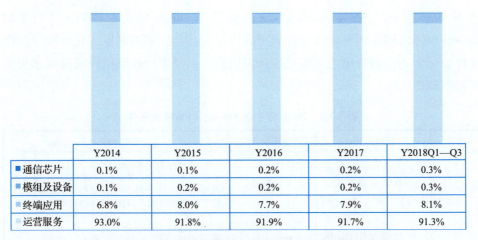

	Y2014	Y2015	Y2016	Y2017	Y2018Q1—Q3
■ 通信芯片	0.1%	0.1%	0.2%	0.2%	0.3%
■ 模组及设备	0.1%	0.2%	0.2%	0.2%	0.3%
■ 终端应用	6.8%	8.0%	7.7%	7.9%	8.1%
■ 运营服务	93.0%	91.8%	91.9%	91.7%	91.3%

图 10-4　2014—2018 年中国 NB-IoT 产业细分领域结构情况

（数据来源：赛迪顾问，2018 年 12 月）

3．通信芯片领域净利率远高于其他细分领域

从各细分领域上市企业净利率来看，截至 2018 年第三季度，通信芯片领域排名第一，净利率达到了 24.09%，其次是运营服务领域，净利率为 8.55%，终端应用和模组及设备相当，净利率维持在 5% ～ 7%（见图 10-5）。

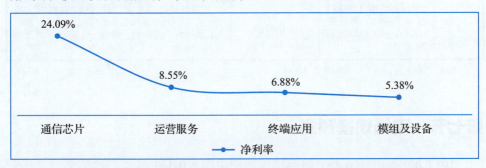

图 10-5　2018 年前三季度中国 NB-IoT 各细分领域上市企业净利率情况

（数据来源：赛迪顾问，2018 年 12 月）

第六节　行业龙头动向

2018 年，NB-IoT 领域的龙头企业热衷于并购产业上下游企业、联盟认证和产品研发，从而完善自身企业实力。2018 年中国 NB-IoT 行业重大事件

如表 10-2 所示，其中，汇顶科技完成德国 CommSolid 企业并购，移柯通信 LYNQ 模组入库中国移动，吴通集团成为中国移动物联网联盟"认证级"合作伙伴，华为为墨西哥电力系统搭建神经网络，以及中国移动携自研模组率先实现模组降价。

表 10-2　2018 年中国 NB-IoT 行业重大事件

序号	事件说明	事件主体	影响／意义
1	汇顶科技并购德国半导体蜂窝 IP 提供商 CommSolid	汇顶科技	汇顶科技整合 CommSolid 公司超低功耗移动无线系带技术，加速公司在 NB-IoT 领域的战略布局，为全球客户提供蜂窝物联网系统级芯片解决方案，开拓 NB-IoT 市场
2	移柯通信 LYNQ 模组入库中国移动	移柯通信	移柯通信 LYNQ 模组入库中国移动，成为移动物联网 OneNET 认证伙伴，将为更多合作伙伴带来更多高品质的物联网模组和服务
3	吴通集团成为中国移动物联网联盟"认证级"合作伙伴（OCP）	吴通集团	吴通集团与中移物联网有限公司签订 OneNET 认证合作伙伴（OCP）协议，集团加入中国移动物联网联盟的 OneNET 合作伙伴计划
4	华为 eLTE-IoT 为墨西哥电力系统搭建强大神经网络	华为	华为 eLTE 优化了抄表的及时性、安全性，降低了各项维护费用。尽管 900MHz 上的无线发射功率受到限制，eLTE-IoT 可以使用 88 个站点，无缝覆盖墨西哥城
5	中国移动携自研模组品牌 OneMO 率先将 NB-IoT 模组价格降至 20 元以内	中国移动	中国移动对外公布三款自研 NB 模组大幅降价，首次将 NB 模组价格降至 19.5 元。NB-IoT 模组价格的降低，将进一步带动下游终端应用的爆发

数据来源：赛迪顾问，2018 年 12 月。

第七节　市场规模预测

2017 年是中国 NB-IoT 商用试用年，中国 NB-IoT 受宏观政策环境、运营商和终端应用等众多利好因素的影响，全年市场规模已达到了 7.5 亿元，增速高达 45.1%（见图 10-6）。目前，由于中国 NB-IoT 受通信芯片研发技术和模组成本等因素的限制，2018 年中国 NB-IoT 市场规模增速有所放缓，到 2019 年中国 NB-IoT 市场将进入持续增长阶段，增速高达 55.5%。预计到 2020 年，中国 NB-IoT 将迎来市场爆发期，市场规模将达到 49.9 亿元，增长率高达 238.1%。

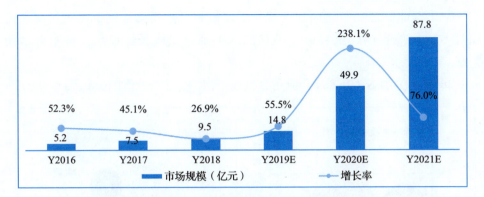

图 10-6　2016—2021 年中国 NB-IoT 市场规模及预测

（数据来源：赛迪顾问，2018 年 12 月）

从市场结构来看（见图 10-7），通信芯片技术的不断成熟和模组成本的持续降低，将进一步推动中国 NB-IoT 市场向着规模化发展，终端应用的市场份额将持续扩大。预计到 2021 年，终端应用市场规模将占据整个中国 NB-IoT 市场一半以上的份额。

图 10-7　2016—2021 年中国 NB-IoT 市场结构及预测

（数据来源：赛迪顾问，2018 年 12 月）

第八节　赛道选择建议

（1）智慧城市、智能门锁、智能家居在短期内将持续投资热度爬升，建议重点关注。

（2）智慧农业与资产追踪相关领域在众多潜力领域中市场成熟度较高，随着技术的不断积累将脱颖而出。

（3）智能制造、智慧医疗、智能零售等领域应用落地情况视市场成熟度和技术成熟度影响，虽目前市场和技术不足，但成长性很高，资本可远期关注。

2018 年中国 NB-IoT 细分应用领域投资潜力气泡图如图 10-8 所示。

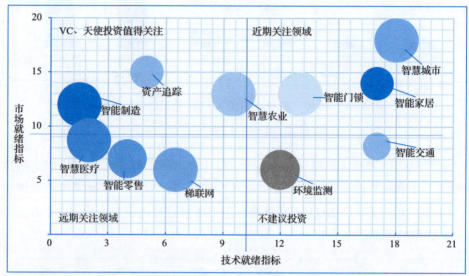

注：（1）图中各项指标数据依据赛迪顾问产业投资潜力评价指标体系评估而得。
（2）市场就绪指标：数值越大，表示市场越成熟。技术就绪指标：数值越大，表示投资潜力越大。

图 10-8　2018 年中国 NB-IoT 细分应用领域投资潜力气泡图

（数据来源：赛迪顾问，2018 年 12 月）

第九节　资本市场动向

一、中国 NB-IoT 产业投融资数量持续上升

从 2016—2018 年近三年的投融资数量来看，基本上呈现出逐年增长的态势，如图 10-9（a）所示。从细分领域来看，终端应用、模组及设备领域投融资数量最多，分别达到 45.0% 和 23.8%，如图 10-9（b）所示。

二、中国 NB-IoT 产业投融资金额呈现大幅增长态势

从 2016—2018 年近三年的投融资金额来看，基本上呈现出逐年上涨的态

势，尤其是 2018 年投融资金额大幅上涨，截至 2018 年 11 月已经是 2017 年全年的 2 倍多，如图 10-10（a）所示。从细分领域来看，运营服务和终端应用领域投融资金额最多，如图 10-10（b）所示。

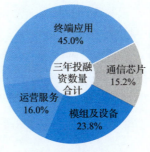

（a）投融资数量(件)　　　　　　　（b）细分领域占比情况

图 10-9　2016—2018 年中国 NB-IoT 领域投融资事件数量及细分领域占比情况

（数据来源：赛迪顾问，2018 年 12 月）

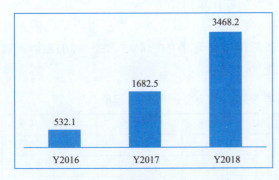

（a）投融资金额（亿元）　　　　　　（b）细分领域占比情况

图 10-10　2016—2018 年中国 NB-IoT 领域投融资金额及细分领域占比情况

（数据来源：赛迪顾问，2018 年 12 月）

三、广东省是中国 NB-IoT 投融资主要区域

从 2016—2018 年近三年的投融资发生区域来看，广东、上海和北京投融资事件数量排在前三位（见图 10-11），2018 年，投融资案例主要集中在广东，数量为 24 件，其次是上海和江苏，分别为 10 件和 6 件。

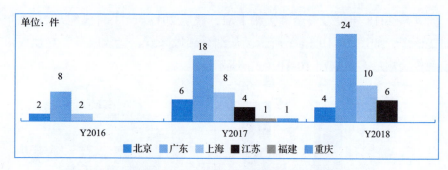

图 10-11　2016—2018 年中国 NB-IoT 投融资地区分布情况

（数据来源：赛迪顾问，2018 年 12 月）

第十节　五十强潜力企业

赛迪顾问遵循系统性、客观性、科学性、可操作性和可比性 5 个基本原则，确定了 2018 年 NB-IoT 最具企业潜力综合评定指标体系，共包含一级指标 5 个，二级指标 16 个，基本涵盖了企业综合竞争力所包含的内容，用以说明各企业在运营状况、产品竞争力、技术创新等各个环节的智能化水平。2018 年赛迪 NB-IoT 潜力企业 TOP 50 榜单如表 10-3 所示。

表 10-3　2018 年赛迪 NB-IoT 潜力企业 TOP 50 榜单

排名	企业名称	主营业务	排名	企业名称	主营业务
通信芯片			8	宽翼通信	模组及设备
1	海思半导体	通信芯片	9	小瑞科技	模组及设备
2	锐迪科	通信芯片	10	中怡数宽	模组及设备
3	中兴微电子	通信芯片	11	信位通讯	模组及设备
4	智联安科技	通信芯片	12	上海移芯	模组及设备
5	创新维度	通信芯片	13	上海稳恒	模组及设备
模组及设备			14	深圳美格	模组及设备
1	中移物联	模组及设备	15	上海芯翼	模组及设备
2	有方科技	模组及设备	16	长飞	模组及设备
3	上海移远	模组及设备	17	新华三	模组及设备
4	联想懂的	模组及设备	18	瑞斯康达	模组及设备
5	龙尚科技	模组及设备	终端应用		
6	深圳高新兴	模组及设备	1	光启互联	终端应用
7	芯讯通	模组及设备	2	小米	终端应用

续表

排名	企业名称	主营业务	排名	企业名称	主营业务
3	中科曙光	终端应用	1	华为	行业解决方案
4	矽力杰	终端应用	2	诺基亚贝尔	行业解决方案
5	海尔	终端应用	3	亨通光电	行业解决方案
6	宁波水表	终端应用	4	梆梆安全	行业解决方案
7	北斗七星	终端应用	5	中国铁塔	行业解决方案
8	好帮手	终端应用	6	物联传感	行业解决方案
9	江苏亨鑫	终端应用	7	远望谷	行业解决方案
10	中科遥感	终端应用	8	江苏俊知	行业解决方案
11	大疆	终端应用	9	新大陆	行业解决方案
12	古北电子	终端应用	10	农业科技	行业解决方案
13	飞利浦照明	终端应用	11	虹信通信	行业解决方案
14	三川智慧	终端应用	12	优尼斯	行业解决方案
物联网行业解决方案			13	蜂联智能	行业解决方案

注：此次排名不分先后。　　　　　　　　　　数据来源：赛迪顾问，2018 年 12 月。

第十一章

自动驾驶

第一节 产业定义或范畴

根据国际自动机工程师学会（SAE）和美国国家公路交通安全管理局（NHTSA）对自动驾驶技术的定义，随着智能汽车的智能化程度的提升，可将自动驾驶划分为无自动化、辅助驾驶、部分自动化、有条件自动化、高度自动化、完全自动化六个阶段（见表 11-1），SAE 将其划分为五个阶段，NHTSA 将其总结为四个阶段。赛迪顾问认为，自动驾驶覆盖 L1 ~ L5 阶段，包括系统辅助驾驶及系统自动驾驶；无人驾驶指的是汽车能够在限定环境乃至全部环境下完成全部的驾驶任务，包括 L3 ~ L5 阶段；辅助驾驶则是指由机器协助人类驾驶员进行驾驶操作，包括车道保持、自动泊车、刹车和行车辅助等。目前，自动驾驶技术仍普遍处于低级别智能化阶段，市面上汽车自动驾驶功能的实现多依赖于先进辅助驾驶系统（Advanced Driver Assistant Systems，ADAS）协助驾驶员进行驾驶操作。因此，自动驾驶产业实际包含 ADAS 和完全无人驾驶两大部分，产品形式主要体现为 ADAS。

表 11-1 汽车智能化等级划分标准

NHTSA	SAE	名　　称	具体定义
L0	L0	无自动化	由人来操作汽车，可以得到保护系统辅助和警示
L1	L1	辅助驾驶	通过驾驶环境分析，可以对转向盘和速度其中一项进行支援控制，其他驾驶操作都由人操作

NHTSA	SAE	名　　称	具 体 定 义
L2	L2	部分自动化	对转向盘和速度多项操作提供支援控制
L3	L3	有条件自动化	由自动驾驶系统完成所有驾驶操作，根据系统请求，人只提供适当操作
L4	L4	高度自动化	在限定道路和环境条件下，由无人驾驶系统完成所有驾驶操作。根据系统请求，人不一定需要对所有请求做出回应
L4	L5	完全自动化	在所有的道路、环境条件，由无人驾驶系统完成所有驾驶操作

数据来源：相关机构网站公开信息，赛迪顾问整理，2018 年 12 月。

第二节　赛迪重大研判

（1）中国自动驾驶综合技术水平有望在 2020 年进入 L2 ~ L3 阶段，于 2025 年之前得到大规模普及，并实现 L3 级别自动驾驶的完全商业化。

（2）单车智能和车路协同将深度融合，电动汽车和自动驾驶互为推动力，整车设计一体化将是大势所趋。

（3）未来汽车 ADAS 配备将趋于普及，中国 ADAS 市场将继续保持高速增长，预计在 2020 年将达到近 900 亿元的市场规模。

（4）互联网科技企业跨界进军汽车行业，推进整个产业发展开放化、扁平化，产业链层级弱化，产业链结构从链式向圈层化转变，加快了企业间的合作互通，在不断打破传统的商业模式的同时，也将催生新的商业机会和组织形态，促进更多商业蓝海的出现。

（5）汽车产业链结构的变化和细分环节之间的重组会在上下游之间建立新的融合方式，将对整个产业链价值分配产生显著影响，企业利润将沿着产业价值链进行再分配，逐渐从整车制造向共享出行、硬件运营、保险维修等后市场环节转移。

（6）从投资策略来看，建议由"硬"向"软"演进，短期内重点关注传感器等"硬"领域，长期则提前布局人工智能算法等"软"领域。

第三节　产业政策分析

一、产业环境

1．商用车 ADAS 的强制安装将加速自动驾驶行业发展

相比于乘用车，客车、货车等商用车因其体积大、盲区多、制动差、载人或载货量巨大、长途驾驶员容易疲惫等多种原因成为重大交通事故高发主体，有着强烈的安全需求。安装 ADAS 可以监测驾驶员状态、提供预警功能甚至进行有效干预，将更好地保证行车安全，降低交通事故发生率。2017 年 3 月，交通运输部发布的《营运客车安全技术条件》中明确要求车长 9m 以上营运客车加装 LDWS（车道偏离预警系统）、FCWS（前向碰撞预警系统）等 ADAS 产品。随着国家相关政策的陆续出台及技术突破带来的成本下降，过去商用车 ADAS 无人购买的窘境将得以改善，同时使得保险公司、车辆运营商等开始加大对商用车 ADAS 市场的关注，商用车 ADAS 市场有望迎来爆发式增长。

2．自动驾驶领域投资持续升温且项目多集中于早期

中国自动驾驶领域投融资持续走热，互联网三大巨头 BAT（百度、阿里巴巴和腾讯）都在加码自动驾驶，不仅投资了自动驾驶领域内的相关企业，同时也在开展自主研发，如百度的 Apollo、阿里巴巴的 AliOS 以及腾讯的 AI in Car。整体来看，目前自动驾驶领域的企业融资阶段大多处于天使轮和 A 轮，初创企业融入资本多用于技术研发和人才引进，项目呈现出单笔融资金额大的特点。市场正处于发展初期，存在着较大的看涨空间。

3．人工智能和 5G 为自动驾驶提供强大助推力

人工智能（AI）技术的快速发展，为汽车行业带来了新的驱动力，加速了车辆的智能化进程，使得自动驾驶逐渐成为可能。而 5G 技术的突破更是为自动驾驶发展提供了强大的助推力。AI 包括算法、计算能力和数据三大要素，目前市面上的算法多为深度学习算法，计算能力的实现依托于 GPU、FPGA 等高性能计算芯片，数据则来源于具体应用场景下的海量信息。对于自动驾驶而言，AI 被应用于感知和决策环节，深度学习算法的长足发展使得汽车愈加智能化，可以实现精准感知、推断预测、高精定位、路径规划等行为。目前的 4G 网络

仅能满足汽车共享状态更新的要求，尚不足以应对汽车自动驾驶的海量信息传输要求，而 5G 通信技术则可以满足联网自动驾驶汽车对高数据带宽和低延迟的需求，5G 网络的普及将极大地推动自动驾驶进程。

二、政策导向

1．国家和各地方政府政策频出，推动我国自动驾驶实现标准化和自主化

为推进中国汽车产业的转型升级，国家和各地方政府已出台多项政策和规划。利好政策和相关标准的落地将加速智能网联汽车产业发展，推动中国自动驾驶实现标准化和自主化。从 2015 年国务院将自动驾驶作为汽车产业未来转型升级的重要方向起，近几年国家持续重视发展智能网联汽车，工信部等各有关部委积极推进各项相关政策的出台（见表 11-2）。

表 11-2　中国自动驾驶相关政策

颁布时间	颁布主体	政策名称	支持对象	相关内容
2017.04	工信部、国家发展改革委	《汽车产业中长期发展规划》	新能源汽车、智能网联汽车	加强自动驾驶系统核心技术攻关
2017.12	工信部	《促进新一代人工智能产业发展三年行动计划（2018—2020 年）》	智能网联汽车	支持自动驾驶操作系统发展
2017.12	工信部、国家标准化管理委员会	《国家车联网产业标准体系建设指南（智能网联汽车）》	车联网、智能网联汽车	分阶段实现低级别到高级别的自动驾驶目标
2018.04	工信部、公安部、交通运输部	《智能网联汽车道路测试管理规范（试行）》	智能网联汽车	制定公共道路自动驾驶测试的总则、测试管理、交通违法和事故处理、附则等
2018.06	工信部、国家标准化管理委员会	《国家车联网产业标准体系建设指南（总体要求）》等系列文件	车联网、信息通信、电子产品与服务	加紧研制自动驾驶及先进辅助驾驶系统（Advanced Driver Assistant Systems，ADAS）相关标准

数据来源：相关机构网站公开信息，赛迪顾问整理，2018 年 12 月。

2．各省市陆续开放道路测试，助力自动驾驶突破技术瓶颈

2017 年 12 月 18 日，北京发布中国首个自动驾驶路测细则，意味着国内自动驾驶依法路测的开始，告别以前的"黑跑"时代，也无须再长途跋涉远赴美国加州等地测试，新规在引导行业有序发展的同时，也尽可能地减少了安全风险、促进技术回流。之后，全国其他城市也相继出台自动驾驶路测法规，截至 2018 年 10 月，共

有北京、保定、上海、重庆、深圳等 14 个地区及江苏和浙江 2 个省发布了自动驾驶道路测试相关法律法规。数据是自动驾驶算法的命门所在，公开路测的合法化将产生大量优质数据，帮助自动驾驶技术突破测试数据瓶颈，推动我国智能网联汽车快速发展。自动驾驶道路测试地区统计如表 11-3 所示。

表 11-3 自动驾驶道路测试地区统计

发布地区	政策名称	牌照发放情况
北京市	《北京市关于加快推进自动驾驶车辆道路测试有关工作的指导意见（试行）》 《北京市自动驾驶车辆道路测试管理实施细则（试行）》 《北京市自动驾驶车辆道路测试能力评估内容与方法（试行）》 《北京市自动驾驶车辆封闭测试场地技术要求（试行）》	百度、蔚来汽车、北汽新能源、戴姆勒集团、小马智行、腾讯、滴滴
上海市	《上海市智能网联汽车道路测试管理方法（试行）》	上汽、蔚来汽车、宝马
重庆市	《重庆市自动驾驶道路测试管理实施细则（试行）》	长安、百度、一汽、吉利、广汽、东风、北汽福田
天津市	《天津市智能网联汽车道路测试管理方法（试行）》	—
江苏省	《江苏省智能网联汽车道路测试管理细则（试行）（征求意见稿）》	—
浙江省	《浙江省自动驾驶汽车道路测试管理办法（试行）》	—
保定市	《保定市人民政府关于做好自动驾驶车辆道路测试工作的指导意见》	—
福建平潭县	《平潭综合实验区自动驾驶汽车道路测试管理办法(试行)》	百度、金龙客车
长沙市	《长沙市智能网联汽车道路测试管理实施细则（试行）》	—
长春市	《长春市智能网联汽车道路测试管理办法（试行）》	一汽
广州市南沙区	《广州市南沙区关于智能网联汽车道路测试有关工作的指导意见（试行）》	—
肇庆市	《肇庆市人民政府关于加快推进肇庆市自动驾驶车辆道路测试有关工作的指导意见》 《肇庆市自动驾驶车辆道路测试管理实施细则（试行）》	—
深圳市	《深圳市关于贯彻落实〈智能网联汽车道路测试管理规范（试行）〉的实施意见》	腾讯
广州市	《广州市关于智能网联汽车道路测试有关工作的指导意见（征求意见稿）》	—
杭州市	《杭州市智能网联车辆道路测试管理实施细则（试行）》	阿里巴巴
济南市	《济南市智能网联汽车道路测试管理办法（试行）》	—

数据来源：相关部门网站公开信息，赛迪顾问整理，2018 年 12 月。

第四节 产业链全景图

自动驾驶产业包括汽车感知、决策系统、车辆控制、车联网通信四大产业链环节。

自动驾驶产业链全景图如图 11-1 所示。

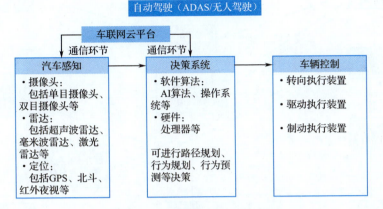

图 11-1　自动驾驶产业链全景图

（数据来源：赛迪顾问，2018 年 12 月）

汽车感知：包括基于车身的摄像头、雷达和基于外部协同的高精度定位等，实现车辆对外界的多维感知功能。

决策系统：主要由硬件及软件算法组成，通过对传感器收集的信息进行处理，同时可以结合车联网云平台提供的支撑信息进行分析，做出行为决策。

车辆控制：主要由转向执行器、驱动执行装置和制动执行装置等构成，一旦接收到决策系统发出的指令便可完成对应动作。

车联网通信：主要由车联网云平台及车辆与外界通信环节组成，车联网云平台可以通过通信环节实现对车辆的支撑。

第五节　价值链及创新

随着智能化、网联化技术的发展，传统的汽车产业链向下游延伸，同时产业链结构的变化和细分环节之间的重组会在上下游之间建立新的触达方式（见图 11-2），将对整个产业链价值分配产生显著影响。伴随汽车产品由出行工具向出行服务转型，终端消费者行为多样化对产业价值的影响更加凸显，利润将沿着产业价值链进行再分配，很大一部分利润将从整车制造向运营服务转移，能够直接接触终端消费者的企业占据明显的竞争优势，能够通过运营模式等方面的创新获得更高的利润。

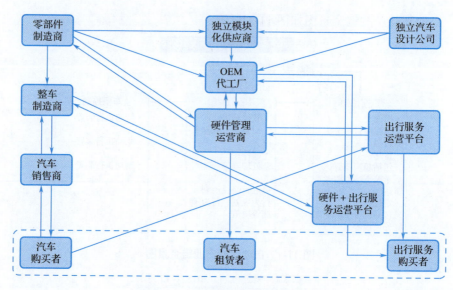

图 11-2　产业链环节间的触达方式

（数据来源：赛迪顾问 2018 年 12 月）

自动驾驶价值链全景图如图 11-3 所示。

1．传统整车企业营业收入保持高速增长

2018 年上半年，从营业收入角度来看，A 股整车类上市公司半年累计实现营收 7925.96 亿元，同比增长 12.88%。22 家企业 2018 年上半年累计实现净利润 409.79 亿元，同比增长约 1.4%，行业销售净利率约为 5.21%，较上年同期下降约 0.58 个百分点。由于自动驾驶的技术含量极高，车企发展自动驾驶必然伴随着大量的研发投入。受益于营业收入的快速增长，传统整车企业能够持续加大对技术研发的资金投入，有望在未来自动驾驶市场中占据主导地位。以广汽为例，不仅专门成立智能网联中心，而且投入 450 亿元建设广汽智联新能源汽车产业园。目前，广汽已基本实现 L2 级自动驾驶技术的量产，包括自适应巡航系统、前撞预警系统、车道偏离预警系统、全景泊车等功能，并将于 2019 年实现 L3 级自动驾驶系统的量产上市。

2018 年上半年中国自主品牌车企销量 TOP 10 如图 11-4 所示。

传统车企

企业名称	市值(亿元)	营业收入(亿元)	净利润(亿元)	企业名称	市值(亿元)	营业收入(亿元)	净利润(亿元)
上汽	2889.32	6631.65	276.72	比亚迪	1544.13	889.81	15.27
长安	273.23	498.52	11.63	广汽	161.16	711.44	98.91
吉利	1314.79	537.09	67.36	长城	426.24	179.66	38.59

新兴车企

企业名称	注册资金(亿元)	估值(亿元)	城市/省份	企业名称	注册资金(亿元)	估值(亿元)	城市/省份
蔚来	赴美上市	64亿美元	上海	云度	9	50	福建
威马	50	200+	温州	拜腾	3	60+	南京
小鹏	6.5	250	广州	奇点	1	180+	北京

ADAS

企业名称	市值(亿元)	营业收入(亿元)	净利润(亿元)	企业名称	注册资金(万元)	估值(万元)	城市/省份
启迪国际	7.67	2.25	-0.56(亿港币)	Minieye	221.54		深圳
德赛西威	107.14	40.61	3.38	Maxieye	117.6469		上海
				极目智能	500		武汉

零部件

企业名称	市值(亿元)	营业收入(亿元)	净利润(亿元)	企业名称	注册资金(万元)	估值(万元)	城市/省份
亚太股份	34.89	29.10	0.35	经纬恒润	7671.72		北京
四维图新	200.35	15.23	2.91	行易道	513.51		北京
海康威视	2531.04	338.03	73.96	禾赛科技	4287.42		上海

综合类

企业名称	市值(亿元)	营业收入(亿元)	净利润(亿元)	企业名称	注册资金(万元)	估值(亿元)	城市/省份
百度	642.00	282.03	124.00	滴滴	1000	5560.64	北京
阿里巴巴	4528.06(亿美元)	851.48	287.18	华为	399.1亿	41704.8	深圳
腾讯	30407.72	805.95	234.05				

场景运营

企业名称	注册资金(亿元)	估值(亿元)	城市/省份	企业名称	注册资金(万元)	估值(亿元)	城市/省份
Pony.ai	1	60+	北京	图森未来	100	18	北京
Roadstar.ai	139.58万	30	深圳	智行者	1279.38	10	北京
Momenta	1.8	60+	北京	驭势科技	1033.7	5	北京

自动驾驶 → 整车(传统车企、新兴车企)；系统(ADAS、零部件)；解决方案(综合类、场景运营)

上市企业　非上市企业

注：上市企业数据多更新至 2018 年 9 月，其中，吉利汽车及启迪国际更新至 2018 年 6 月。

图 11-3　自动驾驶价值链全景图

（数据来源：上市企业财报及公开资料，赛迪顾问整理，2018 年 12 月）

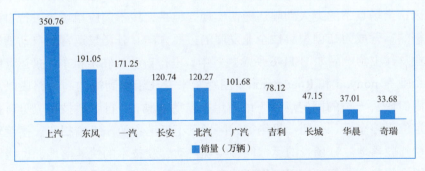

图 11-4　2018 年上半年中国自主品牌车企销量 TOP 10

（数据来源：中国汽车工业协会，赛迪顾问整理，2018 年 12 月）

2. 造车新势力快速壮大且估值高企

自 2015 年蔚来、前途、乐视、威马等造车新势力集中涌现以来，国内共崛起近 60 家造车新势力，2014—2018 年部分造车新势力累计融资情况如图 11-5 所示。新兴车企多数具有互联网基因，往往具备极强的资本运作能力，资金实力雄厚。行业内 15 家主流企业共发生融资活动 120 多笔，总金额超过 1200 亿元，算上身处海外的法拉第未来，中国造车新势力总融资规模已经超过 1500 亿元。其中，蔚来汽车已经成功赴美上市，IPO 定价为每股 6.25 美元，估值高达 64 亿美元，紧随其后的威马汽车、小鹏汽车等估值均在 200 亿元以上。

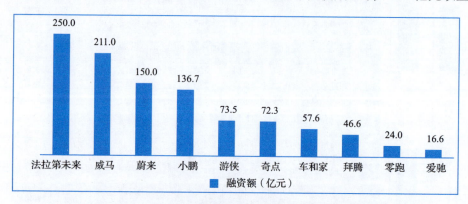

图 11-5　2014—2018 年部分造车新势力累计融资情况

（数据来源：赛迪顾问，2018 年 12 月）

3. 按运营场景进行自动驾驶落地的科技公司发展迅猛

由于传感器、算法等技术成本较高以及相关监管法律法规及标准尚不成熟等原因，全场景下的无人驾驶还无法实现。但是，按不同应用场景进行自动驾驶车辆的运营成为初创型科技企业发展的重要方向。分场景运营的自动驾驶初创企业及其主营产品如图 11-6 所示。其中，进行自动驾驶出租车场景运营的代表性企业有 pony.ai 和 Roadstar.ai；图森未来专注于端到端的高速路段以及集中在港口码头一类的固定场景下的商用车自动驾驶；智行者科技和驭势科技则明确定位于停车场、公园、机场等园区场景下低速物流车、清扫车、摆渡车等的自动驾驶落地。分场景的运营能够实现自动驾驶技术的快速落地，也能针对细分领域解决行业痛点，因而得到社会和资本的认可，这类企业估值较高且发展迅猛。

（a）Roadstar出租车　　　　（b）图森未来卡车　　　　（c）驭势科技摆渡车

图 11-6　分场景运营的自动驾驶初创企业及其主营产品

（数据来源：赛迪顾问，2018 年 12 月）

第六节　行业龙头动向

2018 年，自动驾驶领域的龙头企业在技术研发和资本运作方面均取得一定成果。一方面，技术进步使得硬件产品的成本得以下降，加速自动驾驶落地；另一方面，产品量产进程的加快能够增加资本对该领域的信心，吸引更多资本进入，加大技术研发投入，两者形成良性循环，将推动自动驾驶行业快速发展。2018 年中国自动驾驶产业重大事件如表 11-4 所示。

表 11-4　2018 年中国自动驾驶产业重大事件

序号	事件说明	事件主体	影响 / 意义
1	"阿波龙"正式量产下线	百度、金龙	百度和金龙合作的"阿波龙"客车是全球首款 L4 级别量产的自动驾驶巴士
2	地平线发布嵌入式 AI 视觉芯片	地平线	征程处理器对标英伟达 Drive PX2，助力我国快速建立围绕 AI 芯片的自动驾驶体系，构建"芯片—系统—应用"系列自主生态
3	Velodyne 16 线激光雷达降价	Velodyne	成本是自动驾驶汽车实现量产所必须考虑的问题，激光雷达降价有助于降低企业研发成本，推动自动驾驶行业的快速发展
4	Uber 发生全球首例自动驾驶致死事故	Uber	该事件在业内引起极大震动，引发社会各界关于自动驾驶技术、监管、法律法规等方面的激烈讨论，有助于规范行业健康发展
5	北京公交集团将智能辅助驾驶系统列入新车标配	北京公交集团	从 2019 年起将智能驾驶辅助系统纳入新车采购的出厂标配，有助于推广扩大自动驾驶覆盖范围，提升安全驾驶科技化水平
6	Roadstar.ai 完成 1.28 亿美元的 A 轮融资	Roadstar.ai	本轮融资数额是截至目前自动驾驶行业内的最高值，Roadstar.ai 成为国内自动驾驶领域内估值最高的初创公司

数据来源：赛迪顾问，2018 年 12 月。

第七节 市场规模预测

在相关政策的强力推动下，自动驾驶概念得以快速普及，公众认可度不断升高。同时，工业制造智能化和互联网模式多元化的双引擎驱动也将加速电子信息、移动通信、人工智能等技术与汽车产业的融合。ADAS 作为有人驾驶到无人驾驶的过渡产品，已率先得到大规模应用。2017 年，我国 ADAS 市场渗透率已经大幅提升。预计 2019—2021 年中国汽车市场对 ADAS 的需求量将保持持续增长态势，到 2020 年实现近千亿元的市场规模，2021 年将出现 ADAS 和更高级别自动驾驶产品共存的市场格局，整体规模预计将达到 1010 亿元。2016—2021 年中国自动驾驶市场规模及预测如图 11-7 所示。

图 11-7　2016—2021 年中国自动驾驶市场规模及预测

（数据来源：赛迪顾问，2018 年 12 月）

ADAS 产品渗透率进一步提升，未来，随着技术的突破，ADAS 产品成本将逐渐下降。搭载 ADAS 功能的车型将从高端车型向中低端车型渗透，前向碰撞预警系统（FCWS）、车道保持系统（LKAS）、自动泊车系统（APS）等 ADAS 功能将进一步普及。盲区监测（BSD）、车道偏离预警系统（LDWS）等功能有望在新上市车型中实现完全覆盖。到 2021 年，在整个汽车市场中，配备盲区监测（BSD）功能的 ADAS 产品渗透率将超过 80%（见图 11-8）。

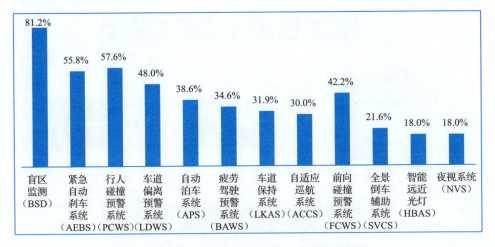

图 11-8　2021 年中国 ADAS 产品渗透率预测

（数据来源：赛迪顾问，2018 年 12 月）

第八节　赛道选择建议

短期来看，ADAS 作为自动驾驶现阶段成果的商业化成品，率先得以大规模普及。由于 ADAS 市场规模正处于高速增长期，其感知部件，如毫米波雷达、激光雷达等硬件的国产化替代正在快速展开，极具投资价值。自动驾驶功能的硬件需求数量如表 11-5 所示。

表 11-5　自动驾驶功能的硬件需求数量

功能	LDWS	AEBS	BSD	NVS	ACCS	360PAS
介绍	车道偏离预警系统	紧急自动刹车系统	盲区监测	夜视系统	自适应巡航系统	全景倒车辅助
传感器	摄像头	摄像头 / 雷达	摄像头 / 雷达	红外夜视系统	摄像头 + 雷达	摄像头
数量	1～2 个	1～2 个	2 个	1 个	4 个 +2 个	4～8 个

数据来源：赛迪顾问，2018 年 12 月。

长期来看，算法与集成作为智能网联汽车的大脑，是连接产业链上下游的关键节点（见图 11-9）。算法与集成的相关技术，如人工智能算法、车载智能芯片和智能计算平台等技术正处于关注爆发期，技术演进速度快，极具投资潜力。

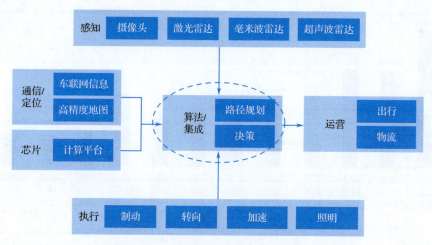

图 11-9　自动驾驶产业链上下游关键节点

（数据来源：赛迪顾问，2018 年 12 月）

第九节　资本市场动向

一、自动驾驶领域投融资持续升温

自 2014 年起，全球自动驾驶领域的投资并购总金额已经超过 800 亿美元，无论是传统汽车制造企业，还是以 IT 技术作为切入点的互联网公司，以及投资机构都不约而同地将资本流向自动驾驶领域。投资标的呈现"软""硬"结合分布，"软"主要指基于深度学习等人工智能算法及软件的自动驾驶解决方案，"硬"则集中于传感器等自动驾驶硬件领域。从中国的自动驾驶细分领域投资金额分布图来看，ADAS 解决方案占比最高，为 21.4%（见图 11-10）。

二、资本对硬件领域的追逐愈加火热

在投资案例中，70% 以上的出资方为风投机构，如表 11-6 所示，产业基金占比低于 30%。风投机构在投资初创企业时舍弃"广撒网"策略，而是与其他风投合作，仅投资少数几家公司；相比之下，产业基金的投资策略更显坚决，大手笔布局汽车零部件、科技及出行服务企业。受益于传感器技术的提升及价格下降，资本对硬件领域的追逐将愈加火热，同时人工智能算法的不断迭代更新也将带来新的投资机会，资本市场将持续升温。

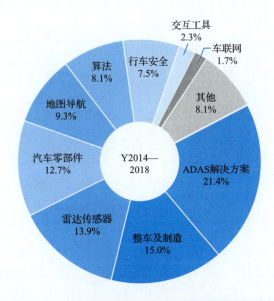

图 11-10　2014—2018 年中国自动驾驶细分领域累计投资金额分布图

（数据来源：赛迪顾问，2018 年 12 月）

表 11-6　2017—2018 年中国自动驾驶领域投资案例

时间	融资方	融资额	出资方	细分领域
2017.02	纵目科技	1 亿元（B 轮）	君联资本、厦门德屹股权投管公司下基金	ADAS
2017.02	Argo AI	10 亿美元	福特	软件
2017.03	Mobileye	153 亿美元（收购）	英特尔	自动驾驶视觉
2017.05	禾赛科技	1.1 亿元（A 轮）	高达投资领投	激光雷达
2017.05	DeepMap	2500 万美元（A 轮）	Accel 领投	地图
2017.06	智行者科技	近亿元（A 轮）	顺为资本等	解决方案
2017.06	Drive.ai	5000 万美元（B 轮）	NEA 领投	深度学习算法
2017.07	Momenta	4600 万美元（B 轮）	蔚来资本领投	解决方案
2017.07	Nauto	1.59 亿美元（A 轮）	软银、Greylock 领投	ADAS
2017.08	图森未来	数千万美元（B 轮）	新浪、治平资本、英伟达	卡车自动驾驶
2017.09	景驰科技	5200 万美元（Pre-A）	启明创投领投	解决方案
2017.09	Innoviz	6500 万美元（B 轮）	德尔福、麦格纳等	激光雷达
2017.10	魔视智能	千万美元（A 轮）	澜亭资本领投	ADAS
2017.10	地平线	近亿美元（A+ 轮）	英特尔领投	AI 芯片方案
2017.10	nuTonomy	4.5 亿美元（收购）	德尔福	出行服务

续表

时间	融资方	融资额	出资方	细分领域
2017.11	图森未来	5500 万美元（C 轮）	复合资本领投	卡车自动驾驶
2017.12	滴滴出行	40 亿美元	阿布扎比慕巴达拉和软银集团等	智能出行
2018.01	CalmCar	3000 万元（Pre-A）	国中创投	解决方案
2018.01	Minieye	数千万元（A 轮）	普华资本领投	ADAS
2018.01	Pony.ai（小马智行）	1.12 亿美元（A 轮）	晨星资本、君联资本领投	解决方案
2018.05	Roadstar.ai（星行科技）	1.28 亿美元（A 轮）	深圳资本集团和双湖资本领投	解决方案
2018.05	Cruise	22.5 亿美元	软银	解决方案和出行服务
2018.06	RideOS	900 万美元（A 轮）	红杉资本领投	路径规划和管理

数据来源：公开资料，赛迪顾问整理，2018 年 12 月。

三、投融资案例多集中于早期阶段

中国自动驾驶领域的企业融资集中在 Pre-A 和 A 轮阶段，如图 11-11 所示，早期的投融资案例数量占比高。由于自动驾驶的市场仍属于发展初期，行业技术壁垒较高，企业为占据先发优势，积极融入资本用于技术研发和人才引进。自动驾驶作为新兴科技应用领域，对资金需求量高，因而伴随着单笔融资金额大的特点，如 2018 年 5 月 Roadstar.ai 的 1.28 亿美元 A 轮融资，是自动驾驶领域最大单笔融资。

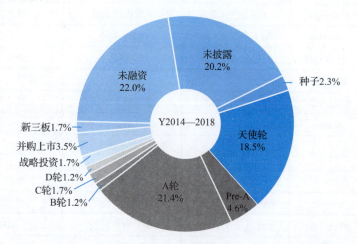

图 11-11　2014—2018 年中国自动驾驶领域累计投融资轮次结构

（数据来源：公开资料，赛迪顾问整理，2018 年 12 月）

第十节　六十强潜力企业

通过建立评判指标体系，从企业总体规模、技术水平、成长潜力、成果显现等维度进行定量与定性结合的评比，经过专家打分，将中国的自动驾驶领域企业分为 12 个细分小类进行排名对比，评选出 2018 年赛迪自动驾驶潜力企业 TOP 60 榜单（见表 11-7）。

表 11-7　2018 年赛迪自动驾驶潜力企业 TOP 60 榜单

排名	企业名称	主营业务	排名	企业名称	主营业务
1	滴滴出行	出行服务	27	深圳卓泰达	毫米波雷达
2	云度新能源	整车生产及服务	28	森思泰克	毫米波雷达
3	前途汽车	整车生产及服务	29	西科微波	毫米波雷达
4	威马汽车	整车生产及服务	30	豪米波科技	毫米波雷达
5	小鹏汽车	整车生产及服务	31	高德地图	地图导航
6	奇点汽车	整车生产及服务	32	百度地图	地图导航
7	零跑汽车	整车生产及服务	33	千寻位置	地图导航
8	车和家	整车生产及服务	34	易图通	地图导航
9	爱驰亿维	整车生产及服务	35	图森未来	自动驾驶解决方案
10	FMC	整车生产及服务	36	Momenta	自动驾驶解决方案
11	汉腾汽车	整车生产及服务	37	景驰科技	自动驾驶解决方案
12	电咖汽车	整车生产及服务	38	驭势科技	自动驾驶解决方案
13	思岚科技	激光雷达	39	禾多科技	自动驾驶解决方案
14	禾赛科技	激光雷达	40	小马智行	自动驾驶解决方案
15	镭神智能	激光雷达	41	禾多科技	自动驾驶解决方案
16	北科天绘	激光雷达	42	星行科技	自动驾驶解决方案
17	速腾聚创	激光雷达	43	文远知行	自动驾驶解决方案
18	北醒光子科技	激光雷达	44	Minieye	ADAS
19	EAI	激光雷达	45	Maxieye	ADAS
20	沈阳承泰科技	毫米波雷达	46	极目智能	ADAS
21	纳雷科技	毫米波雷达	47	前向启创	ADAS
22	行易道	毫米波雷达	48	轩辕智驾	ADAS
23	雷博泰克	毫米波雷达	49	魔视智能	ADAS
24	厦门意行	毫米波雷达	50	中天安驰	ADAS
25	智波科技	毫米波雷达	51	中科慧眼	ADAS
26	南京隼眼	毫米波雷达	52	好好开车（那狗）	ADAS

续表

排名	企业名称	主营业务	排名	企业名称	主营业务
53	华为	ICT 技术及设备	57	Gofun	共享出行
54	飞驰镁物	车联网产品和服务	58	EVCARD	共享出行
55	首汽租车	汽车租赁	59	TOGO	共享出行
56	易到	网约车	60	经纬恒润	汽车电子

注: 排名不分先后。　　　　　　　　　　数据来源: 赛迪顾问, 2018 年 12 月。

第十二章

动力电池

第一节　产业定义或范畴

　　新能源汽车动力电池（以下简称"动力电池"）是为新能源汽车储存并提供能量的化学电源。与汽车启停电源不同，动力电源可以为汽车提供持续的动力。动力电池可选用锂离子电池、镍氢电池、铅酸电池等多种方式，由于锂离子电池在比能量、寿命等方面最为突出，因此目前动力电池主要选用锂离子电池，少量选用镍氢、铅酸电池。

　　动力电池产业上游与传统锂离子电池产业上游基本保持一致，并与新能源汽车及动力电池回收利用形成闭合的产业链循环，包括矿产资源开采生产、材料生产、电池装备、电池制造、电池梯次利用和电池回收。

第二节　赛迪重大研判

　　（1）中国动力电池市场将更加关注动力电池的"质"，且对"质"的要求逐渐多元化。磷酸铁锂电池继续保持一定的市场份额。

　　（2）动力电池产业竞争加剧、企业利润回归制造业正常水平，中国本土动力电池企业洗牌加速。日韩电池企业在中国市场批量供应电池产品。

　　（3）动力电池产业布局重点区域将从东南沿海等技术密集型地区逐渐向内陆资源密集地区扩展，并通过动力电池再生利用形成以珠三角、长三角、环渤海以及西部四个地区为核心的动力电池、电池材料供应网络。

　　（4）动力电池安全要求日益提高，高安全隔膜、电解液等材料或将进入市场。

（5）随着高镍三元、硅基负极等新电池材料应用的推进，动力电池产线大规模升级改造临近，高端电池生产装备需求将显著提升。

（6）整车企业、动力电池企业电池材料再生需求增大，材料再生企业加速扩建废旧电池回收通道和提高材料再生能力。

第三节　产业政策分析

一、产业环境

1. 动力电池产品竞争从"中低端"向"中高端"转变

国内龙头企业产能释放，整车企业加快向动力电池领域布局，以及日韩电池企业在中国本土扩建产能，国内市场中高端电池产品供应量增加。另外，在补贴退坡等政策因素的影响下，产业链利润下降，中小型动力电池生产企业生存压力增大，缺乏核心竞争力和稳定渠道的企业将逐渐退出，市场集中度将进一步提高，市场竞争将演变成中日韩大型电池企业间的竞争。市场竞争格局逐渐固化，《汽车产业投资管理规定》中对动力电池项目备案提出新的要求，都将促使动力电池领域新进入门槛提高，电池生产投资将主要集中在领先企业。

2. 市场需求"接棒"补贴政策继续推动动力电池技术发展

我国新能源汽车补贴政策规定，系统比能量更高的车型将会获得更高的补贴。因此，长期以来，整车制造企业对动力电池的性能需求是推动动力电池比能量、寿命等性能的最直接动力，而补贴政策则是推动技术发展最主要的动力。随着新能源汽车补贴逐渐退坡，补贴政策推动作用逐渐减弱。而新能源汽车市场日益成熟，消费者对新能源汽车产品的需求呈现多元化，并对新能源汽车续航里程、安全提出更高的要求，将成为推动新能源汽车、动力电池产品技术提升的新动力。

二、政策导向

1. 四部委发文明确动力电池产业发展方向

2017 年 2 月，工信部、国家发展改革委、科技部、财政部四部委联合发布《促进汽车动力电池产业发展行动方案》（以下简称"行动方案"）。行动方案指出，我国动力电池产业应坚持驱动创新、产业协同、绿色发展、开放合作。充分利用全球资源和市场，创新思路和模式。行动方面制定了到 2020 年动力电池产业的发展目标，明确了各环节细分重点任务，也为国内企业制定自身产品规划确定了关键节点和技术路线。

2．动力电池回收体系初步建立

我国新能源汽车产销量快速增长始于 2015 年，到 2018 年我国新能源汽车保有量已超过 200 万辆。随着新能源汽车使用越来越广泛，动力电池回收的重要性日益突出。作为《节能与新能源汽车发展规划（2012—2020 年）》部署的五项重点任务之一，动力电池回收管理一直受到有关部委的高度关注，2016 年至 2018 年期间制定了《电动汽车动力蓄电池回收利用技术政策（2015 年版）》《新能源汽车废旧动力蓄电池综合利用行业规范条件》等多项政策。特别是 2018 年出台的《新能源汽车动力蓄电池回收利用管理暂行办法》等文件，确定我国退役动力电池"按照先梯次利用后再生利用"的原则，初步建立起动力电池回收再利用体系。

3．汽车产业投资管理规定释放动力电池投资收紧信号

2018 年 12 月，国家发展改革委正式发布《汽车产业投资管理规定》。与前几年汽车产业投资规定不同，本次管理规定中对投资动力电池提出明确的要求，包括动力电池及系统测试验证能力、产线智能化水平、产品水平、产能利用率、动力电池回收能力等方面。特别是动力电池产品水平，要求新建项目产品达到行业领先水平，为产业投资设定了较高的进入门槛。同时，也表明了主管部门限制产业过热投资、消纳国内现有投资和产能的意向。

动力电池产业主要政策如表 12-1 所示。

表 12-1　动力电池产业主要政策

颁布时间	颁布主体	政策名称	支持对象	相关内容
2016.12	工信部、国家发展改革委、科技部、财政部	《新材料产业发展指南》	电池材料	部署任务重点突破镍钴锰酸锂/镍钴铝酸锂、富锂锰基材料和硅碳复合负极材料安全性、性能一致性与循环寿命，以支持新能源汽车发展
2017.12	工信部、国家发展改革委、科技部、财政部	《促进汽车动力电池产业发展行动方案》	动力电池	至 2025 年前动力电池发展方向及相关保证措施

续表

颁布时间	颁布主体	政策名称	支持对象	相关内容
2017.12	工信部	《重点新材料首批次应用示范指导目录（2017 年版）》	电池材料	涉及高比容量三元材料、硅基负极材料、高性能隔膜、六氟磷酸锂等电池材料性能指导目录
2017.09	工信部、财政部、保监会	《三部门关于开展重点新材料首批次应用保险补偿机制试点工作的通知》	电池材料	建设首批次使用新材料保障机制
2018.01	工信部、科技部、环境保护部、交通运输部、商务部、质检总局、能源局	《新能源汽车动力蓄电池回收利用管理暂行办法》	动力电池回收	明确动力电池回收过程中，整车企业、电池企业、回收再生企业的责任。明确建议动力电池先梯次利用后再生
2018.03	工信部、科技部、环境保护部、交通运输部、商务部、质检总局、能源局	《关于组织开展新能源汽车动力蓄电池回收利用试点工作的通知》	动力电池回收	明确现阶段动力电池回收体系建立方式、组织管理等。指导中国铁塔公司发挥自身退役电池需求量大的优势，联合各地区开展动力电池梯次利用示范工作
2018.07	工信部	《新能源汽车动力蓄电池回收利用溯源管理暂行规定》	动力电池回收	加强对动力电池的溯源管理

数据来源：相关部门网站公开信息，赛迪顾问整理，2018 年 12 月。

第四节 产业链全景图

动力电池产业链全景图如图 12-1 所示。

动力电池产业链以动力电池装车应用为分界线，分前端、中端和后端。前端包括原料开采、材料生产、装备生产，中端为电池生产，后端包括梯次应用和材料再生。

原料开采：包括锂、钴、镍等正极材料原料，石墨负极材料原料和铜、铝集流体原料。

材料生产：包括正负极材料、隔膜、电解液四大关键材料和集流体、外壳等辅料。

装备生产：包括混料、涂布、辊压、分切成形的前段设备；横切、卷绕、叠片、封装、注液等中段设备及化成、检测、干燥等后段设备。

电池生产：指动力电池生产，按电池材料分包括磷酸铁锂电池、三元电池、锰酸锂电池等；按外形分包括圆柱电池、软包电池和方形电池。

电池装车应用：指动力电池在新能源汽车上的应用。

梯次应用：包括储能站和电动自行车、低速电动车以及电动工具。

材料再生：包括正极材料前驱体及再生原材料等。

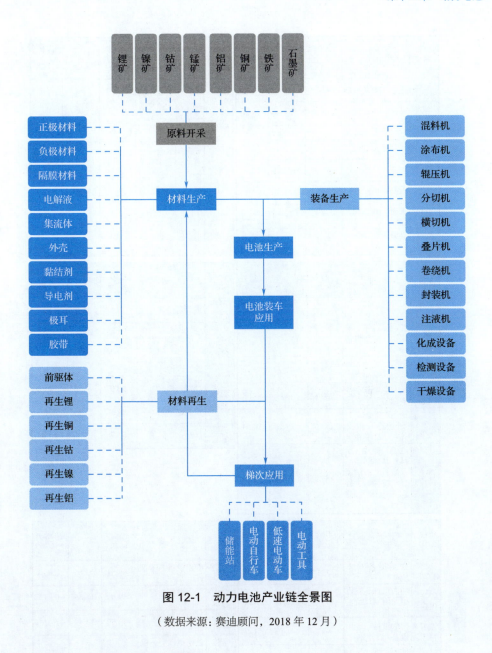

图 12-1　动力电池产业链全景图

（数据来源：赛迪顾问，2018 年 12 月）

第五节　价值链及创新

一、产业链前端

产业链前端价值链全景图如图 12-2 所示。

原料开采

企业名称	主营业务	市值（亿元）	营业收入（亿元）	净利润（亿元）	企业名称	主营业务	市值（亿元）	营业收入（亿元）	净利润（亿元）
华友钴业	铜、重有色金属	442.17	100.74	19.12	威华股份	矿物类非金属矿产、木材及木材加工、木地板、人造板、重有色金属	56.96	19.26	1.25
天齐锂业	无机化工原料	434.32	47.59	16.89	西藏矿业	半金属、合金、黄金、黏土类非金属矿产、轻有色金属、铜、无机化工原料、有机化工原料矿产	49.01	3.6	−0.76
赣锋锂业	轻有色金属、无机化工原料、有机化工原料	362.22	35.94	11.06					
盐湖股份	钾肥	252.97	123.29	−12.13					
寒锐钴业	有色金属矿产	244.85	21.59	7.01					
藏格控股	钾肥、其他农产品	242.24	18.34	7.53					
雅化集团	高分子聚合物、火工产品	80.25	21.2	1.77					

材料生产

企业名称	主营业务	市值（亿元）	营业收入（亿元）	净利润（亿元）	企业名称	主营业务	市值（亿元）	营业收入（亿元）	净利润（亿元）
璞泰来	半导体材料、高分子聚合物、塑料制品经销、氧化铝、专用设备与零部件	208.13	22.91	4.29	当升科技	重有色金属	110.44	24.78	2.05
恩捷股份	塑料包装制品、纸包装制品	204.01	16.22	3.23	长园集团	半导体材料、低压电器类、电子元器件、高分子聚合物、输电设备、通信线缆	99.61	54.02	12.78
厦门钨业	重有色金属、住宅建筑	202.81	141.4	4.5	江苏国泰	进出口贸易、其他化学品	92.67	294.76	7.36
杉杉股份	低压电器类、开发区园区、内衣外衣、证券业务	187.5	63.82	10.54	新宙邦	其他化学品	89.65	15.51	2.08
新纶科技	电子元器件、家具、其他纺织品及原料、清洁器具、特种纸、外衣、鞋子、装修工程	139.88	25.29	3.06	天赐材料	其他化学品	83.76	14.97	4.73

生产装备

企业名称	主营业务	市值（亿元）	营业收入（亿元）	净利润（亿元）	企业名称	主营业务	市值（亿元）	营业收入（亿元）	净利润（亿元）
先导智能	专用设备与零部件	231.7	26.96	5.47	赢合科技	专用设备与零部件	89.51	13.66	2.08
江特电机	动力机械、发电机及附属设备、风泵机械	109.89	23.15	2.98	合纵科技	专用设备与零部件	59.09	15.55	0.81
东方精工	印刷机械、专用设备与零部件	98.36	36.05	3.46	双杰电气	专用设备与零部件	43.59	13.49	2.01
中材科技	玻璃纤维、风泵机械、工业建筑、轻型工程机械、人造板、人造纤维	97.71	78.01	7.46	富临精工	低压电器类、机床机械	37.09	10.44	1.22

注：企业市值为 2018 年 10 月数据，营业收入和净利润为 2018 年前三季度数据。

图 12-2　产业链前端价值链全景图

（数据来源：上市企业财报，赛迪顾问，2018 年 12 月）

1．产业链前端整体净利润水平较高

产业链前端环节各主要上市企业整体净利润水平较高，其中原料开采环节企业藏格控股净利率达到 41%。27 家主要上市企业中，净利率超过 10% 的企业有 19 家，占比达到 71%。2018 年前三季度中国动力电池产业链前端上市企业净利率占比情况如图 12-3 所示。

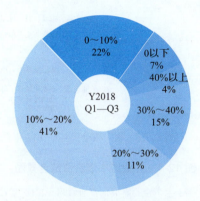

图 12-3　2018 年前三季度中国动力电池产业链前端上市企业净利率占比情况

2．原料开采环节企业竞争格局基本稳定

原料开采环节的企业中，华友钴业、天齐锂业和赣锋锂业凭借较早的国内外资源布局取得先机，市值大幅领先，成为产业第一集团。盐湖股份、寒锐钴业和藏格控股为第二集团，并逐渐与第三集团的企业拉开差距。

材料生产环节各企业市值差距较小，后来者如当升科技、长园集团等都有较大机会进入领先集团。目前较为领先的璞泰来、恩捷股份、厦门钨业和杉杉股份除坚持电池材料生产外，继续积极拓展其他主营业务。

生产装备企业中先导智能遥遥领先。同时，先导智能与国内诸多电池生产企业开展了深度合作。

二、产业链中端

产业链中端价值链全景图如图 12-4 所示。

1．电池生产环节龙头企业领先优势巨大

2018 年，电池企业盈利能力出现分化，宁德时代大幅领先国内其他企业，

并保持较高净利润水平。国轩高科、中信国安等企业与宁德时代的差距进一步拉大，随着宁德时代、比亚迪等龙头企业产能逐渐释放，第二集团企业市场空间或将受到挤压。

电池生产

企业名称	主营业务	市场（亿元）	营业收入（亿元）	净利润（亿元）	企业名称	主营业务	市场（亿元）	营业收入（亿元）	净利润（亿元）
宁德时代	专用设备与零部件	1602.36	191.36	23.79	长信科技	电子元器件	117.7	71.3	6.08
比亚迪	半导体太阳能光伏、低压电器类、电子元器件集成电路、汽车及零部件经销	1342.75	889.81	15.27	南都电源	低压电器类	108.72	65.89	4.34
					横店东磁	磁性材料、低压电器类	100.09	45.55	5.02
国轩高科	低压电器类、输电设备	155.65	40.97	6.59	智慧能源	保健食品、植物类中药制剂	99.87	126.48	2.98
中信国安	复合（混）肥、民用建筑、无线增值业务、物业出租和管理、有线电视网住宅楼盘	151.69	29.78	0.05	科陆电子	低压电器类、电气仪器仪表、电子元器件、行业专用软件、继电保护及调度自动化、施工及检测设备	84.49	29.76	0.2
欣旺达	低压电器类	127.76	131.06	4.29					

注：企业市值为 2018 年 10 月数据，营业收入和净利润为 2018 年前三季度数据。

图 12-4　产业链中端价值链全景图

（数据来源：上市企业财报，赛迪顾问，2018 年 12 月）

2．电池生产环节企业净利率水平逐渐回归正常

2018 年，受补贴退坡、原材料价格上涨等因素影响，电池生产环节企业净利率水平明显回调，逐渐回归制造业正常水平。10 家企业中仅有 3 家企业净利率超过 10%，如图 12-5 所示，宁德时代净利率降至 12%，与 2017 年全年 19% 的净利率有一定差距，但仍显著高于拥有整车制造业务的比亚迪。随着 2019 年补贴退坡持续进行，预计电池生产环节企业利润将会继续回调。

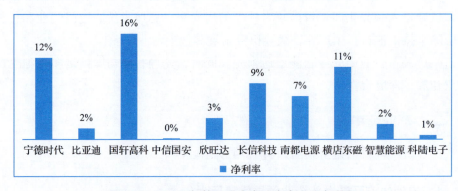

图 12-5　2018 年前三季度电池生产企业净利率

（数据来源：上市企业财报，赛迪顾问，2018 年 12 月）

三、产业链后端

产业链后端价值链全景图如图 12-6 所示。

梯次利用	企业名称	主营业务	市值（亿元）	营业收入（亿元）	净利润（亿元）
	中国铁塔	铁塔建设、维护、运营动力电池梯次利用	2024.1	563.42	19.61

材料再生	企业名称	主营业务	市值（亿元）	营业收入（亿元）	净利润（亿元）
	格林美	木地板、镍、其他木制品、铜、锡、有机化工原料、重有色金属	217.98	102.3	5.18

	企业名称	主营业务	注册资本（万元）	所在地
	邦普循环	电池拆机、零部件回收	9481.5	广东佛山
	豪鹏科技	电子产品和计算机软硬件的开发、技术服务	4000	广东深圳
	光华科技	化工产品及化工原料的销售	37422.9	广东汕头

注：企业市值为 2018 年 10 月数据，营业收入和净利润为 2018 年前三季度数据。

图 12-6　产业链后端价值链全景图

（数据来源：上市企业财报、企业工商信息，赛迪顾问，2018 年 12 月）

目前国内专业从事动力电池梯次利用及材料再生的上市企业由于流动资产占比较大，电池再利用模式仍在示范探索阶段，因此从事动力电池回收利润较不稳定，国内最早从事电池回收的企业格林美 2018 年前三季度净利率仅为 5%。电池回收及再利用是新能源汽车发展的必然要求，2018 年以来特别受到政策关注，预计未来将会有较大增长空间。

第六节　行业龙头动向

随着市场进一步放开，中国国内动力电池市场竞争即将升级为由国内、国际领先企业主导的高端产品竞争。一方面，中国领先的动力电池企业加大自身产能布局，强化与下游产业合作；国际巨头加大了在华投资力度。另一方面，整车企业从成本和质量控制的角度考虑，开始涉及动力电池产业，成为动力电池市场新的竞争力量。2018 年中国动力电池产业大事件如表 12-2 所示。

表 12-2 2018 年中国动力电池产业大事件

序号	事件说明	事件主体	影响 / 意义
1	宁德时代与广汽、东风建立合资工厂	宁德时代	继上汽之后，宁德时代再次与整车企业组建合资工厂。领先电池企业与整车企业深度合作进一步加强
2	宁德时代确定欧洲选址	宁德时代	宁德时代确定将在德国投资 2.4 亿元建设动力电池生产线，此次是我国动力电池企业走出国门的重大一步
3	宁德时代获得雷诺-日产、宝马订单	宁德时代	国产动力电池得到国际领先车企认可，表明国产先进动力电池产品已具备国际竞争实力
4	比亚迪青海基地建设完成	比亚迪	比亚迪青海基地建设完成，一跃成为全球动力电池产能最大的企业。此举一方面使比亚迪走出自身电池供应不足的困境，另一方面使得动力电池市场角逐更加激烈
5	比亚迪为东风纯电动商用车提供动力电池	比亚迪	比亚迪自 2017 年宣布开放动力电池业务以来，国内外整车企业一直处于观望态度。本次东风选用比亚迪作为自己商用车供应商，标志着比亚迪电池供应体系开放的正式实现，国内电池市场竞争将进入新阶段
6	比亚迪青海公司盐湖提锂项目启动	比亚迪	青海是国内锂矿资源最丰富的地区之一，但由于盐湖提锂技术难度大、成本高，长期以来处于无人开发利用状态。该项目的启动，标志着国内盐湖提锂技术已经成熟并具备商业化应用价值，也为龙头企业保持产业链优势提供支持
7	松下大连工厂投产，并计划与江苏企业合作建设电池工厂	松下	松下是全球第二大动力电池商，主要客户为美国特斯拉和日本丰田。随着松下大连工厂投产和江苏扩产计划的实施，日本电池企业加快了在中国发展动力电池业务的进程
8	LG 在江宁投建产线，SK 在常州投建产线	LG、SK	2018 年两家韩国电池企业相继发布在华扩产计划。国内市场中日韩电池企业竞争将更为激烈
9	浙江衡远收购 LG 南京工厂	浙江衡远	浙江衡远是吉利集团子公司。吉利重点支持衡远发展，通过购买 LG 先进的生产装备和技术，提升衡远动力电池生产能力，确保自身新能源汽车产品的动力电池供应
10	杉杉能源投资 80 亿元扩建正极材料产能	杉杉能源	杉杉能源是国际重要的电池正极材料供应商之一，此次扩产显示出其在正极材料领域的发展决心，有利于保障国内动力电池企业产品向高镍化转型

数据来源：赛迪顾问，2018 年 12 月。

第七节　市场规模预测

国内新能源汽车政策持续加力，消费者对新能源汽车认可度提高，促进各整车企业加大了新能源汽车业务发展力度。《乘用车企业平均燃料消耗量与新能源汽车积分并行管理办法》中规定的新能源积分比例考核于 2019 年启动，倒逼乘用车企业加快开发推广新能源汽车。中国新能源汽车市场将保持高速增长，带动动力电池需求量持续增加。2016—2021 年中国动力电池市场需求及预测如图 12-7 所示。

图 12-7　2016—2021 年中国动力电池市场需求及预测

（数据来源：赛迪顾问，2018 年 12 月）

随着补贴退出及动力电池安全受到关注，磷酸铁锂电池将保持一定的市场份额。在新材料、新体系电池成熟应用之前，市场将主要被三元、磷酸铁锂这两类电池占据。2016—2021 年中国动力电池市场产品结构如图 12-8 所示。

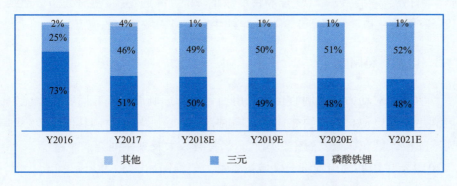

图 12-8　2016—2021 年中国动力电池市场产品结构

（数据来源：赛迪顾问，2018 年 12 月）

第八节 赛道选择建议

近两年来虽然陆续有电池企业退出新能源汽车动力电池供应，但领先电池企业扩张和整车企业向产业链上游布局使电池总产能规划持续高于市场需求预期，电池生产环节投资始终处于过热状态。2017 年年底至今频发的新能源汽车安全事件使电池安全性能再次受到关注，补贴退坡使整个产业链对成本极为敏感。因此，电池安全材料、智能制造装备、电池材料回收有望成为新能源汽车产业上游关注的重点。

1. 高安全电池材料

动力电池国标变化表明未来更关注电池滥用条件下电化学的安全性能，如过充放、短路、加热、挤压等。电池安全材料需在确保必要的电性能前提下提升安全性能。可重点关注耐高温隔膜、耐高压电解液、热敏材料等电池安全材料的研发及应用。

2. 高端电池生产装备

前段工序装备国产化仍有较大空间。而高镍三元、硅碳负极材料批量应用也需要更新电池现有生产装备。因此，适用于高性能、新型电池材料的生产装备（包括干燥设备和干燥车间、预锂化设备等）和大型、连续、智能化前中段生产设备（包括连续制浆设备、快速高精度涂布设备、高速卷绕 / 叠片设备、连续干燥设备和智能化成套设备等）将成为电池生产装备领域关注的重点。

3. 电池材料回收

目前国内对动力电池回收企业采用白名单管理制度，现有回收再生能力尚不能满足全都电池材料的再生需求，同时，回收企业与产业链其他环节协同降低成本的模式仍在探索发展中，因此未来将有较大发展空间。

2019 年中国动力电池细分领域投资潜力气泡图如图 12-9 所示。

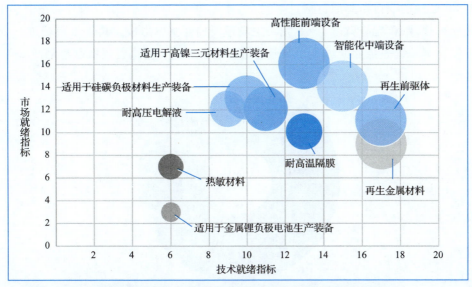

注：（1）图中各项指标数据依据赛迪顾问产业投资潜力评价指标体系评估而得。

（2）市场就绪指标：0～3 表示 10 年以上爆发期，3～6 表示 5 到 10 年爆发期。技术就绪指标：数值越大，表示投资潜力越大。

图 12-9　2019 年中国动力电池细分领域投资潜力气泡图

（数据来源：赛迪顾问，2018 年 12 月）

第九节　资本市场动向

一、动力电池领域投资热度降低

2018 年 1—11 月，动力电池领域投资金额约为 1226 亿元，较 2017 年的 2159 亿元大幅减少。其中，电池生产领域占比最高，达到 44%（见图 12-10）；随后依次为电池材料、电池回收和原材料领域；动力电池装备领域投资热度较为缺乏。

二、新进入者数量大幅减少

2018 年动力电池领域投资新进入者显著减少，如图 12-11 所示，新进入者投资金额约占总金额的 10%，扩建现有生产能力的项目总投资额约占总金额的 76%，扩展业务、延伸产业链投资金额约占总金额的 14%。动力电池领域市场竞争逐渐演化为领先者之间的竞争，如宁德时代、比亚迪分别参与投资 7 亿元与 80 亿元的项目布局原材料，孚能、荣百、杉杉、星源材质、当升共投资 381 亿元扩建现有产品产能。产业龙头主导市场局面基本形成，再加上市场进一步开发，国外领先企业的进入，产业落后者出局加速，新进者投资欲望降低。

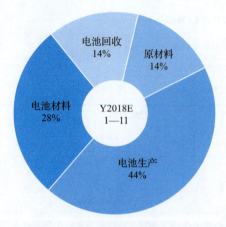

图 12-10　2018 年 1—11 月中国动力电池各领域投资金额占比情况

（数据来源：赛迪顾问，2018 年 12 月）

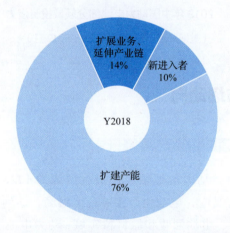

图 12-11　2018 年中国动力电池投资金额分析

（数据来源：赛迪顾问，2018 年 12 月）

第十节　二十强潜力企业

随着国内动力电池市场竞争逐步走向高端化，国内动力电池市场竞争格局基本确定。以宁德时代、比亚迪为核心的第一集团已具备参与国际竞争的实力，并占据了国内 70% 的市场份额。以国轩、力神、比克等为核心的第二集团继续争夺第一集团剩余的市场。而市场占有率不足千分之五、客户群体不固定的第三集团企业，生存压力与日俱增。2018 年，中国新能源汽车、动力电池市场进一步放开，日韩先进动力电池企业加大了在中国市场的布局，第二、第三集团面临着市场被抢占甚至被淘汰的风险。

第二、第三集团非上市企业中，仍有一部分具备良好的经营业绩、较好的社会认可度，并勇于对新技术先行先试，具有较大的发展潜力。2018 年赛迪动力电池潜力企业 TOP 20 榜单如表 12-3 所示，本榜单是针对此类型企业进行的梳理排名，依据的指标包括:（1）动力电池供应链;（2）下游客户实力;（3）是否是符合《汽车动力蓄电池和氢燃料电池行业白名单暂行管理办法》;（4）新技术研发情况;（5）新技术应用情况。

表 12-3　2018 年赛迪动力电池潜力企业 TOP 20 榜单

序 号	企 业 名 称
1	孚能科技（赣州）有限公司
2	北京国能电池科技有限公司
3	江苏智航新能源有限公司
4	微宏动力系统（湖州）有限公司
5	中航锂电（洛阳）有限公司
6	星恒电源股份有限公司
7	天津捷威动力工业有限公司
8	广东天劲新能源科技股份有限公司
9	上海卡耐新能源有限公司
10	浙江衡远新能源科技有限公司
11	江苏海四达电源股份有限公司
12	湖南桑顿新能源有限公司
13	东莞市振华新能源科技有限公司
14	芜湖天弋能源科技有限公司
15	上海德朗能新能源有限公司
16	东莞塔菲尔新能源科技有限公司
17	江苏天鹏电源有限公司
18	大连中比动力电池有限公司
19	浙江遨优动力系统有限公司
20	江苏清陶能源科技有限公司

注：排名不分先后。　　　　　　　　　数据来源：赛迪顾问，2018 年 12 月。

第十三章

车联网

第一节　产业定义或范畴

车联网概念引申于物联网（Internet of Things），根据行业背景不同，对车联网的定义也不尽相同。传统的车联网定义是指装载在车辆上的电子标签通过无线射频等识别技术，实现在信息网络平台上对所有车辆的属性信息和静、动态信息进行提取和有效利用，并根据不同的功能需求对所有车辆的运行状态进行有效的监管和提供综合服务的系统。

随着车联网技术与产业的发展，上述定义已经不能涵盖车联网的全部内容。根据车联网产业技术创新战略联盟的定义，车联网是以车内网、车际网和车载移动互联网为基础，按照约定的通信协议和数据交互标准，在车—X（X：车、路、行人及互联网等）之间，进行无线通信和信息交换的大系统网络，是能够实现智能化交通管理、智能动态信息服务和车辆智能化控制的一体化网络，是物联网技术在交通系统领域的典型应用。

中国汽车工程学会根据中国制造强国战略编制的《节能与新能源汽车技术路线图》对智能网联汽车作出定义，智能网联汽车是指搭载先进的车载传感器、控制器、执行器等装置，并融合现代通信与网络技术，实现车与X（车、路、人、云端等）智能信息交换、共享，具备复杂环境感知、智能决策、协同控制等功能，可实现"安全、高效、舒适、节能"行驶，并最终可实现替代人来操作的新一代汽车。

在网联化层面，按照网联通信内容的不同将其划分为网联辅助信息交互、网联协同感知、网联协同决策与控制三个等级。目前行业内处于网联辅助信息交互阶段，即基于车—路、车—后台通信，实现导航等辅助信息的获取以及车辆行驶与驾驶人操作等数据的上传。因此，现阶段车联网主要指基于网联辅助信息交互技术衍生的信息服务等，如导航、娱乐、救援等，但广义车联网除信息服务外，还包含用于实现网联协同感知和控制等功能的 V2X 相关技术和服务等。

第二节 赛迪重大研判

（1）5G 和 LTE-V2X 技术进展顺利，助推中国车联网产业加速发展。

（2）车联网产业标准体系和道路测试管理规范等文件发布，企业将加快技术研发和产品测试速度。

（3）车联网市场增长短期主要依赖稳定增长的终端硬件数量，中长期依靠用户内容付费和车路协同基础设施建设。

（4）车联网企业主要分布在东部沿海地区，尤其是汽车电子和零部件产业集聚的珠三角和长三角地区。北京因互联网产业优势和数量较多的科研单位，产业资源也较为丰富。

（5）从投资潜力来看，车联网电子芯片如通信、导航、计算；智能座舱核心技术和零部件如语音识别、液晶屏；信息服务如导航、定位、大数据等发展潜力较大。

第三节 产业政策分析

一、产业环境

1. 全球车联网应用进入加速发展阶段

全球车联网产业进入快速发展阶段，由信息化、智能化引领，全球车联网服务需求逐渐加大。目前，中国、俄罗斯、西欧和北美等国家和地区 70% 以上的新组装车辆都已配备互联网接口。当前全球联网车数量约为 9000 万辆，预计到 2020 年将增至 3 亿辆左右，到 2025 年则将突破 10 亿辆。从车载信息服务平台应用规模来看，目前已形成数百家规模厂商，典型厂商安吉星全球用户已突破 700 万人。2017 年中国车联网用户规模达 1780 万人，中国已成为全球最重要的车联网市场。未来，与大数据、云计算等技术创新融合将加快车联网市场渗透。

2．5G/V2X 应用时代即将到来

2018 年 11 月，工信部印发《车联网（智能网联汽车）直连通信使用 5905 ～ 5925MHz 频段管理规定（暂行）》，规划了 5905 ～ 5925MHz 频段共 20MHz 带宽的专用频率资源，用于基于 LTE 演进形成的 V2X 智能网联汽车的直连通信技术，同时，对相关频率、台站、设备、干扰协调的管理进行了规定。随着 5G 和 C-V2X 技术的快速发展，智能化与网联化技术正在加速融合。2018 年高通推出了 9150 C-V2X 芯片，兼容 LTE 和 5G 通信。起亚在 2018 年 CES 上展出了全新概念电动车 Niro EV，搭载全球首款 5G 网络打造的车载无线传输系统，基于该网络，驾驶者可通过脸部和声音识别"登陆"车辆，并可进行预先个性化设置。

3．车联网成为投资热点，竞争激烈

车联网创业开始成为一个热门风口，被资本竞相追逐，众多创业企业涌入市场。车联网不管对于"BAT"（百度、阿里巴巴和腾讯）等互联网巨头、传统车载导航企业、互联网创业企业，还是汽车品牌商来说，都是一块巨大的蛋糕，同时车联网行业对于技术、资本、市场都有着非常高的要求。百度、阿里巴巴和腾讯均已完成车联网布局，同时也涌现出一批车联网创业企业。但很多车联网创业企业由于技术上的缺乏，诸多产品同质化现象严重，品牌众多，但功能单一雷同现象普遍。

二、政策导向

1．车联网产业标准体系建设促进产业健康可持续发展

工信部组织编制并联合国家标准化管理委员会印发了《国家车联网产业标准体系建设指南》，包含总体要求、智能网联汽车、信息通信、电子产品与服务等一系列文件。通过强化标准化工作推动车联网产业健康可持续发展，促进自动驾驶等新技术、新业务加快发展。智能网联汽车标准体系主要明确智能网联汽车标准体系中定义、分类等基础方向，以及人机界面、功能安全与评价等通用规范方向。信息通信标准体系主要面向车联网信息通信技术、网络和设备、应用服务进行标准体系设计。电子产品与服务标准体系主要针对支撑车联网产业链的汽车电子产品、车载信息系统、车载信息服务和平台相关的标准化工作。

2．智能网联汽车发展加速，道路测试管理规范出台

2018 年 4 月，工信部、公安部、交通运输部联合发布《智能网联汽车道路测试管理规范（试行）》（以下简称"管理规范"）。我国智能网联汽车发展持续加速，汽车与电子、通信、互联网等跨界合作加强，在关键技术研发、产业链布局、测试示范等方面取得积极进展。目前我国所测试的大部分汽车属于有条件自动驾驶，不仅不能离开人，还要对测试驾驶人进行严格要求。管理规范适用于在中国境内公共道路上进行的智能网联汽车自动驾驶测试，包括有条件自动驾驶、高度自动驾驶和完全自动驾驶；管理规范内容涵盖总则、测试主体、驾驶人及测试车辆、测试申请及审核、测试管理、交通违法和事故处理、附则等 6 个章节，共 29 项条款、2 个附录。管理规范发布后，国内企业可以按照规范进行自动驾驶车辆测试，研发有望加速。

3．国家推动智能化社会，智能汽车发展迎来新契机

智能汽车已成为我国汽车社会发展的战略新契机，其重要性不仅局限于产业本身，而且涉及整个社会的智能化进程，同时与国家信息安全密切相关。国家发展改革委发布的《智能汽车创新发展战略》从技术、产业、应用、竞争等层面详细阐述了发展智能汽车对我国具有的重要战略意义，以及对于整个产业的推动所起到的引领作用。在体制机制方面，我国拥有中国特色社会主义制度优势和集中力量办大事的体制优势；在汽车产业方面，整体规模保持世界领先，自主品牌市场份额逐步提高，核心技术不断取得突破，关键零部件供给能力显著增强；在网络通信方面，互联网、信息通信等领域涌现出一批世界级领军企业，通信设备制造商已进入世界第一阵营；在基础设施方面，宽带网络和高速公路网快速发展、规模居世界首位，北斗卫星导航系统可面向全国提供高精度时空服务；在发展空间方面，新型城镇化建设、乡村振兴战略实施也将进一步释放智能汽车的发展潜力。

4．车联网产业成为建设智能交通的重点发展任务

2017 年，国家发展改革委和交通运输部发布《推进"互联网 +"便捷交通促进智能交通发展的实施方案》（见表 13-1），从构建智能运行管理系统、加强智能交通基础设施支撑、全面强化标准和技术支撑、实施"互联网 +"便捷交通重点示范项目四个维度全面阐述了汽车产业转型升级的重要方向，提出了车联网与

自动驾驶的技术创新发展趋势和应用推广路径，并明确了相应的引导政策和示范项目。"构建下一代交通信息基础网络"作为重点发展任务，提出了要加快车联网建设，为载运工具提供无线接入互联网的公共服务，以及建设基于下一代互联网和专用短程通信（LTE-V2X、DSRC 等）的道路无线通信网。

表 13-1　车联网产业主要政策

颁布时间	颁布主体	政策名称	支持对象	相关内容
2018.06	工信部、国家标准化管理委员会	《国家车联网产业标准体系建设指南（总体要求）》《国家车联网产业标准体系建设指南（信息通信）》《国家车联网产业标准体系建设指南（电子产品与服务）》	车联网产业	车联网产业的标准体系结构，车联网产业标准化总体工作
2018.04	工信部、公安部、交通运输部	《智能网联汽车道路测试管理规范（试行）》	智能网联汽车	明确测试主体、测试驾驶人、测试车辆等相关要求
2018.03	工信部	《2018 年智能网联汽车标准化工作要点》	智能网联汽车	智能网联汽车相关标准的研究与制定
2018.01	国家发展改革委	《智能汽车创新发展战略》	智能汽车	智能网联汽车战略意义
2017.12	工信部	《促进新一代人工智能产业发展三年行动计划（2018—2020 年）》	人工智能	未来三年车联网产业发展方向
2017.12	工信部、国家标准委	《国家车联网产业标准体系建设指南（智能网联汽车）》	智能网联汽车	车联网产业标准化工作
2017.07	国家发展改革委、交通运输部	《推进"互联网+"便捷交通促进智能交通发展的实施方案》	智能交通	自动驾驶车辆研发方向
2017.07	国务院	《新一代人工智能发展规划》	人工智能	智能网联汽车发展规划
2017.04	国家发展改革委、工信部、科技部	《汽车产业中长期发展规划》	汽车产业	明确汽车产业发展方向
2017.01	工信部	《物联网发展规划（2016—2020 年）》	物联网	物联网产业五年发展规划

数据来源：相关部门网站公开信息，赛迪顾问整理，2018 年 12 月。

第四节　产业链全景图

车联网产业链全景图如图 13-1 所示。

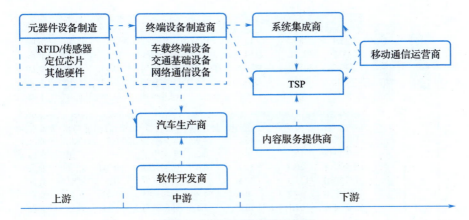

图 13-1 车联网产业链全景图

（数据来源：赛迪顾问，2018 年 12 月）

车联网产业主要分为产业链上游、中游和下游三个部分。

上游：主要包括 RFID/ 传感器、定位芯片和其他硬件等元器件设备制造商。

中游：主要包括终端设备制造商、汽车生产商和软件开发商。

下游：主要包括 TSP、系统集成商、内容服务提供商和移动通信运营商。

车联网产业链条长，产业角色丰富，从上游到下游涵盖制造业和服务业两大领域。制造业中整车厂作为核心位置，一方面作为终端、软件、服务的集成者，具有较大的话语权，另一方面也在开展自身的车载智能信息服务业务。通信芯片和通信模组由于涉及通信技术，门槛较高，主要参与者有国内的华为、大唐、中兴以及国外的高通、英特尔等通信行业领先企业。在服务领域，通信运营商以中国移动、中国联通和中国电信为主，同时运营商也在积极拓展其他车联网领域业务。车联网信息服务提供商方面，包含了传统 TSP 供应商如安吉星、主机厂自有 TSP 平台以及新兴车联网创业企业。从整个产业链条来看，初创型企业更多地集中在车载终端设备、交通基础设备、软件开发、信息和内容服务等市场刚刚起步或者门槛较低的环节。

第五节　价值链及创新

车联网价值链全景图如图 13-2 所示。

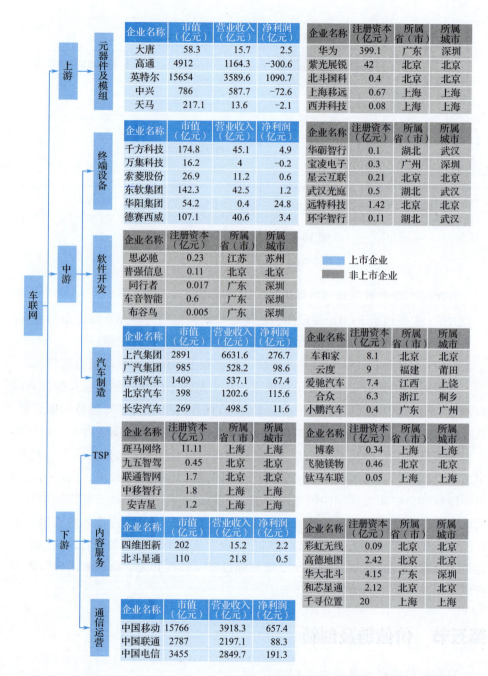

注：企业市值为 2018 年 12 月数据，营业收入和净利润为 2018 年前三季度数据。（中国移动为 2018 年上半年数据）

图 13-2　车联网价值链全景图

（数据来源：上市企业财报，企查查，赛迪顾问整理，2018 年 12 月）

1．TSP市场逐步冷静，平台方案持续摸索

TSP是车联网产业链的核心环节，统筹整合产业链其他环节的参与者，在TSP大平台上为整车厂打造车联网产品，内容涵盖TSP服务平台、呼叫中心、内容聚合、数据中心与云平台等。根据IT桔子企业注册信息查询，TSP企业在2014—2016年迎来高峰，2017年新增企业数量减少（见图13-3）。虽然无论传统TSP、整车厂还是互联网企业都在不断进入TSP产业，但是TSP目前由于盈利模式不清晰、平台需要规模效应等因素导致大部分企业仍在不断摸索中。

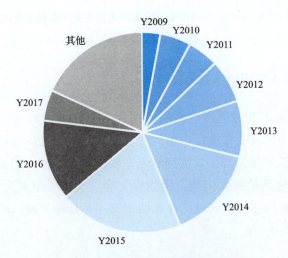

图13-3　中国TSP企业注册年份统计

（数据来源：IT桔子，赛迪顾问，2018年12月）

2．车载智能终端产业稳定增长

随着智能网联汽车的逐步发展，传统汽车零部件生产商也开始从机械电子零部件生产转向智能化汽车配件生产，不断发挥自身特长，将智能化的驾驶辅助、车辆信息监测、网络信息服务融入升级后的零部件产品，主要发展方向有驾驶辅助、地图导航、语音服务、云平台信息服务等。根据企查查平台信息，2011—2018年车载通信设备的企业稳定增长，2018年已超过1000家（见图13-4）。

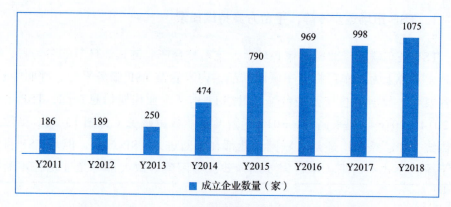

图 13-4　2011—2018 年中国车载通信设备企业新增情况

（数据来源：企查查，赛迪顾问整理，2018 年 12 月）

3．行业巨头主导通信运营和通信芯片

车联网通信离不开通信运营商的网络服务以及其拥有的公用移动通信基站。中国移动、中国联通和中国电信均成立了下属的车联网部门与子公司，力图从网络运营和基站建设着手，协同制定车联网应用标准，引领行业发展。通信芯片同样具有较高的进入门槛，国内以华为、大唐、中兴为主，开展 LTE-V2X 芯片和 5G 通信芯片的研发。在通信运营和芯片等领域，国内市场基本会被行业巨头占领。

第六节　行业龙头动向

2018 年，车联网领域的领头企业积极加大在车联网领域的投入和布局，提升自身实力、抢占市场空间、拓展市场规模，斑马网络完成首轮融资，四维图新分拆车联网业务，中国移动、联通等运营商也在进一步发展车联网业务。通过开放合作以提升市场规模，斑马网络、四维图新、华为等都在强调自身的开放性，试图吸引更多用户，提升自身平台用户数量。同时企业也在不断调整自己在产业链中的位置，充分发挥自身优势、巩固优势产业链合作关系、提升产品竞争力，如车萝卜对后装市场的专注，飞歌导航与蓦然认知的合作等。V2X 技术也有较大的进展，华为发布商用 5G 产品，国内多个建设有通信基站设施的测试场地建成，将有力加快国内 V2X 技术的应用速度。

2018 年车联网行业重大事件如表 13-2 所示。

表 13-2　2018 年车联网行业重大事件

序号	事件说明	事件主体	影响 / 意义
1	斑马网络完成 16 亿元首轮融资	斑马网络	斑马网络成功跻身独角兽行列，证明优秀的车联网服务可以为汽车增加核心竞争力。阿里巴巴通过与上汽的合作在车联网领域获得领先位置，同时斑马网络开始开放自身系统以获得更多用户
2	四维图新分拆车联网业务成立四维智联，首轮融资过亿美元	四维图新	四维图新加大在车联网领域的投入，目标是成为行业领跑者。同时获得腾讯、滴滴出行、蔚来等资本支持，与自身地图业务互补
3	长城汽车"国家智能汽车与智能交通示范区"正式启用	长城汽车	该示范区是国内第一个覆盖 5G 网络的城市道路封闭测试区，并包含其他通信基站等。示范区的建设，表明长城汽车将智能网联作为战略发展方向
4	长城汽车与百度签署《车联网战略合作协议》	百度长城汽车	长城汽车与百度双方将在车联网方面合作全面升级，合作成果将会应用到哈弗品牌全系车型
5	华为发布首款商用 C-V2X 解决方案 RSU（路边单元）	华为	华为首个商用产品可以支持中国 V2X 技术尽快落地，同时明确了华为以网联技术、车联网云平台、计算平台为主的汽车行业布局
6	斑马网络召开智行探索大会，推出 AR Driving 黑科技＋服务在线联盟	斑马网络	斑马网络在大会上公布自身战略规划，如智能高速公路以及参与冬奥会建设等，并表示还将继续以开放的姿态，不断扩大合作边界，不断更新迭代，加速整个汽车产业的智能化变革，为用户提供更为极致的出行体验
7	中国移动宣布成立全国集中的新"车联网公司"	中国移动	中移智行将作为中国移动在大交通行业的销售支撑和建设运营主体，面向交通行业，发力 5G，在智慧公路、自动驾驶、飞联网等智能大交通领域拓展相关业务
8	索菱股份发布智能座舱产品	索菱股份	索菱股份逐步完成了"CID 系统＋车联网软硬件＋智能座舱平台＋自动驾驶"的布局。同时公布了自动驾驶业务的发展进展，并与知豆电动汽车有限公司、浪潮软件集团有限公司签署了战略合作协议
9	车萝卜 AR-HUD 正式发布，三款新品主打智能车载后市场	车萝卜	汽车领域环境比较复杂，做后装产品面临很大的挑战，已经在智能车载应用领域形成"三件套"产品矩阵的车萝卜，在某些方面已经具备了超越其他竞争对手的优势，但毫无疑问仍将面临行业和市场的双重考验
10	飞歌导航与蓦然认知合作研发 AI 车机，面向前装客户提供整套方案	飞歌导航	AI 车机名叫 FlyAudio-Mor，接入了蓦然认知的车载智能交互及决策引擎 MorAuto。AI 车机被赋予了语音唤醒、语音控制等基本功能，让用户以最接近自然语言对话的形式来和汽车交互
11	安吉星全新一代车联系统迭代升级，车联应用流量终身免费	安吉星	上汽通用汽车集中发布了将于 2019 年、2020 年两年陆续上线的大批车联网创新"云"服务，标志着企业全新一代车联系统全面迭代升级。向用户提供每年 24G 的"OnStar安吉星车联网应用流量免费"服务，并推出智能车联硬件解决用户后装问题，目标是 2020 年实现 100% 车型云互联
12	国汽智联完成第二批股东增资	国汽智联	增资后，国汽智联股东由原来的 12 家发展至 21 家，涵盖国内整车制造骨干企业、网络通信领军企业、重点科研单位、高端信息龙头企业、高端零部件企业及相关 ICT 行业优秀企业等智能网联汽车相关领域的核心力量。国汽智联将与股东单位共同推动中国智能网联汽车产业的发展，力争在新一轮产业变革中抢占产业制高点、培育竞争新优势、增强国家"硬"实力

数据来源：赛迪顾问，2018 年 12 月。

第七节　市场规模预测

中国车联网市场在宏观政策、潜在市场、技术创新、基础设施建设等有利因素影响下，将保持快速增长。中国汽车市场巨大、保有量不断提升，新车搭载智能网联终端的比例将不断提升，预计 2025 之前，大部分新车都将联网，同时联网汽车渗透率也将不断提升。而随着技术和服务的不断发展，用户对车联网功能的付费意愿也将提高。短期车联网市场增长主要依靠新增硬件数量和用户增值消费，2018 年达到 486 亿元，2021 年将过千亿元（见图 13-5）。同时由于 2020 年 5G 技术的推广应用、V2X 技术的发展、用户增值付费提升等因素，市场将迎来爆发式增长，增速预计超过 60%。

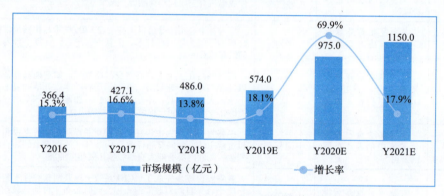

图 13-5　2016—2021 年中国车联网市场规模及预测

（数据来源：赛迪顾问，2018 年 12 月）

第八节　赛道选择建议

（1）车载通信芯片、定位芯片、通信模组等将进一步加强国产化，市场潜力较大。

（2）车载智能终端传统零部件厂商强势，可重点关注语音识别、AI 算法、手势控制等新兴核心技术供应商。

（3）自动驾驶技术将逐步融合 V2X 环境感知技术，可关注 ADAS 系统、车路协同等初创企业。

（4）信息服务等对规模化要求较高，在导航、娱乐、数据、内容等方面可关注业内领先企业。

（5）V2X 路侧协同终端和智能交通基础设施市场巨大，有望迎来爆发式增长。

（6）TSP 服务商业和运营模式仍在摸索，长期看资本巨头与汽车厂商有所战略布局，但存在与主机厂深度合作的第三方企业市场空间。

成熟的车联网市场各环节市场份额如图 13-6 所示。

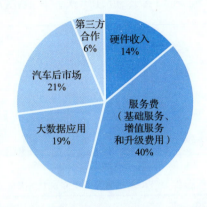

图 13-6　成熟的车联网市场各环节市场份额

（数据来源：赛迪顾问，2018 年 12 月）

第九节　资本市场动向

一、车联网领域投融资事件数量下降

从 2016—2018 年近三年的投融资事件数量来看，基本上呈现出逐年下滑的态势，如图 13-7（a）所示。从细分领域来看，出行、TSP、信息服务、硬件、整车等领域投融资事件数量最多，如图 13-7（b）所示。出行、TSP、信息服务、自动驾驶、大数据等新兴互联网及软件企业投融资数量较多。

（a）投融资事件数量（件）

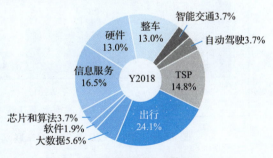

（b）细分领域占比情况

图 13-7　2016—2018 年中国车联网领域投融资事件数量及领域占比情况

（数据来源：赛迪顾问，2018 年 12 月）

二、B 轮融资和战略投资数量小幅增长

2018 年，天使轮、Pre-A 轮和 A 轮融资数量明显减少，B 轮和战略投资数量分别为 16 件和 9 件（见图 13-8），近几年来，其他轮次融资数量很少。

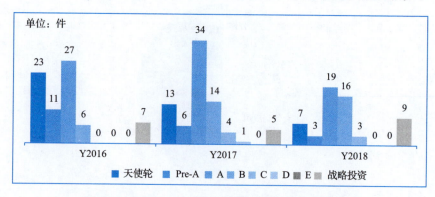

图 13-8　2016—2018 年中国车联网投融资轮次情况

（数据来源：赛迪顾问，2018 年 12 月）

三、北京、广东和东部沿海地区是投融资主要区域

从 2016—2018 年近三年的投融资发生区域来看，北京、广东、上海、浙江和江苏的投融资数量排在前 5 位，2018 年其他地区投融资数量大幅减少（见图 13-9）。

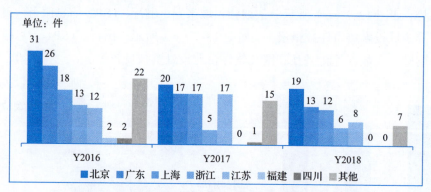

图 13-9　2016—2018 年中国车联网投融资地区分布情况

（数据来源：赛迪顾问，2018 年 12 月）

第十节　三十强潜力企业

在车联网领域未上市企业中，赛迪结合企业估值、产业链位置、核心产品

和技术、企业战略、产业生态、市场空间等因素，综合考虑企业未来发展潜力，评出 2018 赛迪车联网潜力企业 TOP 30 榜单（见表 13-3），榜单中以车联网核心产业链为主，不包含整车制造企业和出行服务企业。

车联网潜力企业主要分布在大型平台式运营服务商、信息服务商、核心技术和零部件供应商以及硬件提供商。其中如斑马网络、四维智联、高德软件等既有互联网资本支持，同时又有自身产品生态的企业，更容易实现平台规模和用户体验的相互促进。随着车联网产业的快速发展，通信芯片、导航芯片、导航信息服务等领域市场潜力大，可以形成规模效应，因此如高德、四维图新、千寻位置、紫光展锐等企业发展潜力较大。未来车联网终端的前装率会越来越高，硬件市场竞争也将愈发激烈，因此对于硬件厂商，更多的主机厂合作将成为发展的关键。

表 13-3　2018 年赛迪车联网潜力企业 TOP 30 榜单

排名	企业名称	主营业务
1	斑马网络	车载智能系统运营商
2	四维智联	数字地图、动态交通信息和车联网等服务
3	高德软件	数字地图内容、导航和位置服务解决方案提供商
4	中交兴路	商用车车联网数据平台服务
5	千寻位置	高精准位置服务提供商
6	紫光展锐	移动通信和物联网领域的 2G/3G/4G 移动通信基带芯片、射频芯片、物联网芯片等
7	飞驰镁物	综合型车联网服务提供商
8	广联赛讯	综合型车联网服务提供商
9	博泰	综合型车联网服务提供商
10	钛马	综合型车联网服务提供商
11	车音智能	基于商用级语音识别技术的人机交互平台提供商
12	思必驰	智能语音技术服务商
13	博创联动	车联网技术服务提供商，主打车联网大数据应用与整车智能控制技术服务等
14	六点整北斗	精度北斗智能网联车载终端、车联网及数据为核心
15	中移智行	综合型车联网服务提供商
16	联通智网	综合型车联网服务提供商
17	安吉星	智能车联网技术服务商
18	羲朗科技	汽车惯性导航系统研发商
19	武汉光庭	汽车电子和智能交通技术研究与产品开发
20	上海移远	GSM/GPRS、WCDMA/HSPA/LTE、GPS 模块供应商

排名	企业名称	主营业务
21	板牙科技	后装车载终端
22	麦谷科技	后装车载终端
23	同行者科技	车联网运营服务
24	翼卡车联网	车联网技术服务商
25	车联天下	智能化车载信息服务系统
26	星软	车联网动态信息云服务平台，软、硬件
27	壁虎科技	车载互联网信息终端设备
28	斯润天朗	车联网平台运营商
29	远特科技	智能汽车服务系统
30	宝凌电子	汽车音响系列、车载导航系列、车用电子地图等

注：排名不分先后。 　　　　　　　　　　　　　　数据来源：赛迪顾问，2018 年 12 月。

第十四章

碳纤维

第一节 产业定义或范畴

碳纤维（Carbon Fiber，CF）是由碳元素组成的无机高分子纤维状碳材料，含碳量在 90% 以上。作为一种连续细丝碳材料，碳纤维具有高强度、高模量、低密度、耐腐蚀、稳定性好、导电、导热等特点，是为数不多的同时具有优异电学、热学和力学性能的材料之一。碳纤维无法单独使用，必须通过复合方式制成碳纤维复合材料后才可应用。

碳纤维复合材料，即碳纤维增强复合材料，是由碳纤维作为增强体与其他基体材料复合而成，主要包括聚合物基、碳基、金属基、陶瓷基等各类复合材料。目前应用最为广泛的是碳纤维增强聚合物基复合材料（Carbon Fiber Reinforced Polymer，CFRP）。碳纤维复合材料拥有优异的比强度、比模量和耐候性，在现有结构材料中具有显著优势，近年来已逐步在体育休闲、汽车轨道交通（以下简称汽车轨交）、航天军工、风电船舶等领域得到广泛应用，是未来最具发展前景的先进新材料之一。

第二节 赛迪重大研判

（1）差距：国产碳纤维发展迅猛，但在生产技术、产线规模、应用领域等方面仍与国外龙头企业有较大差距，因而使用国产碳纤维生产的复合材料难以应用到高端领域，进而导致部分国产碳纤维复合材料同样与国外存在差距。

（2）困难：短期内国产碳纤维复合材料在高端领域应用仍存在一定困难，尤其在汽车领域，除了碳纤维技术瓶颈，还存在现有汽车工业的产线转换、复合材料部件的制造效率低、使用破损后修复价值低等问题。

（3）突破：未来国产碳纤维复合材料将有望大幅降低成本，将在工业领域的应用得到突破，特别是在汽车轻量化、风电叶片、电线电缆、压力容器等领域用量将持续扩大。

（4）爆发："产业链延伸＋产业集聚＝中国碳纤维产业爆发"，碳纤维及其复合材料的产业链结构复杂，通过产业链延伸与产业集聚的结合，未来 5 年将是我国碳纤维及其复合材料产业爆发的关键时间节点。

第三节　产业政策分析

一、产业环境

1. 国际巨头占市场主要份额，国内市场自给率依旧偏低

全球碳纤维的生产主要集中在日本、美国和欧洲，产业集中度非常高。以日本东丽、德国西格里、日本三菱丽阳、日本东邦、美国赫氏为代表的国际巨头，占据了全球 70% 以上的市场份额。由于我国碳纤维产业起步较晚，多个品级产品存在生产瓶颈，尚未完全涉足复合材料和终端产品的设计环节，下游市场认可度较低，导致国内碳纤维市场自给率较低，2017 年自给率仅为 30.5%，2018 年略有上升，但浮动空间有限。

2. 我国碳纤维产品层级逐步提升，但核心技术仍需突破

近年来，随着我国碳纤维技术的不断突破，相关企业加速布局产业链，从 T300 到 T1000，从百吨级产线到千吨级产线，我国碳纤维及其复合材料产业已在产品品级、产线规模、应用领域等方面迅猛发展。但在核心技术（如高强高模碳纤维、高端大丝束碳纤维、高端装备、核心助剂、复合材料设计）、应用（如汽车、航天领域）等方面均与国际领先企业存在较大差距。

二、政策导向

1. 碳纤维战略意义重大，国家大力推动国产碳纤维向产业化、高性能发展

碳纤维作为航天航空和国防领域应用高端新材料之一，具有重大战略意义，已于 2013 年被列为战略新兴产业的重点产品。2017 年 1 月工信部、国家发展

改革委、科技部、财政部联合发布的《新材料产业发展指南》中明确提出"到2020年，新材料产业规模化、集聚化发展态势基本形成，突破金属材料、复合材料、先进半导体材料等领域技术装备制约，在碳纤维复合材料、高品质特殊钢、先进轻合金材料等领域实现70种以上重点新材料产业化及应用，建成与我国新材料产业发展水平相匹配的工艺装备保障体系"。从国家层面推动国内碳纤维产业逐步完成材料实验向产业、低端向高端、单一向多元化转变。

2."首台套"和"首批次"政策激励企业创新，力推国产碳纤维走向市场

"产业升级，材料先行"，在我国产业升级的关键时间节点，国家层面对战略性关键材料给予了极大的重视与支持，尤其是近年来接连出台和更新的《首台（套）重大技术装备推广应用指导目录》以及《重点新材料首批次应用示范指导目录》，明确将碳纤维列为重点领域，加上地方层面的各类专项政策，我国已在装备配套、技术升级、产业落地等多个维度对碳纤维产业给予支持，旨在提升科技转化率、降低企业风险，助力我国碳纤维产业快速发展。

碳纤维产业主要政策如表 14-1 所示。

表 14-1　碳纤维产业主要政策

颁布时间	颁布主体	政策名称	支持对象	相关内容
2006.02	国务院	《国家中长期科学和技术发展规划纲要（2006—2020 年）》	复合材料	重点研究开发满足国民经济基础产业发展需求的高性能复合材料
2013.02	国家发展改革委	《战略性新兴产业重点产品和服务指导目录》（2013 版）	碳纤维	明确把高性能碳纤维作为战略新兴产业重点产品
2013.09	工信部	《产业关键共性技术发展指南（2013 年）》	碳纤维	将碳纤维复合材料废弃物低成本回收及其应用技术、高新技术纤维技术、长／连续纤维增强热塑性复合材料规模化制造技术列为主要技术内容
2013.10	工信部	《加快推进碳纤维行业发展行动计划》	碳纤维	提出初步建立碳纤维及其复合材料产业体系，以及工业应用规模发展目标
2015.11	工信部	《产业关键共性技术发展指南（2015 年）》	碳纤维	对碳纤维低成本技术进一步加以明确
2016.12	工信部、国家发展改革委	《化纤工业"十三五"发展指导意见》	碳纤维	碳纤维重点攻克低成本、高稳定性制造技术和装备，开发适用不同领域需求、不同档次的纤维品种，并以汽车轻量化和大飞机制造等国家重大工程为契机，重点攻克高端纤维及复合材料生产技术

颁布时间	颁布主体	政策名称	支持对象	相关内容
2017.01	工信部、国家发展改革委、科技部、财政部	《新材料产业发展指南》	碳纤维复合材料	将高性能碳纤维及复合材料列为关键战略材料。在航空航天装备材料中突破高强高模碳纤维产业化技术，开展大型复合材料结构件研究及应用测试
2017.01	国家发展改革委	《战略性新兴产业重点产品和服务指导目录》（2016 版）	碳纤维复合材料	将高性能碳纤维及其复合材料列为高性能纤维及复合材料类别中的首个重点材料
2017.07	工信部	《重点新材料首批次应用示范指导目录（2017年版）》	碳纤维、碳纤维复合材料	在关键战略材料章节，涉及碳纤维、碳纤维复合芯导线、车用碳纤维复合材料三种碳纤维相关产品
2017.10	工信部	《产业关键共性技术发展指南（2017 年）》	碳纤维	从制造技术与装备、表面处理、检测技术等方面对碳纤维核心技术进一步加以明确
2018.01	工信部	《首台（套）重大技术装备推广应用指导目录（2017 版）》	碳纤维	首台套政策中首次出现碳纤维相关装备为"碳纤维多轴向经编机"

数据来源：相关部门网站公开信息，赛迪顾问整理，2018 年 12 月。

第四节　产业链全景图

碳纤维产业主要集中在碳纤维、碳纤维复合材料两个层面，就全产业链概念来说，还包括原料、树脂与助剂、装备与模具。

碳纤维及其复合材料产业链全景图如图 14-1 所示。

上游原料环节：有机纤维碳化法生产碳纤维的最初原材料是从一次能源生产得到聚丙烯腈、沥青、黏胶纤维三种原料。由于聚丙烯腈纤维（PAN 纤维）制备碳纤维的工艺相对简单、产品收率较高且力学性能更佳，目前是业内使用最多的原料，占碳纤维原料总消耗量的 85% 以上。

碳纤维与碳纤维复合材料生产环节：由于碳纤维制备环节较高的技术门槛，目前国内该环节的企业数量远少于碳纤维产业链其他环节的企业数量，是典型的高技术密集型产业。碳纤维复合材料的多样化特性体现在基体材料、终端产品种类与形态等方面，这意味着碳纤维复合材料的多样化特性在带来无限发展前景的同时，对技术成熟度、市场匹配度、模式灵活度的要求更为苛刻。

下游应用环节：碳纤维复合材料的下游应用技术难度较高，从设计开发到成形制造的各个环节，复合材料与终端产品均需要紧密衔接，随之而来的较高的研发投入与生产成本导致了眼下碳纤维的应用局限。但随着国内碳纤维材料生产工艺的优化以及生产规模的扩大，预计未来国产碳纤维材料将有望大幅降低成本，在工业领域得到更多的应用。

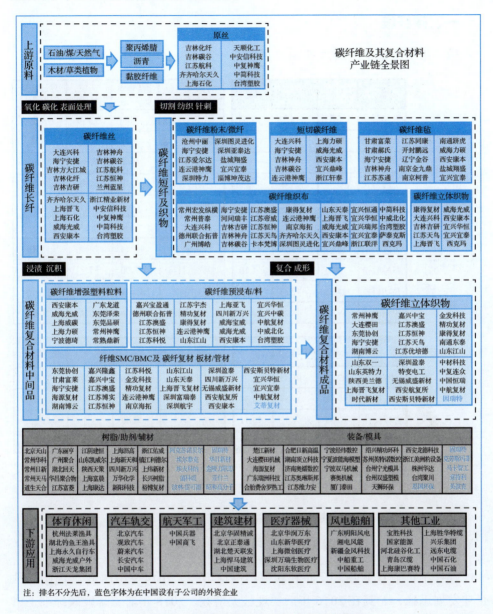

图 14-1 碳纤维及其复合材料产业链全景图

（数据来源：赛迪顾问，2018 年 12 月）

第五节 价值链及创新

一、碳纤维

碳纤维价值链全景图如图 14-2 所示。

企业名称	总市值（亿元）	营业收入（亿元）	净利润（亿元）
东华能源	138.25	344.91	9.03
吉林化纤	40.99	19.45	1.28
吉林碳谷	10.35	1.41	-0.10
上海石化	563.92	808.20	46.60

企业名称	总市值（亿元）	营业收入（亿元）	净利润（亿元）
方大炭素	346.67	91.76	45.25
恒神股份	28.15	1.20	-1.10
精功科技	24.21	7.33	0.32
中钢国际	59.44	44.24	2.82

企业名称	总市值（亿元）	营业收入（亿元）	净利润（亿元）
康得新	407.20	108.35	22.01
光威复材	139.88	9.84	2.37
吉林碳谷	10.35	1.72	3.11
联洋新材	1.93	1.48	0.02

企业名称	注册资本（万元）	所属省（市）	所属城市
大连兴科	3000	辽宁	大连
吉林方大江城	5000	吉林	吉林
吉林神舟	20000	吉林	吉林
兰州蓝星	86250	甘肃	兰州
齐齐哈尔天久	6000	黑龙江	齐齐哈尔
上海晋飞	7400	上海	上海
西安康本	44254	陕西	西安
中安信科技	65000	河北	廊坊
中复神鹰	61499	江苏	连云港
中简科技	36000	江苏	常州

企业名称	注册资本（万元）	所属省（市）	所属城市
甘肃郝氏	5000	甘肃	兰州
江苏同康	3016	江苏	南通
辽宁金谷	3000	辽宁	辽阳
南京柯普新材	1200	江苏	南京

■ 上市企业　■ 非上市企业

注：企业市值为 2018 年 11 月数据，营业收入和净利润为 2018 年前三季度数据。

图 14-2　碳纤维价值链全景图

（数据来源：上市企业财报，赛迪顾问，2018 年 12 月）

碳纤维行业营业收入及净利润保持高速增长。2014—2018 年国内碳纤维企业发展迅猛，尤其在 2016 年后实现较大增幅。2018 年前三季度碳纤维上市企业营业收入达到 1445 亿元，较上年同期增长 25.6%，净利润达到 130 亿元，较上年同期增长 39.2%，营业收入及净利润保持高速增长态势（见图 14-3）。

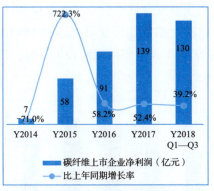

（a）上市企业营业收入及增长情况　　　　（a）上市企业净利润及增长情况

图 14-3　2014—2018 年中国碳纤维上市企业规模及增长情况

（数据来源：赛迪顾问，2018 年 12 月）

二、碳纤维复合材料

碳纤维复合材料价值链全景图如图 14-4 所示。

企业名称	总市值（亿元）	营业收入（亿元）	净利润（亿元）
博云新材	30.82	4.13	0.06
光威复材	139.88	9.84	3.11
海源复材	20.18	2.08	0.06
恒神股份	28.15	1.20	-1.10
金发科技	132.58	185.49	6.54
商赢环球	44.93	18.70	-0.45

企业名称	总市值（亿元）	营业收入（亿元）	净利润（亿元）
安泰科技	51.92	38.34	-0.80
哈工智能	45.69	18.26	1.01
金发科技	132.58	185.49	6.54
精功科技	24.21	7.33	0.32
康得新	407.20	108.35	22.01
宁波华翔	72.27	107.15	5.04
时代新材	59.57	83.16	0.86
双一科技	21.43	3.72	0.78
特变电工	259.64	282.23	19.39
智慧能源	101.65	126.48	2.98
华伍股份	20.68	6.31	0.41

企业名称	注册资本（万元）	所属省（市）	所属城市
常州神鹰复材	11362	江苏	常州
嘉兴宝盈通	10000	浙江	嘉兴
嘉兴中宝	6450	浙江	嘉兴
江苏科悦新材	10800	江苏	宿迁
江苏天鸟	3880	江苏	无锡
精功复材	23320	浙江	绍兴
南通东泰	8383	江苏	南通
山东江山科技	3200	山东	德州
山东天泰	3000	山东	泰安
山东英特力新材	3000	山东	济宁
上海晋飞	7400	上海	上海
深圳盈泰	5000	深圳	深圳
四川新万兴	15544	四川	乐山
西安康本	44254	陕西	西安
宜兴华恒	3000	江苏	无锡
中材科技	129086	江苏	南京
中复连众	25131	江苏	连云港
中航复材	79400	北京	北京
中威北化	8000	山东	威海

■ 上市企业　■ 非上市企业

注：企业市值为 2018 年 11 月数据，营业收入和净利润为 2018 年前三季度数据

图 14-4　碳纤维复合材料价值链全景图

（数据来源：上市企业财报，赛迪顾问，2018 年 12 月）

碳纤维复合材料营业收入及净利润保持快速增长。2018 年前三季度碳纤维复合材料上市企业营业收入达到 1003 亿元，较上年同期增长 6.2%，净利润达到 60 亿元，较上年同期增长 11.6%，营业收入及净利润保持高速增长态势（见图 14-5）。

（a）上市企业营业收入及增长情况　　　　（b）上市企业净利润及增长情况

图 14-5　2014—2018 年中国碳纤维复合材料上市企业规模及增长情况

（数据来源：赛迪顾问，2018 年 12 月）

第六节　行业龙头动向

国产碳纤维及其复合材料以康得集团、神鹰集团、精功集团、威海光威、江苏恒神、吉林碳谷"六大龙头"为主，合计市场占有率超过国产碳纤维的 80%，且掌握绝大多数国产碳纤维的尖端技术，并领衔发展多个碳纤维产业园区。2018 年，我国碳纤维龙头企业持续突破碳纤维及其复合材料生产和应用的技术瓶颈，主要包括我国自主研发的首条百吨级 T1000 碳纤维生产线投产、T700 通过航天发动机认证、石墨化装备研制成功、中车推出新一代碳纤维地铁车辆等，推动了国产碳纤维高端化进程。2018 年中国碳纤维产业重大事件如表 14-2 所示。

表 14-2　2018 年中国碳纤维产业重大事件

序号	事件说明	事件主体	影响／意义
1	我国自主研发的首条百吨级 T1000 碳纤维生产线投产	中复神鹰	2018 年 2 月，我国完全自主研发的第一条百吨级 T1000 碳纤维生产线在江苏连云港开发区实现投产且运行平稳，标志着我国高性能碳纤维再上一个新台阶。目前，中国建材集团所属中复神鹰碳纤维公司已系统掌握了 T700 级、T800 级千吨级技术和 T1000 级、M30 级、M35 级百吨级技术

续表

序号	事件说明	事件主体	影响/意义
2	光威复材 T700 通过航天发动机认证	光威复材	2018 年 7 月，光威复材提供的 CCF700S 碳纤维在我国固体火箭发动机壳体上验证成功。此次验证成功标志着我国突破了国产干喷湿纺工艺碳纤维在重点武器型号等航天应用领域的技术瓶颈，打破了国外高性能碳纤维企业在中国市场的长期垄断，实现了干喷湿纺工艺碳纤维的技术突破，对航天领域新一代重点型号火箭发动机的研制和批量生产起到了重要支撑作用
3	精功科技研制成功有效幅宽 1m 碳纤维微波石墨化生产线	精功科技	2018 年 8 月，精功科技的控股子公司浙江精虹科技有限公司与永虹股份联合开展的有效幅宽 1m 碳纤维微波石墨化生产线研制成功。常规 T300/T400 碳丝经过该生产线微波石墨化处理后，模量和强度均可提升 10%～15%，最终产品品质等级达 T700/T800 以上，填补国内空白。该生产线的研制成功，是碳纤维装备行业领域中微波石墨化工艺技术应用的重大突破，将进一步加快推动国内碳纤维装备产业化，为低成本、高性能碳纤维生产奠定坚实的基础
4	中车发布新一代碳纤维地铁车辆	中国中车	2018 年 9 月，在德国举行的柏林国际轨道交通技术展（InnoTrans 2018）上，中车正式发布新一代碳纤维地铁车辆"CETROVO"。该车是我国的全新一代地铁，采用大量先进的新材料、新技术研制，在节能环保、舒适、智能等方面相比传统地铁实现全面升级，是我国地铁领域的最新技术成果，代表着未来地铁列车的技术潮流

数据来源：赛迪顾问，2018 年 12 月。

第七节　市场规模预测

2018 年中国碳纤维市场需求量为 2.81 万吨，市场规模为 65.3 亿元，同比增长 26.9%（见图 14-6）。市场规模不断提升，除了来源于体育用品外，同时来源于不断升级的汽车产业轻量化需求以及无人机、高端电缆、新型压力容器等新兴领域需求。

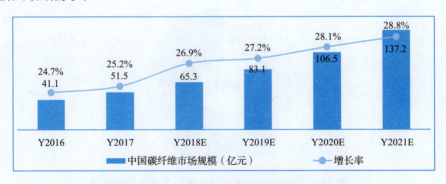

图 14-6　2016—2021 年中国碳纤维市场规模及预测

（数据来源：赛迪顾问，2018 年 12 月）

2018 年中国碳纤维复合材料市场规模为 135.4 亿元，同比增长 19.8%（见图 14-7）。随着国内碳纤维产品的逐步升级与产能扩大，以及市场需求的不断上涨，碳纤维复合材料厂家也加快了拓展升级的发展进程。

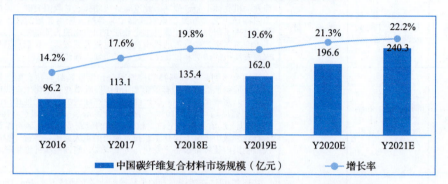

图 14-7　2016—2021 年中国碳纤维复合材料市场规模及预测

（数据来源：赛迪顾问，2018 年 12 月）

国内碳纤维市场仍以较低端的 T300 品级为主。目前国内市场碳纤维产品主要有 T300 级、T700 级、T800 级以上产品。由于 T300 级技术成熟、生产成本低，价格相对较为低廉，且下游应用已成熟，各领域市场逐渐开拓，产品市场占比最高，达到 51.4%；T700 级产品千吨级生产线已稳产，下游领域拓展进程正逐步加快，较上年上涨 3.8%，产品市场占比达到 32.7%；T800 级及 T1000 级在航天军工领域需求旺盛，但制备工艺复杂，国产大规模制备技术稳定性方面与国外产品存在较大差距，目前仅有百吨线在产，市场产品仍以进口产品为主，市场占比较低，仅有 15.9%（见图 14-8）。

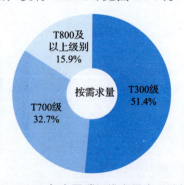

图 14-8　2018 年中国碳纤维市场产品结构情况

（数据来源：赛迪顾问，2018 年 12 月）

国内碳纤维及其复合材料下游应用以体育休闲为主。2018 年国内碳纤维及其复合材料的下游市场中，体育用品领域仍是应用占比最高的行业，占比为 51.0%，而风电船舶、建筑建材、航天军工和汽车轨道交通（以下简称"汽车轨交"）领域合计仅为 31.0%（见图 14-9）。在碳纤维环节，国产民用碳纤维材料级别较低，无法大规模应用于航空航天、汽车轨交等高端领域，自给率偏低。

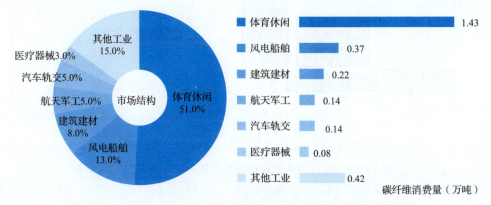

图 14-9   2018 年中国碳纤维及其复合材料细分应用领域结构情况

（数据来源：赛迪顾问，2018 年 12 月）

第八节 赛道选择建议

（1）经过多年发展，目前我国通用级碳纤维已步入成熟期，高性能碳纤维已处于高速成长期，未来 5 年内国产高强高模碳纤维将持续投资热度爬升。

（2）复合材料部分，我国碳纤维下游仍以树脂基复合材料为主，未来除树脂基外，首先将拓展碳基、陶瓷碳纤维复合材料，未来 5 年内将进入全面爆发期，资本可考虑进入。

（3）在应用领域方面，目前我国生产的碳纤维仍主要应用于体育休闲领域，该领域市场已非常成熟，投资价值不高。未来 5 年内碳纤维在民用无人机、风电叶片、电线电缆等领域的应用市场将迎来爆发期，具有较高的可投资性。另外，商用飞机在未来 5 ～ 10 年内使用复合材料的占比将大幅上涨，可考虑较后阶段进入此领域。

2018 年中国碳纤维及其复合材料（以下简称"碳纤复材"）发展成熟度如图 14-10 所示。

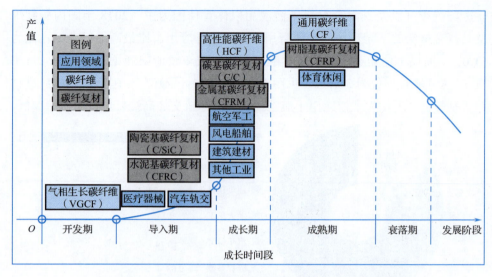

图 14-10 2018 年中国碳纤维及其复合材料发展成熟度

（数据来源：赛迪顾问，2018 年 12 月）

第九节 资本市场动向

一、碳纤维领域投融资事件数量较少

碳纤维作为战略新兴材料，技术门槛较高，稳定在产企业较少，业内投融资事件数量并不多。近年来，主要融资企业为双一科技、道生天合、康得新、光威复材、恒神股份、康达化工等。

2016—2018 年中国碳纤维领域主要投融资事件数量如图 14-11 所示。

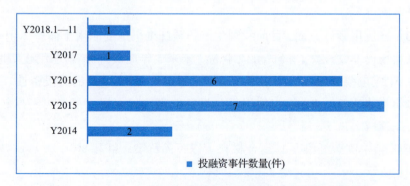

图 14-11 2016—2018 年中国碳纤维领域主要投融资事件数量

（数据来源：赛迪顾问，2018 年 12 月）

二、碳纤维企业并购主要目的为延伸产业链

部分碳纤维企业通过并购产业上下游的企业，延伸碳纤维产品相关产业链，提升企业碳纤维复合材料在各个应用领域的竞争力。2018 年中国碳纤维企业并购事件如表 14-3 所示。

表 14-3 2018 年中国碳纤维企业并购事件

序号	事　件	意　　义
1	安泰科技收购科特萨	2018 年 5 月，安泰科技参与设立的并购基金管理公司启赋安泰投资管理公司，通过其与明德投资共同管理的基金完成了对德国高端碳纤维复合材料公司科特萨公司（Cotesa GmbH）100% 股权的收购，具体数额没有披露。国内复合材料部件企业普遍缺乏针对民用飞机的设计、试验、评价、验证的技术体系和技术能力。安泰科技将协助科特萨公司在中国常州设立生产基地，利用其先进的技术体系为中国客户提供复合材料部件的系统解决方案
2	楚江新材收购江苏天鸟	2018 年 8 月，楚江新材拟以 10.8 亿元收购江苏天鸟 90% 股权并募集配套资金，用于江苏天鸟一系列的投资项目建设。江苏天鸟是国内唯一产业化生产飞机碳刹车预制件的企业，也是国内最大的碳/碳复合材料预制体生产企业。未来楚江新材将针对江苏天鸟和先前收购的特种大型热工装备重要研制生产单位湖南顶立科技两家公司，在资金、技术支持、研发合作、管理经验、市场开拓等各方面互补和提升，以加强楚江新材的综合竞争优势

数据来源：赛迪顾问，2018 年 12 月。

第十节　百强潜力企业

针对碳纤维产业链，赛迪顾问重点分析了原丝、碳纤维、碳纤维复合材料、树脂与助剂、装备与模具 5 大类企业，确定了潜力企业竞争力指标体系共包括一级指标 4 个、二级指标 20 个，基本涵盖了潜力企业竞争力所包含的内容，2018 年赛迪碳纤维全产业链潜力企业 TOP 100 榜单如表 14-4 所示，该榜单体现了相关企业在现有融资实力、产品研发能力、产线升级能力、市场拓展能力、模式创新能力、未来发展潜力等各个方面的水平程度，综合反映了其成长性竞争力的大小。

表 14-4 2018 年赛迪碳纤维全产业链潜力企业 TOP 100 榜单

排名	企业名称	碳纤维相关业务	排名	企业名称	碳纤维相关业务
1	康得集团	ABC	6	中材科技	C
2	精功集团	BC	7	吉林碳谷	AB
3	神鹰集团	ABC	8	中航复材	C
4	威海光威	BC	9	上海石化	AB
5	江苏恒神	BC	10	道生天合	D

排名	企业名称	碳纤维相关业务	排名	企业名称	碳纤维相关业务
11	金发科技	C	44	南京柯普新材	B
12	海源复材	C	45	吉林方大江城	B
13	中简科技	AB	46	江苏帝威新材	B
14	吉林化纤	AB	47	天顺化工	A
15	万华化学	D	48	陕西天策新材	D
16	山东凯威尔新材	D	49	镇江利德尔复材	D
17	湖北回天新材	D	50	辽宁金谷	B
18	中威北化	BC	51	广东丽亨化学	D
19	湖南博云新材	C	52	广东龙道新材	C
20	山东双一科技	C	53	南通东泰	C
21	江苏科悦新材	C	54	江苏优培德复材	C
22	康达化工新材	D	55	江苏同康	B
23	江苏维力安	E	56	联合拓普复材	BC
24	江苏航科	AB	57	宁波双马机械	E
25	甘肃郝氏	B	58	赛奥机械	E
26	兰州蓝星	B	59	海宁安捷复材	BC
27	齐齐哈尔天久	AB	60	江苏澳盛复材	BC
28	宏发纵横新材	B	61	山东天泰	BC
29	浙江联洋新材	B	62	江苏爱尔达复材	B
30	深圳盈泰	C	63	无锡威盛新材	C
31	广州聚合新材	D	64	吉林神舟	B
32	西安康本	BC	65	常州日新树脂	D
33	新阳科技	D	66	浙江轩泰	B
34	四川新万兴	CD	67	大连樱田	C
35	上海晋飞	BC	68	宁波经纬数控	E
36	嘉兴宝盈通	C	69	嘉兴中宝	C
37	江苏天鸟	BC	70	常州华科聚合物	D
38	湖南顶立科技	E	71	北京天山新材	D
39	上海沥高	D	72	宜兴宜泰	BC
40	江苏博实	C	73	吉林吉研	B
41	中复连众	C	74	东莞协创复材	C
42	山东江山科技	C	75	甘肃富莱	BC
43	山东英特力新材	C	76	宜兴中碳	C

续表

排名	企业名称	碳纤维相关业务	排名	企业名称	碳纤维相关业务
77	大连兴科	B	89	广东瑞洲科技	E
78	常州天马	D	90	江苏富菱化工	D
79	江苏奥琳斯邦	E	91	陕西美兰德炭素	C
80	宜兴恒通	B	92	厦门泰田	E
81	南京海拓复材	BC	93	江阴建恒化工	D
82	宜兴华恒	BC	94	美洲豹特种设备	E
83	西安龙德科技	E	95	南京金九鼎复材	B
84	威海宝威新材	C	96	上海力硕	BC
85	上海富晨化工	D	97	常州普泰	B
86	华昌聚合物	D	98	江苏宇杰	B
87	广州博皓	B	99	浙江佑威新材	D
88	上海新天和树脂	D	100	奥琳斯邦复材	C

数据来源：赛迪顾问，2018年12月。

注：(1) 排名不分先后。

（2）碳纤维相关业务类别：A. 原丝；B. 碳纤维；C. 碳纤维复合材料；D. 树脂与助剂；E. 装备与模具。

第十五章

石墨烯

第一节　产业定义或范畴

　　石墨烯是指不多于 10 个碳原子层的二维碳材料，包括单层石墨烯、双层石墨烯、少层石墨烯、氧化石墨烯（单层、多层）、还原氧化石墨烯（单层、多层）以及功能化石墨烯材料。石墨烯粉体是指一定尺寸的石墨烯颗粒的集合体，石墨烯浆料是指将石墨烯粉体加入一种或多种溶剂而形成的黏稠混合物。石墨烯薄膜是指由甲烷（或其他气体）通过化学气相沉积法制得的单层、双层或多层石墨烯膜材料。

第二节　赛迪重大研判

　　（1）2021 年中国石墨烯材料市场规模将达到 6.7 亿元。

　　（2）2021 年中国石墨烯粉体市场将占据主要市场，占比达到 83.2%。

　　（3）石墨烯重点企业主要分布在京津冀鲁、长三角、珠三角和中西部重点地区，长三角地区是石墨烯产业上市企业数目最多的地区。

　　（4）投融资金额整体呈回升趋势，2018 年投融资金额超过 12 亿元，其中锂离子电池导电浆料领域投融资金额最高。

　　（5）上游原料石墨及甲烷上市企业营业收入及净利润保持高速增长，细分领域结构比例相对稳定；石墨烯中游产品上市企业营业收入在不断增长，净亏损金额在逐年降低；石墨烯下游应用上市企业相关产品竞争逐年增强，净利润下降。从各细分应用领域来看，散热器件、锂离子电池上市企业石墨烯下游产品净利润率较高，触控传感器企业净利润率最低，仍为亏损状态。

（6）石墨烯导电浆料已率先在锂离子电池应用中突破批量供货。

（7）发热膜、复合材料、锂离子电池负极、超级电容器、燃料电池及应变传感器等在短期内将持续投资热度爬升。

第三节　产业政策分析

一、产业环境

1．突破石墨烯制备技术是关键

发展石墨烯产业关键在于突破低成本、高品质石墨烯批量制备技术。石墨烯的下游应用市场需求庞大，越来越多的石墨烯制备企业逐步推出石墨烯导电浆料、石墨烯发热膜等产品。目前石墨烯制备技术不完善，石墨烯粉体及浆料、石墨烯薄膜等产品的性能和价格对比于现有产品均无明显替代优势。突破石墨烯制备技术仍是发展石墨烯产业的关键。

2．资本市场及地方政府热度不减

近年来，东旭光电、道氏技术、华丽家族、恒大集团、德尔未来、中泰化学、宝泰隆和贝特瑞等多家上市企业通过收购或投资等形式进军石墨烯产业。国内石墨烯产业基金总金额已超过 50 亿元。地方政府也通过出台对应政策，推进石墨烯创新中心建设等方式扶持石墨烯产业的发展。

3．石墨烯下游应用专利申请最为活跃

从中国石墨烯专利涉及领域来看，石墨烯下游应用专利申请最为活跃，2018 年上半年申请数量为 4527 个，而原材料及制备相关专利申请数量只有 604 个。从应用领域来看，储能、化工、电子信息、水处理、气体处理和医疗健康六个下游应用领域专利申请数量排名靠前，主要应用于锂离子电池、铅酸电池、导热材料、散热膜和发热膜。

二、政策导向

1．首批次应用指导目录明确石墨烯应用方向

2017 年 9 月 12 日工信部发布《重点新材料首批次应用示范指导目录（2017

年版）》，列出石墨烯薄膜、石墨烯改性防腐涂料、石墨烯导电发热纤维及石墨烯发热织物、石墨烯导静电轮胎、石墨烯增强银基电接触功能复合材料为前沿新材料。通过明确石墨烯新材料应用发展方向，做好重点新材料首批次应用保险补偿机制试点工作，引导石墨烯下游应用快速、健康发展。2018 年版已于 2018 年 12 月 28 日正式发布，石墨烯润滑油为新增内容之一。

2．首批次应用保险补偿机制推动石墨烯首批次应用落地

2018 年 11 月 9 日，北京经济和信息化局在北京国际会议中心举办了北京市新材料首批次应用保险补偿机制及相关政策宣贯会。首批次应用保险补偿机制就是依据正式发布的《重点新材料首批次应用示范指导目录（2017 年版）》要求，给予企业不多于保险费 80% 的国家财政支持，直接促进该指导目录中包括石墨烯等首批次应用产品的市场推广，助力石墨烯企业打开下游市场。

3．标准体系将进一步完善

2018 年 3 月 13 日，国家质检总局等九部门联合推出《新材料标准领航行动计划（2018—2020 年）》，构建新材料产业标准体系，聚焦石墨烯等先导产业技术开展标准布局，规划未来发展格局和路径，研制石墨烯等新材料"领航"标准，完善标准体系。

石墨烯产业主要政策如表 15-1 所示。

表 15-1　石墨烯产业主要政策

颁布时间	颁布主体	政策名称	支持对象	相关内容
2017.01	工信部、国家发展改革委、科技部、财政部	《新材料产业发展指南》	新材料	将石墨烯列入前沿新材料先导工程，布局前沿新材料
2017.01	工信部、国家发展改革委	《产业用纺织品行业"十三五"发展指导意见》	石墨烯	拓展石墨烯、碳纳米管等功能新材料的应用，大力开发产业用纺织品新品种，提高产品性能，拓展应用新领域
2017.04	科技部	《"十三五"材料领域科技创新专项规划》	石墨烯粉体、石墨烯薄膜	重点发展单层薄层石墨烯粉体、高品质大面积石墨烯薄膜工业制备技术、柔性电子器件大面积制备技术，以及石墨烯粉体高效分散、复合与应用技术
2017.09	工信部	《重点新材料首批次应用示范指导目录（2017 年版）》	石墨烯	列出石墨烯薄膜、石墨烯改性防腐涂料、石墨烯导电发热纤维及石墨烯发热织物、石墨烯导静电轮胎、石墨烯增强银基电接触功能复合材料为前沿新材料

颁布时间	颁布主体	政策名称	支持对象	相关内容
2017.09	工信部、财政部、保监会	《关于开展重点新材料首批次应用保险补偿机制试点工作的通知》	新材料	建立新材料应用保险补偿机制，给予企业不多于保险费 80% 的国家财政支持
2017.09	中共中央国务院	《中共中央国务院关于开展质量提升行动的指导意见》	石墨烯	加入质量提升行动方案，提出加强石墨烯、智能仿生材料等前沿新材料布局，逐步进入全球高端制造业采购体系
2017.11	国家标准委、工信部	《国家工业基础标准体系建设指南》	石墨烯	开展石墨烯及制品等产品性能与检验方法标准研制
2017.11	国家发展改革委	《增强制造业核心竞争力三年行动计划（2018—2020年）》	石墨烯	列入增强制造业核心竞争三年行动计划，重点发展汽车用超强钢板、新型稀有稀贵金属材料、石墨烯等产品
2017.12	工信部、科技部	《国家鼓励发展的重大环保技术装备目录（2017年版）》	石墨烯	将石墨烯 / 高分子复合材料透水膜浓缩装备、氧化石墨烯复合碳膜等重大环保技术装备列入目录
2018.03	国家质检总局、工信部、国家发展改革委、科技部、国家国防科工局、中国科学院、中国工程院、国家认监委、国家标准委	《新材料标准领航行动计划（2018—2020年）》	石墨烯	制定石墨烯材料术语和代号、含有石墨烯材料的产品命名方法等国家标准，明确石墨烯概念内涵，规范产业健康有序发展。开展石墨烯材料相关新产品设计、研发、制备、包装储运、应用、消费等全产业链标准化研究，建立材料应用和性能长周期数据库，构建覆盖石墨烯原材料、石墨烯应用材料等产业链标准体系，引领石墨烯产业链协同发展。研究制定石墨烯层数测定、比表面积、导电率等物化特征和性能表征与评价方法标准，开展标准的比对试验验证，加强与石墨烯研究领先国家合作，共同提出石墨烯国际标准提案
2018.08	工信部	《关于发布2018年工业转型升级资金（部门预算）项目指南的通知》	石墨烯	解决高品质石墨烯粉体与石墨烯薄膜的可控与规模化制备共性技术难题，设计研发规模化制备关键设备，打造不低于 5 个石墨烯示范应用产业链

数据来源：相关部门网站公开信息，赛迪顾问整理，2018 年 12 月。

第四节　产业链全景图

中国石墨烯产业化进程正从高校和科研院所的研究探索向企业生产延伸，

逐步进入规模化生产阶段。随着石墨烯应用和产业化的不断拓展，以石墨烯原材料及设备、中游产品和下游应用为主体的产业链初步确立，已出现第六元素、青岛昊鑫、二维碳素和鸿纳新材料等一批致力于石墨烯商用化企业。

中国石墨烯产业链全景图如图 15-1 所示。

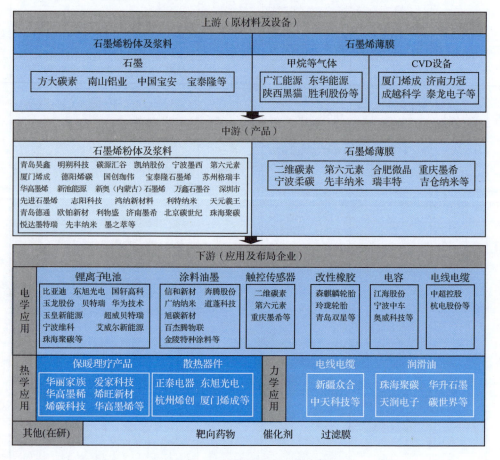

图 15-1　中国石墨烯产业链全景图

（数据来源：赛迪顾问，2018 年 12 月）

第五节　价值链及创新

一、上游原材料及设备

石墨烯上游原材料及设备价值链全景图如图 15-2 所示。

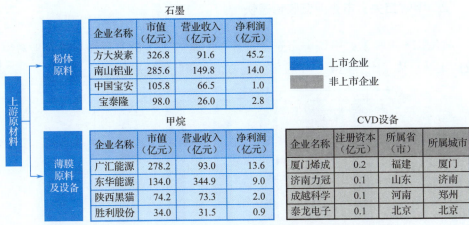

注：企业市值为 2018 年 11 月数据，营业收入和净利润为 2018 年前三季度数据。

图 15-2　石墨烯上游原材料及设备价值链全景图

（数据来源：上市企业财报，赛迪顾问，2018 年 12 月）

1．上游原材料企业实力雄厚

2018 年前三季度石墨烯上游原材料石墨及甲烷相关上市企业营业收入达到 1071.3 亿元，同比 2017 年前三季度增长 40.6%，净利润达到 101.2 亿元，同比增长 76.5%，营业收入及净利润均保持高速增长态势（见图 15-3）。

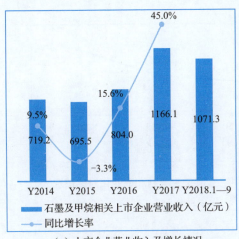

（a）上市企业营业收入及增长情况

（b）上市企业净利润及增长情况

图 15-3　2014—2018 年中国石墨及甲烷上市企业规模及增长

（数据来源：赛迪顾问，2018 年 12 月）

2. 甲烷相关上市企业营收增速快

如图 15-4 所示,甲烷上市企业近 6 年的营收占上游石墨和甲烷企业总营收的比例总体呈上升趋势,甲烷相关上市企业营收增速较快。

图 15-4　2013—2018 年中国石墨和甲烷上市企业收入市场结构

(数据来源:赛迪顾问,2018 年 12 月)

3. 石墨企业净利润率逐年增长,甲烷企业净利润率稳中有增

从各细分领域净利率来看,石墨上市企业净利率保持逐年增长趋势。甲烷上市企业净利润率自 2016 年开始稳步回升,增速较石墨上市企业净利润率增速小(见图 15-5)。

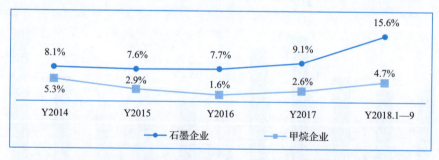

图 15-5　2014—2018 年中国石墨及甲烷上市企业净利润率变化对比情况

(数据来源:赛迪顾问,2018 年 12 月)

二、中游产品

石墨烯中游产品价值链全景图如图 15-6 所示。

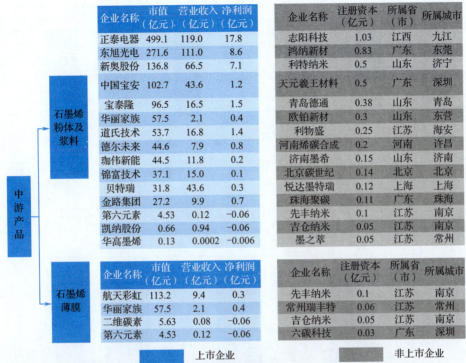

中游产品

石墨烯粉体及浆料

企业名称	市值（亿元）	营业收入（亿元）	净利润（亿元）
正泰电器	499.1	119.0	17.8
东旭光电	271.6	111.0	8.6
新奥股份	136.8	66.5	7.1
中国宝安	102.7	43.6	1.2
宝泰隆	96.5	16.5	1.5
华丽家族	57.5	2.1	0.4
道氏技术	53.7	16.8	1.4
德尔未来	44.6	7.9	0.8
珈伟新能	44.5	11.8	0.2
锦富技术	37.1	15.0	0.1
贝特瑞	31.8	43.6	0.3
金路集团	27.2	9.9	0.7
第六元素	4.53	0.12	-0.06
凯纳股份	0.66	0.94	-0.06
华高墨烯	0.13	0.0002	-0.006

企业名称	注册资本（亿元）	所属省（市）	所属城市
志阳科技	1.03	江西	九江
鸿纳新材	0.83	广东	东莞
利特纳米	0.5	山东	济宁
天元羲王材料	0.5	广东	深圳
青岛德通	0.38	山东	青岛
欧铂新材	0.3	山东	东营
利物盛	0.25	江苏	海安
河南烯碳合成	0.2	河南	许昌
济南墨希	0.15	山东	济南
北京碳世纪	0.14	北京	北京
悦达墨特瑞	0.12	上海	上海
珠海聚碳	0.11	广东	珠海
先丰纳米	0.1	江苏	南京
吉仓纳米	0.05	江苏	南京
墨之萃	0.05	江苏	常州

石墨烯薄膜

企业名称	市值（亿元）	营业收入（亿元）	净利润（亿元）
航天彩虹	113.2	9.4	0.3
华丽家族	57.5	2.1	0.4
二维碳素	5.63	0.08	-0.06
第六元素	4.53	0.12	-0.06

企业名称	注册资本（亿元）	所属省（市）	所属城市
先丰纳米	0.1	江苏	南京
常州瑞丰特	0.06	江苏	常州
吉仓纳米	0.05	江苏	南京
六碳科技	0.03	广东	深圳

■ 上市企业　　　■ 非上市企业

注：企业市值为 2018 年 11 月数据，营业收入和净利润为 2018 年上半年数据。

图 15-6　石墨烯中游产品价值链全景图

（数据来源：上市企业财报，赛迪顾问，2018 年 12 月）

1．中游产品上市企业营收保持高速增长，净亏损额在逐年减小

2016 年至 2018 年上半年，石墨烯中游产品上市企业营收（包括主营石墨烯上市公司营收和其他上市公司下属主营石墨烯企业）保持高速增长速度。2018 年上半年石墨烯中游产品上市企业营业收入达到 19431.7 万元，同比增长 49.4%；净亏损额在不断降低，2018 年上半年净亏损额为 913.4 万元，如图 15-7 所示。

2．石墨烯粉体及浆料产品占据主要市场地位

2018 年上半年石墨烯粉体及浆料产品市场规模占比继续增大，上市企业销售额达到 17333.1 万元，市场占比为 89.2%，如图 15-8 所示，主要用于锂离子电池导电浆料、涂料油墨及改性橡胶。石墨烯薄膜上市企业销售额只有 2098.6 万元，主要用于触控传感器导电膜及保暖理疗产品发热膜。

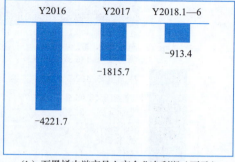

（a）上市企业营业收入及增长情况　　　　（b）石墨烯中游产品上市企业净利润（万元）

注：负值表示亏损。

图 15-7　2016—2018 年中国石墨烯上市企业营收与净利润变化情况

（数据来源：赛迪顾问，2018 年 12 月）

图 15-8　2016—2018 年中国石墨烯细分产品市场结构

（数据来源：赛迪顾问，2018 年 12 月）

3．石墨烯粉体及浆料上市企业净利润率较高

从各细分领域净利率来看，石墨烯粉体上市企业净利润率已经实现扭亏为盈，如图 15-9 所示，2018 年上半年利润率为 6.3%。石墨烯薄膜上市企业多数处于亏损状态，2018 年上半年净利润率为 -95.7%。

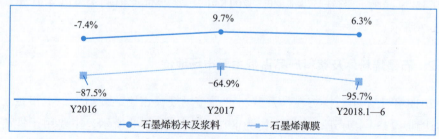

图 15-9　2016—2018 年中国石墨烯细分领域上市企业净利润率对比情况

（数据来源：赛迪顾问，2018 年 12 月）

三、下游应用企业

石墨烯下游应用价值链全景图如图 15-10 所示。

图中分类层级：下游应用 → 电学应用、热学应用、力学性能、其他

锂离子电池（上市企业）

企业名称	市值（亿元）	营业收入（亿元）	净利润（亿元）
比亚迪	1473.2	542.0	4.8
东旭光电	271.6	111.0	8.6
国轩高科	136.7	26.1	4.7
玉龙股份	38.92	8.84	0.80

锂离子电池（非上市企业）

企业名称	注册资本（亿元）	所属省（市）	所属城市
华为技术	399.08	广东	深圳
玉皇新能源	8.52	山东	菏泽
超威贝特瑞	1.00	浙江	湖州
宁波维科	0.77	浙江	宁波
艾威尔新能源	0.5	湖南	娄底
珠海聚碳	0.11	广东	珠海

涂料油墨（布局，上市企业）

企业名称	市值（亿元）	营业收入（亿元）	净利润（亿元）
奔腾股份	3.5	1.6	0.05

涂料油墨（非上市企业）

企业名称	注册资本（亿元）	所属省（市）	所属城市
百杰腾物联	4	江苏	南京
金陵特种涂料	1.04	江苏	扬州
信和新材	1	福建	泉州
道蓬科技	0.53	江苏	南通
旭碳新材	0.15	北京	北京
广纳纳米	0.03	广东	广州

触控传感器（上市企业）

企业名称	市值（亿元）	营业收入（亿元）	净利润（亿元）
华丽家族	57.5	2.1	0.4
二维碳素	5.6	0.1	-0.1
第六元素	4.5	0.12	-0.06

改性橡胶（布局，上市企业）

企业名称	市值（亿元）	营业收入（亿元）	净利润（亿元）
林珑轮胎	165.4	72.4	5.2
青岛双星	33.3	19.8	0.6

改性橡胶（非上市企业）

企业名称	注册资本（亿元）	所属省（市）	所属城市
森麒麟轮胎	5.81	山东	青岛

超级电容器（布局，上市企业）

企业名称	市值（亿元）	营业收入（亿元）	净利润（亿元）
江海股份	43.5	9.0	1.1

超级电容器（布局，非上市企业）

企业名称	注册资本（亿元）	所属省（市）	所属城市
宁波中车	1.9	浙江	宁波
奥威科技	0.6	上海	上海

电线电缆（布局，上市企业）

企业名称	市值（亿元）	营业收入（亿元）	净利润（亿元）
中超控股	37.3	35.1	0.8
杭电股份	34.0	19.9	0.5

保暖理疗（上市企业）

企业名称	市值（亿元）	营业收入（亿元）	净利润（亿元）
华丽家族	57.5	2.1	0.4
爱家科技	1.7	0.09	0.003
华高墨稀	0.1	0.0002	-0.006

保暖理疗（非上市企业）

企业名称	注册资本（亿元）	所属省（市）	所属城市
烯碳科技	1.6	四川	德阳
烯旺新材	0.1	江苏	常州
康烯科技	0.1	广东	佛山

散热器件（上市企业）

企业名称	市值（亿元）	营业收入（亿元）	净利润（亿元）
正泰电器	485.2	119.0	17.8
东旭光电	271.6	111.0	8.6

散热器件（非上市企业）

企业名称	注册资本（亿元）	所属省（市）	所属城市
杭州烯创	0.2	浙江	杭州
厦门烯成	0.2	福建	厦门

电线电缆（布局，上市企业）

企业名称	市值（亿元）	营业收入（亿元）	净利润（亿元）
中天科技	235.8	157.0	10.6
新疆众和	37.6	23.0	1.0

润滑油

企业名称	注册资本（亿元）	所属省（市）	所属城市
华升石墨	1.0	黑龙江	鹤岗
碳世界	0.3	四川	成都
珠海聚碳	0.1	广东	珠海
天润电子	0.04	广东	东莞

图例：■ 上市企业　■ 非上市企业

注：企业市值为 2018 年 11 月数据，营业收入和净利润为 2018 年上半年数据。

图 15-10　石墨烯下游应用价值链全景图

（数据来源：上市企业财报，赛迪顾问，2018 年 12 月）

1．石墨烯下游应用上市企业相关产品竞争逐年增强

2018 年上半年石墨烯下游应用上市企业相关产品营业收入为 124.8 亿元，同比增长 26.8%，净利润为 23.8 亿元，同比减少 16.8%，说明石墨烯下游应用相关产品竞争逐年增强，如图 15-11 所示。

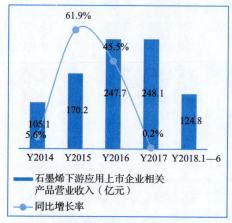

（a）上市企业相关产品营业收入及增长情况　　　　（b）上市企业相关产品净利润及增长情况

图 15-11　2014—2018 年中国石墨烯下游应用上市企业相关产品规模及增长情况

（数据来源：赛迪顾问，2018 年 12 月）

2．石墨烯散热器件上市企业净利润率最高

从 2018 年上半年下游各细分领域净利润率来看，散热器件、锂离子电池产品上市企业石墨烯相关产品净利润率较高，触控传感器净利润率最低，为 -266.0%，如图 15-12 所示。

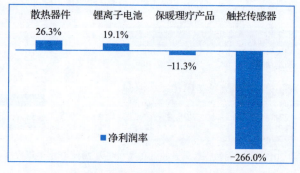

图 15-12　2018 年上半年中国石墨烯下游应用上市企业相关产品净利润率对比情况

（数据来源：赛迪顾问，2018 年 12 月）

第六节　行业龙头动向

石墨烯属于技术密集型行业，具备较高的技术壁垒，需要依靠一定技术实力的研究团队经过长期的技术和经验积累才能实现高品质石墨烯规模化生产。因此，并购具有技术积累的中小型石墨烯制备企业成为具备较强资金实力的大中型企业进入石墨烯领域的主要选择，行业并购整合力度不断加强。2018年中国石墨烯行业重大事件如表15-2所示。

表 15-2　2018 年中国石墨烯行业重大事件

序　号	事件说明	事件主体	影响／意义
1	百利科技于2018年4月与宁夏汉尧签订《锂离子电池石墨烯三元正极材料及导电浆料项目智能产线设计建造合同》，一期1.5万吨/年三元正极材料，包含钴酸锂、523三元材料、811三元材料、6000吨石墨烯改性导电浆料。二期1.5万吨/年三元正极材料，4000吨石墨烯改性导电浆料	百利科技	石墨烯导电浆料产能继续扩大
2	2018年5月，贝特瑞在深圳市光明新区注册全资子公司深圳市先进石墨烯科技有限公司，注册资本为3000万元	贝特瑞	贝特瑞主营业务是锂离子二次电池，用于正、负极材料及纳米材料应用，企业开始重视石墨烯应用开发
3	2018年6月，常州第六元素向子公司道蓬科技增资442.28万元	第六元素	促进下游应用涂料企业发展
4	2018年6月，天津玉汉以现金方式出资，对宁夏汉尧增资3亿元	天津玉汉	加快宁夏汉尧锂离子电池石墨烯三元正极材料及导电浆料项目生产线的建设投产
5	2018年7月，常州二维碳素与江苏省姜堰经济开发区管理委员会签署《泰州市石墨烯应用技术研究院合作协议》，由江苏省姜堰经济开发区管理委员会出资1500万元，设立江苏烯泰石墨烯应用技术研究院有限公司，常州二维碳素接受委托负责研究院的整体运营管理工作	二维碳素	搭建石墨烯材料及其应用的科技创新、技术转移、企业孵化、创业投资和国际交流合作等平台，为石墨烯领域科技人才和团队开展研发测试、转化科技成果、孵化科技项目、创办科技企业提供服务
6	2018年8月，济南产业基金出资3亿元成为圣泉集团第二大股东，重点扶持新材料项目	圣泉集团	促进圣泉集团产业转型升级，加快新旧动能转换
7	2018年8月，道氏技术以交易价款为人民币1.8亿元收购青岛昊鑫剩余股份，使其成为道氏技术的全资子公司	道氏技术	道氏技术继续投资石墨烯导电浆料业务
8	2018年9月，恒大高科技产业(重庆)有限公司认购重庆墨希新增注册资本1.44亿元，取得增资后重庆墨希占35%的股权	恒大集团	恒大集团正在布局文化旅游、健康养生产业，以高科技产业为龙头扩大领域范围

续表

序　号	事件说明	事件主体	影响 / 意义
9	2018 年 10 月，凯纳股份股票发行新增股份在全国股份转让系统挂牌并公开转让，发行股份总额为 460 万股，总股本将达到 4070 万股	凯纳股份	凯纳股份增加股份，提升经营能力
10	华为于 2018 年 10 月在伦敦发布新旗舰手机 Mate 20 系列，其中 Mate 20 X 手机引入全新散热系统，采用石墨烯膜片和液冷散热片组合的散热系统，增强了智能手机的散热性能。这是华为首次将石墨烯技术应用在智能手机上	华为	华为利用散热性能优越的石墨烯膜片让手机散热速度更快，间接提高了智能手机的待机时间和使用寿命。石墨烯散热膜片将逐步打开智能手机的应用市场

数据来源：赛迪顾问，2018 年 12 月。

第七节　市场规模预测

随着国家鼓励政策不断加强，化学气相沉积法、氧化还原法等石墨烯制备方法的不断成熟，应用成本逐步降低，石墨烯在锂离子电池、触控传感器、涂料油墨、保暖理疗产品及改性橡胶等领域的应用技术不断成熟，应用领域持续拓展，未来中国石墨烯市场空间将进一步打开。如图 15-13 所示，到 2021 年石墨烯材料市场规模预计将达到 6.7 亿元，未来三年年均增长率将达到 48.2%。

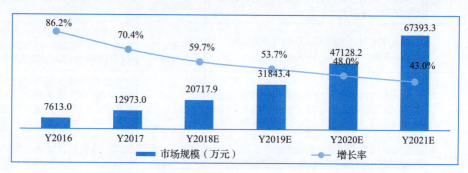

图 15-13　2016—2021 年中国石墨烯市场规模及预测

（数据来源：赛迪顾问，2018 年 12 月）

目前石墨烯粉体产品技术要求低，成熟度较高，市场增速比石墨烯薄膜市场增速快，到 2021 年市场占比将达 83.2%，如图 15-14 所示。

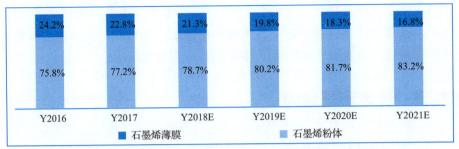

注：石墨烯浆料已折算成粉体市场量。

图 15-14 2016—2021 年中国石墨烯市场结构及预测

（数据来源：赛迪顾问，2018 年 12 月）

第八节 赛道选择建议

（1）机械剥离法、氧化还原法、CVD 法制备石墨烯工艺已经较为成熟，而目前较为成熟、成本较低的插层剥离法制得的石墨烯浆料层数不均匀，部分产品厚度超过 3nm，产品均一性和稳定性有待提高。

（2）石墨烯导电油墨、导电浆料、散热膜、防腐涂料、触控传感器及改性橡胶逐渐进入复苏期，技术成熟度较高，部分产品已经投入市场。

（3）发热膜、复合材料、锂离子电池负极、超级电容器、燃料电池及应变传感器等在短期内投资热度将持续爬升。

中国石墨烯细分领域技术成熟度曲线如图 15-5 所示。

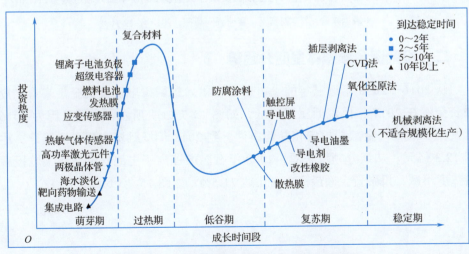

图 15-15 中国石墨烯细分领域技术成熟度曲线

（数据来源：赛迪顾问，2018 年 12 月）

（4）热敏气体传感器、高功率激光元件、两极晶体管和海水淡化等领域在未来 5～10 年内应用落地情况、技术成熟度将进入爆发期，资本可考虑进入。靶向药物输送和集成电路应用将在 10 年以后实现技术突破。

第九节　资本市场动向

一、石墨烯领域投融资数量逐年增长

从 2016—2018 年近三年的国内上市企业石墨烯领域投融资事件数量来看，投融资数量整体呈上升趋势。从细分领域来看，2018 年在石墨烯材料、导电浆料和涂料油墨 3 大领域投融资事件数量最多，如图 15-16 所示。

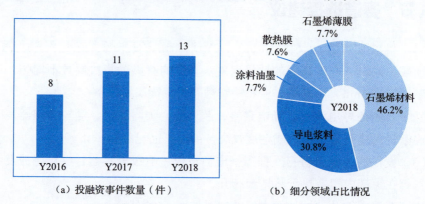

（a）投融资事件数量（件）　　　　（b）细分领域占比情况

图 15-16　2016—2018 年中国石墨烯行业投融资事件数量及 2018 年细分领域数量占比情况

（数据来源：东方财富网，赛迪顾问整理，2018 年 12 月）

二、投融资金额整体呈回升趋势

从 2016—2018 年近三年的上市企业石墨烯领域投融资案例金额来看，投融资金额在 2017 年出现断崖式降低，如图 15-7（a）所示，主要是因为 2016 年发生 3 次较大金额的投资和并购事件。到 2018 年投融资金额有所回升，达到 12.3 亿元。从细分领域来看，2018 年石墨烯锂离子电池导电浆料领域投融资热度不减，投融资金额最高，占比达 71.5%，如图 15-7（b）所示。

 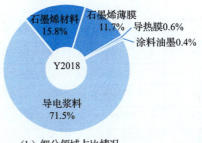

（a）投融资金额（亿元）　　　　　　　　（b）细分领域占比情况

图 15-17　2016—2018 年中国石墨烯行业投融资金额及 2018 年细分领域占比情况

（数据来源：东方财富网，赛迪顾问整理，2018 年 12 月）

第十节　五十强潜力企业

　　2018 年赛迪石墨烯行业五十强潜力企业是通过建立评判指标体系，从企业估值、市场竞争力等多维度进行定量与定性结合进行评比得到的结果。赛迪顾问对 2018 中国潜力企业进行了综合排名，结果如表 15-3 所示。

表 15-3　2018 年赛迪石墨烯行业潜力企业 TOP 50 榜单

排　　名	企业名称	主营业务
1	常州第六元素材料科技股份有限公司	石墨烯粉体及浆料、石墨烯薄膜
2	常州二维碳素科技股份有限公司	石墨烯薄膜
3	重庆墨希科技有限公司	石墨烯薄膜
4	宁波墨西科技有限公司	石墨烯粉体及浆料
5	德阳烯碳科技有限公司	石墨烯粉体及浆料
6	青岛昊鑫新能源科技有限公司	石墨烯浆料
7	厦门凯纳石墨烯技术股份有限公司	石墨烯粉体及浆料
8	新奥（内蒙古）石墨烯材料有限公司	石墨烯浆料
9	哈尔滨万鑫石墨谷科技有限公司	石墨烯浆料
10	惠州市国创珈伟石墨烯科技有限公司	石墨烯浆料
11	志阳科技（中国）有限公司	石墨烯粉体及浆料、石墨烯薄膜
12	河南黄河实业集团有限公司	石墨烯粉体及浆料
13	贵州鼎玺烯材料高科技有限公司	石墨烯粉体
14	黑龙江省华升石墨股份有限公司	石墨烯粉体
15	七台河宝泰隆石墨烯新材料有限公司	石墨烯粉体

续表

排　　名	企 业 名 称	主 营 业 务
16	信和新材料股份有限公司	石墨烯及石墨烯制品
17	宣城亨旺新材料有限公司	石墨烯粉体及浆料
18	深圳天元羲王材料科技有限公司	石墨烯粉体及浆料
19	青岛华高墨烯科技股份有限公司	石墨烯粉体及浆料、石墨烯纳米纤维
20	深圳市本征方程石墨烯技术股份有限公司	石墨烯粉体
21	鸿纳（东莞）新材料科技有限公司	石墨烯浆料
22	厦门烯成石墨烯科技有限公司	石墨烯粉体
23	山东利特纳米技术有限公司	石墨烯粉体
24	中国科学院成都有机化学有限公司	石墨烯粉体及浆料
25	青岛德通纳米技术有限公司	石墨烯粉体
26	天津玉汉尧石墨烯储能材料科技有限公司	石墨烯浆料
27	上海新池能源科技有限公司	石墨烯－铜复合材料
28	山东欧铂新材料有限公司	石墨烯粉体
29	山西华胜新成石墨矿业股份有限公司	石墨烯粉体及浆料
30	北京创新爱尚家科技股份有限公司	石墨烯粉体
31	济南墨希新材料科技有限公司	石墨烯粉体
32	北京碳世纪科技有限公司	石墨烯粉体
33	合肥微晶材料科技有限公司	石墨烯薄膜
34	碳元科技股份有限公司	石墨烯粉体
35	上海悦达墨特瑞新材料科技有限公司	石墨烯粉体及浆料、石墨烯薄膜
36	珠海聚碳复合材料有限公司	石墨烯粉体及浆料
37	深圳市先进石墨烯科技有限公司	石墨烯粉体及浆料
38	苏州碳丰石墨烯科技有限公司	石墨烯粉体及浆料
39	深圳市烯世传奇科技有限公司	石墨烯浆料
40	常州瑞丰特科技有限公司	石墨烯薄膜
41	江西省新时代石墨烯有限公司	石墨烯粉体及浆料
42	河北燕园众欣石墨烯科技有限公司	石墨烯浆料
43	烟台市烯能新材料有限责任公司	石墨烯粉体及浆料
44	滁州博创能源科技有限公司	石墨烯粉体及浆料
45	常州墨之萃科技有限公司	石墨烯粉体
46	南京先丰纳米材料科技有限公司	石墨烯粉体及浆料

排　名	企业名称	主营业务
47	南京科孚纳米技术有限公司	石墨烯粉体及浆料
48	苏州格瑞丰纳米科技有限公司	石墨烯粉体及浆料
49	深圳六碳科技有限公司	石墨烯薄膜
50	上海利物盛企业集团有限公司	石墨烯粉体及浆料

注：此次排名不分先后。　　　　　　　　　　　　数据来源：赛迪顾问，2018年12月。

第十六章

抗体药物

第一节　产业定义或范畴

　　抗体药物以抗原抗体反应为基础，一般通过与病变细胞膜表面受体分子特异性结合从而达到治疗疾病的目的。作为一种具有独特优势的生物靶向药物，抗体药物具有特异性高、靶向性强和毒副作用低等优点，在癌症、自身免疫性疾病等领域均得到广泛应用。目前，抗体药物主要是指单克隆抗体（简称"单抗"），还包括在单抗基础上改进研发出的双特异性抗体（简称"双抗"）、抗体偶联药物（Antibody Drug Conjugates，ADC）、Fc 融合蛋白等细分品种。

　　赛迪顾问研究认为，抗体药物产业是以抗体药物为核心，集研发、生产、应用为一体的前沿现代化医药产业。

第二节　赛迪重大研判

　　（1）新靶点、新适应症将是未来抗体药物产业的主要推动力。

　　（2）ADC 药物、双特异性抗体不会迅速成为主流，但是临床在研数量会有所增加。

　　（3）大型药企 / 初创型公司与 CRO/CMO 企业建立长期的战略合作关系是降低成本、提高药物研发成功率的主要途径之一。

　　（4）目前靶向抗肿瘤药研发品种、靶点过于集中，未来上市产品同质化问题将会比较突出。经过激烈竞争后，真正有研发能力和生产能力的企业有望突出重围，同时，更多企业会开始有意识地寻求差异化发展。

（5）未来随着医保对于抗体药物的覆盖加大以及国内抗体药物产业的发展，抗体药物市场将继续维持高速增长。预测未来 2～5 年中国抗体药物市场将迎来大爆发。

（6）根据"2018 赛迪抗体药物潜力长企业 TOP 100 榜"的分析，上海市成为榜单企业第一聚集地，江苏省超越北京市成为抗体药物产业的第二聚集地。

（7）从投资潜力来看，双抗、ADC 在短期内将持续投资热度爬升。

第三节　产业政策分析

一、产业环境

1. 海外抗体药物蓬勃发展，占全球销量排名前 10（TOP 10）大半壁江山

自 1986 年全球首个单克隆抗体——用于治疗肾移植排斥的鼠源化单抗 OKT3 获得美国食品药品监督管理局（Food and Drug Administration，FDA）的上市批准，经过三十多年的快速发展，抗体药物目前已经成为全球生物制药增长最快的细分领域，诞生了数个年销售额超过 50 亿美元的"超级重磅药物"。截至 2017 年年底，共有 157 个治疗性生物大分子药品获 FDA 批准上市，其中抗体药品达 81 种。甚至 2016、2017 年所有获批上市的生物大分子药品均为抗体药品，标志着抗体药物的研发已经从早期的点状发展阶段步入大规模的研发时期。在 2017 年全球药物市场销售额 TOP 10 中，共有 5 种单抗药品和 2 种 Fc 融合蛋白药品上榜，占 TOP 10 的大半壁江山，其中修美乐单抗以 184.27 亿美元的销售额位居第一（见表 16-1）。

表 16-1　2017 年全球药物销售额 TOP 10

排　名	英文名	中文名	公　司	适应症	销售额（亿美元）	性　质
1	Humira	修美乐	Abbvie	自身免疫性疾病	184.27	单抗
2	Revlimid	来拿度胺	Celgene	多发性骨髓瘤等	81.87	小分子
3	Rituxan	美罗华	Roche	白血病等	79.35	单抗
4	Enbrel	恩利	Amgen、Pfizer	自身免疫性疾病	78.85	Fc 融合蛋白
5	Herceptin	赫赛汀	Roche	乳腺癌等多种癌症	75.34	单抗
6	Eliquis	艾乐妥	Bristol-Myers Squibb、Pfizer	抗血凝剂	73.95	小分子
7	Avastin	安维汀	Roche	结肠癌等多种癌症	71.84	单抗

续表

排　名	英文名	中文名	公　　司	适　应　症	销售额（亿美元）	性　　质
8	Xarelto	拜瑞妥	Bayer、J&J	抗血凝剂	65.29	小分子
9	Remicade	类克	J&J、MSD	自身免疫性疾病	63.15	单抗
10	Eylea	艾力雅	Bayer、Regeneron	年龄相关黄斑变性	58.56	Fc 融合蛋白

数据来源：Evaluate Pharma，赛迪顾问整理，2018 年 12 月。

2．老龄化趋势加快，增加抗体药物潜在需求

作为世界人口最多的发展中国家，我国当前人口老龄化趋势明显，增加了对治疗癌症、帕金森症等疾病的抗体药物的刚性需求。根据国家统计局公布的数据，截至 2017 年年底，如图 16-1 所示，我国 65 周岁及以上人口为 1.58 亿，占总人口的 11.4%，同比增长 5.3%。2018—2022 年，中国 65 岁以上老年人口将保持 4%～6% 的增长率，预计到 2022 年中国 65 岁以上老年人口将达到 1.96 亿。同时，我国恶性肿瘤每年新发病例数为 380.4 万例，超 300 万名帕金森病患。因此，具有癌症、帕金森症等疾病的治疗性抗体药物将得到广泛需求。

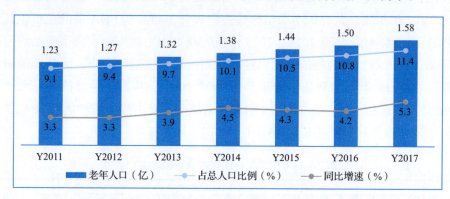

图 16-1　2011—2017 年中国 65 岁以上老年人口统计情况

（数据来源：国家统计局，赛迪顾问整理，2018 年 12 月）

3．资本市场活跃，培育更多上市公司

自 2016 年 1 月至 2018 年 9 月，国内抗体药物行业共发生融资事件 69 起，融资金额为 154.6 亿元。融资事件与融资金额均呈逐年上升态势：2018 年抗体药物领域融资事件和金额已分别远远超过前两年的数据。同时，2018 年 8 月以

来，包括歌礼制药、百济神州、华领医药、信达生物等药企纷纷赴港上市，此外，君实生物等创新药企也加入赴港 IPO 大军。以上表明抗体药物行业热度持续上升。

4．抗体药物在研品种众多，内资企业研发实力渐显

截至 2018 年 12 月，我国共有 237 个抗体药物的临床试验，热门靶点 PD-1/L1、VEGF、TNF-α、EGFR、CD20、HER2 等研发扎堆，明星产品如贝伐珠单抗、阿达木单抗、西妥昔单抗、利妥昔单抗、曲妥珠单抗等生物类似药品种众多。同时，国内抗体药品企业已经涌现出一批佼佼者，其产能水平、研发实力和在研产品数量等综合实力较强，如复星医药、海正药业、信达生物等企业，均有 10 个以上的在研产品。

二、政策导向

1．逐步构建抗体药物产业政策体系

"十三五"期间，我国相关部门频频发布抗体药物产业相关政策，如《"十三五"国家战略性新兴产业发展规划》，明确提出"以抗体药物、重组蛋白药物、新型疫苗等新兴药物为重点，推动临床紧缺的重大疾病、多发疾病、罕见病、儿童疾病等药物的新药研发、产业化和质量升级"，旨在促进抗体药物行业的技术创新、产品研发、结构升级及对外交流合作，为我国抗体药物产业的发展明确了发展方向并提供了动力支持。中国抗体药物产业主要政策如表 16-2 所示。

表 16-2　中国抗体药物产业主要政策

颁布时间	颁布主体	政策名称	支持对象	相关内容
2016.03	国务院办公厅	《关于促进医药产业健康发展的指导意见》	新型抗体	加快新型抗体、蛋白及多肽等生物药研发和产业化
2016.08	国务院	《"十三五"国家科技创新规划》	重大抗体	围绕恶性肿瘤、心脑血管疾病等 10 类（种）重大疾病，加强重大疫苗及抗体研制工作
2016.11	国务院	《"十三五"国家战略性新兴产业发展规划》	抗体药物	围绕构建可持续发展的生物医药产业体系，以抗体药物、重组蛋白药物、新型疫苗等新兴药物为重点，推动临床紧缺的重大疾病、多发疾病、罕见病、儿童疾病等药物的新药研发、产业化和质量升级

续表

颁布时间	颁布主体	政策名称	支持对象	相关内容
2017.01	国家发展改革委	《"十三五"生物产业发展规划》	新型抗体	加快创制新型抗体、蛋白及多肽等生物药
2017.05	科技部	《"十三五"生物技术创新专项规划》	抗体	重点突破疫苗分子设计、多联多价设计、工程细胞构建、抗体工程优化、新释药系统及新制剂、规模化分离制备、效果评价等关键技术和瓶颈技术，加快新型疫苗、抗体、血液制品等重大生物制品的研发
2017.07	科技部	《重大新药创制科技重大专项2018年课题申报指南》	新型抗体	针对新型疫苗、抗体、重组蛋白、免疫细胞治疗产品等创新生物技术药研发及国际化发展需求，开展关键质量属性的创新性评价方法研究及关键技术标准化研究

数据来源：相关部门网站公开信息，赛迪顾问整理，2018 年 12 月。

2. 加速药品审评审批，加快抗体药物产品上市

过去，我国药品的上市审批周期长、流程冗杂等问题突出，导致注册申请积压，且国外药物至少推迟 3～5 年才能在国内上市。2015 年 8 月，国务院办公厅发布《关于改革药品医疗器械审评审批制度的意见》以解决注册申请积压，截至目前，药品注册申请降至 3200 件以内、罕见病药品 3 个月内审结，其他临床急需药品 6 个月内审结，预期缩短上市周期 1 到 2 年。2018 年 6 月 15 日，用于肺癌治疗的 PD-1 抑制剂——欧狄沃（纳武利尤单抗注射液，Nivolumab Injection）在中国获批上市，药品审评仅用了 7 个多月时间。

3. 试点药品上市许可持有人制度，鼓励抗体药物研发创新

长期以来，我国实行上市许可和生产许可统一捆绑的管理模式，即只有生产企业才可以申请药品注册，取得最终的药品批准文号。此种制度大大削弱了研发人员和机构的创新活力。2016 年 5 月，国务院办公厅印发《关于药品上市许可持有人制度试点方案的通知》，明确在北京、天津、河北、上海、江苏、浙江、福建、山东、广东、四川等 10 个省（市）开展药品上市许可持有人制度试点。该方案允许药品研发机构或科研人员可以作为药品注册申请人提交药物临床试验申请和药品上市申请，申请人取得药品上市许可及药品批准文号的，可以成为药品上市许可持有人。该项制度解除了药品注册与生产许可的"捆绑"，大大提高了研发机构和人员对药物研发积极性。

4．国家医保药物目录发布，抗体药物被大幅纳入

2017 年，国家新版医保目录新增抗体药物益赛普和强克，加上 2017 年 8 月和 2018 年 10 月公布的药品谈判结果，共有 9 种抗体药物被纳入医保，占国内上市药品的 37.5%。未来，随着纳入医保药品数量的增加，抗体药物的市场规模有望快速增长。被纳入 2018 年版医保目录的抗体药物如表 16-3 所示。

表 16-3　被纳入 2018 年版医保目录的抗体药物

序号	商品名	通 用 名	适 应 症	生产企业	批准上市时间/年	性 质
1	美罗华	利妥昔单抗	淋巴癌	罗氏	2001	单抗
2	赫赛汀	曲妥珠单抗	转移性乳腺癌	罗氏	2003	单抗
3	益赛普	注射用重组人Ⅱ型肿瘤坏死因子受体–抗体融合蛋白	类风湿性关节炎	三生国健	2005	Fc 融合蛋白
4	爱必妥	西妥昔单抗	转移性直肠癌	默克	2006	单抗
5	泰欣生	尼妥珠单抗注射液	晚期鼻咽癌	百泰生物药业有限公司	2008	单抗
6	安维汀	贝伐珠单抗	转移性结直肠癌	罗氏	2010	单抗
7	强克	注射用重组人Ⅱ型肿瘤坏死因子受体–抗体融合蛋白	强直性脊柱炎	上海赛金生物医药有限公司	2011	Fc 融合蛋白
8	诺适得	雷珠单抗	年龄相关性黄斑变性	诺华	2011	单抗
9	朗沐	康柏西普眼用注射液	眼底黄斑变性	成都康弘药业集团股份有限公司	2014	Fc 融合蛋白

数据来源：人社部，赛迪顾问整理，2018 年 12 月。

第四节　产业链全景图

抗体药物产业链包括上游的药物研发、中游的药物生产制造和下游的药物流通。

抗体药物产业链全景图如图 16-2 所示。

研发环节：主要包括制药企业研发部、科研院校、生物技术公司和研发外包机构。

生产环节：主要包括制药企业、生产外包机构。

流通环节：主要包括医院、门诊、药店等，终端用户为患者。

图 16-2　抗体药物产业链全景图

（数据来源：赛迪顾问，2018 年 12 月）

第五节　价值链及创新

一、研发环节

上游抗体药物研发创新链如图 16-3 所示。

图 16-3　上游抗体药物研发创新链

（数据来源：赛迪顾问，2018 年 12 月）

1. 靶点的发现制约新药进展

理想的潜在靶点包括：缓解疾病或在病理生理学具有成熟的功能；生理条件或在其他疾病下不会调节靶点；靶蛋白三维结构的密切同源物成药性不明显；靶点具有良好的"分析可行性"，以实现高通量筛选；靶点表达不会均匀遍布全身；具有靶点 / 特定疾病生物标志物，以监测治疗效果；无专利保护。

抗体药物是能够直接导向病灶的药物，被称为肿瘤等病症的生物导弹，具有极好的临床效果和极佳的生物靶向性。抗体药物研发必须要找到相关靶点，才能研制出针对疾病的药物。因此，靶点的发现位于抗体药物研发流程中的第一步，而对未知靶点研究的缺乏制约着抗体新药的研发。

2. 双抗尚处于探索阶段，进展较慢

双抗是能一次结合两种不同抗原的抗体分子，具备更强特异性、更强细胞杀伤毒性，并可降低脱靶性。在双抗研发的过程中，有两个较大的挑战：一个是在双抗技术方面，需要一个成熟的、可支持产业化的技术平台；另一个是在生物机理方面，需要探索出一个具备独特的生物学协同机制的靶源组合，而不仅仅是复制两个单抗联用的功能。因此，双抗产品的开发是一个技术与机制并重、相辅相成、多领域创新的过程，需要研发机构对自身的抗体技术能力和生物学机理的研究能力有充分的积累，两者缺一不可。

目前全球仅有两个双抗产品上市，分别是 Removab 和 Blincyto（见表 16-4）。相对市场对其期望而言，这两个产品市场表现并不太亮眼：Removab 的销售额未到 1 亿美元；Blincyto 因治疗成本较高，2017 年全球销售额仅为 1.75 亿美元，但这两款药物的成功上市已证明了双抗技术的成药性和产业化前景。

表 16-4　已上市的双抗产品

商　品　名	通　用　名	公　司	适　应　症	靶　　点	上市时间
Removab	Catumaxomab	费森尤斯	恶性肿瘤腹水	CD3、EpCAM	2009
Blincyto	Blinatumomab	安进	急性淋巴细胞白血病	CD3、CD19	2014

数据来源：FDA，赛迪顾问整理，2018 年 12 月。

3. "抗体 + 连接物 + 细胞毒素"，ADC 药物进展较快

ADC 由单克隆抗体和小分子毒性药物通过生物活性连接物偶联而成，兼具小分子药物强大的细胞毒性和单抗高度的靶向性，因而成为肿瘤靶向治疗研

究和发展热点。

目前 ADC 共有 4 种产品上市，如表 16-5 所示，分别为武田的 Adcetris、罗氏的 Kadcyla、辉瑞的 Mylotarg 和 Besponsa。就前两种上市较早的产品而言，2017 年 Kadcyla 全球销售额约为 9.4 亿美元，Adcetris 销售额约为 3.5 亿美元，每年依然保持高速增长。

表 16-5　已上市的 ADC 产品

产 品 名	通 用 名	公 司	适 应 症	靶 点	上市时间
Adcetris	brentuximab vedotin	武田	霍奇金淋巴瘤	CD30	2011.8
Kadcyla	ado-trastuzumab emtansine	罗氏	乳腺癌	HER2	2013.2
Mylotarg	Gemtuzumab Ozogamicin	辉瑞	急性骨髓性白血病	CD33	2017.9
Besponsa	Inotuzumab Ozogamicin	辉瑞	急性淋巴细胞白血病	CD22	2017.8

数据来源：FDA，赛迪顾问整理，2018 年 12 月。

4．Fc 融合蛋白需进一步延长半衰期

Fc 融合蛋白技术发展迅速，融合对象非常广泛，包括受体结构域、配体、抗体片段、多肽等，已发展成一种可靠的药物研发手段。该种药物的出现大大增加了蛋白质、多肽类等药物的分子量，降低了肾小球的滤过率，避免了蛋白降解、延长药物的半衰期并提高了药物的稳定性。但是，与天然抗体相比，Fc 融合蛋白的半衰期仍然较短。

目前 Fc 融合蛋白共有 11 种产品上市，最成功的是安进的恩利（依那西普），2017 年的全球销售额达到了 78.85 亿美元，位列全球药物销售榜第 4。另外一种是典型的 Fc 融合蛋白产品为再生元的 Eylea（阿柏西普），是由人体血管内皮细胞生长因子（VEFG）受体 1 和 2 的胞外区与人体免疫球蛋白 G1 的可结晶片段融合而成的重组融合蛋白，用于治疗年龄性黄斑变性等，2017 年全球销售额达 58.56 亿美元。

二、生产环节

1．生产过程复杂，工艺极高

抗体药物一般使用动物细胞大规模高密度无血清悬浮培养进行生产，不仅对最终上市产品的抗体含量有严格的规定，还必须去除各种潜在的杂质（如宿主细胞蛋白、免疫球蛋白、宿主 DNA、用于生产腹水抗体的刺激物、内毒素、

其他热原物质、培养液成分、层析凝胶析出成分等）以满足药品安全的要求，因此需要进行多步纯化。

目前，约 70%～80% 的抗体纯化使用蛋白 A、蛋白 G 亲和层析，一步纯化可使蛋白纯度达到 95% 以上。随着产业培养规模、抗体产率的提高，纯化环节的处理能力成为限制产能的瓶颈。由于平均每增加一个纯化步骤产品得率系数将会下降，因而在保证纯度的同时尽可能提高得率系数。目前抗体纯化环节介质占整体生产成本的 70% 以上。提升抗体纯化技术水平将提高生产效率，大幅增强企业的竞争力。中游抗体药物生产工艺流程如图 16-4 所示。

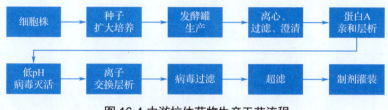

图 16-4 中游抗体药物生产工艺流程

（数据来源：赛迪顾问，2018 年 12 月）

2．生产技术壁垒高，需规模化生产

抗体药物一般采用哺乳动物细胞进行生产，企业的产能也间接决定了未来的市场情况。

国外药企单个发酵罐规模普遍在 10000L 以上，甚至达 20000L，容积产率一般可达 5～10g/L，而国内发酵罐规模普遍不超过 2000L，容积产率低于 5g/L。据调查，目前海外大型生物药企总产能均在 10 万升以上，其中罗氏目前拥有 67 万升的产能规模，随着其抗体药物的陆续上市，2020 年其产能规模预计超过 90 万升。

随着国内抗体药物的陆续上市，对生产规模的需求会不断扩大，今后抗体类中大型企业和 CMO 企业在生产上的成本优势将更为明显。

三、流通环节

抗体药物下游需求市场主要是医院，终端用户为患者。但抗体药物与化学药物相比，其研发周期更长、费用更高、难度更大，因此抗体药物的定价通常较高，2017 年（包括 2017 年）以前抗体药物在国内的渗透率较低。鉴于目前我国有 9 个抗体药物被纳入医保，预计两年内市场将进一步被打开。

第六节　行业龙头动向

2018 年，抗体药物领域的龙头企业主要有三个动向：一是国内药企与国外药企开展战略合作，如和铂医药、天境生物、绿叶制药、先声药业等公司，利用国外药企的研发优势加快自身的发展；二是国内药企强强合作，如启德医药和百奥赛图，思路迪和海和生物，金斯瑞和武汉友芝友等，利用双方的平台优势，弥补自身不足，合作共赢，共同推动双方的快速发展；三是国内成熟药企热衷于并购产业上下游的企业，以完善自身企业实力，如中源协和收购傲锐东源。2018 年中国抗体药物行业重大事件如表 16-6 所示。

表 16-6　2018 年中国抗体药物行业重大事件

序号	时间	事件主体	事件说明	影响／意义
1	10.29	启德医药、百奥赛图	双方签署"肿瘤免疫治疗的新一代生物偶联药物开发战略合作协议"	拟整合启德医药国际领先的生物偶联平台及百奥赛图在抗体开发和肿瘤免疫治疗药物评价领域的独特优势，共同成长
2	9.10	思路迪、海和生物	双方进一步拓展 EGFR 抑制剂的战略合作范围	思路迪医药获得 EGFR 抑制剂在全球范围内的授权许可，可以用于肿瘤和肺纤维化的治疗
3	9.7	金斯瑞、武汉友芝友	双方就多个双特异性抗体新药签署战略合作协议	实现在医药创新研发领域上的合作共赢，共同推动国内双特异性抗体新药的快速发展
4	8.7	和铂医药、Glenmark Pharmaceuticals	双方就双特异性抗体创新药物签署独家授权协议	通过引进高度创新的临床阶段产品，利用和铂医药的临床和注册研究的经验和优势开展新药研发和上市
5	7.26	天境生物、韩国 ABL Bio	双方建立全球战略合作关系	ABL Bio 将获得天境生物一个双特异性抗体（BsAb）项目除大中华地区以外的开发和商业化权益
6	6.6	中源协和、傲源东源	中源协和以 12 亿元收购傲锐东源	借助傲锐东源从源头开始的研发体系和核心原料的生产能力，中源协和将彻底解决原料生产和供应问题，做到从最基础的抗体开发，到最终诊断试剂的销售，覆盖产业链的每一个环节
7	4.13	开拓药业、辉瑞	双方签订针对 ALK-1 靶点抗肿瘤抗体新药研发项目	此次项目合作是辉瑞本土化研发战略全面展开的重大里程碑。同时，开拓药业可通过辉瑞的抗体新药，助力临床创新能力的飞跃式提升
8	3.29	绿叶制药、Excel Biopharm	双方合作开发下一代肿瘤免疫疗法的治疗型抗体	绿叶制药与美国加州生物技术公司 Excel Biopharm LLC 的合作可使传统药企绿叶制药快速进入抗体药物领域
9	3.16	誉衡药业、药明生物	双方签订合作协议，共同开发抗 LAG3 全人创新抗体药	誉衡药业借助药明生物强劲的研发实力，提高了临床研发的效率，并解决了生物药大规模商业化生产的难题

序号	时间	事件主体	事件说明	影响/意义
10	1.8	先声药业、Merus	双方就系列双特异性新药签署合作协议	先声药业获得 Merus 独家授权：在中国区域利用 Merus 专有的 Biclonics® 技术平台开发和商业化多种双特异性抗体

数据来源：赛迪顾问，2018 年 12 月。

第七节　市场规模预测

一、2021 年抗体药物市场规模将达到 409 亿元

随着国家政策的利好、基因工程技术的突破、对疾病机制认识的提高，具有卓越疗效及安全性的抗体新药不断出现。通过拓展抗体药物的适应症、Me-too/better 药物的上市以及重磅抗体药物专利过期以后生物类似药的发展，抗体药物应用前景将更加广阔，极大地推动市场规模的增长。据赛迪顾问统计，2018 年中国抗体药物市场规模为 167 亿元，预计未来几年中国市场依然会保持较快增长，2021 年可增长至 409 亿元（见图 16-5）。

图 16-5　2016—2021 年中国抗体药物市场规模及预测

（数据来源：赛迪顾问，2018 年 12 月）

二、抗体药物癌症治疗市场将快速上升

我国癌症负担为全球之首，发病率和死亡率持续走高。根据赛迪顾问统计，国内已上市的抗体药物中，适应症为癌症的药物占比为 40%，如图 16-6（a）所示；被国家纳入医保的抗体药物中，适应症为癌症的药物占比为 56%，如图 16-6（b）所示。因此，未来随着医保的放量，抗体药物的癌症市场将继续维持高速增长。

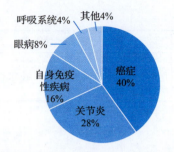

（a）国内已上市的抗体药物适应症占比情况　　（b）被纳入医保抗体药物适应症占比情况

图 16-6　2018 年中国已上市抗体药物和被纳入医保抗体药物适应症占比情况

（数据来源：赛迪顾问，2018 年 12 月）

第八节　赛道选择建议

（1）双抗、ADC 等类型抗体根据技术成熟度、临床在研进展情况，短期内将持续投资热度爬升。

2019 年中国抗体药物细分领域投资潜力气泡图如图 16-7 所示。

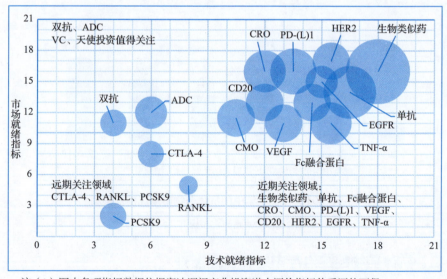

注：（1）图中各项指标数据依据赛迪顾问产业投资潜力评价指标体系评估而得。

（2）市场就绪指标：0～10 表示 10 年以上爆发期，10～20 表示 5 到 10 年爆发期。技术就绪指标数值越大，表示投资潜力越大。

图 16-7　2019 年中国抗体药物细分领域投资潜力气泡图

（数据来源：赛迪顾问，2018 年 12 月）

（2）随着临床在研抗体陆续上市，与 CRO、CMO 企业建立长期的战略合作关系是降低成本的主要途径之一，因此，CRO、CMO 企业在目前看来具有十分高的可投资性。

（3）目前国内临床在研的抗体药物靶点较为集中，在患者人群、广谱性、在研进展等指标的衡量下，靶点 PD-（L）1、VEGF、CD20、HER2、EGFR、TNF-α 在目前看来具有十分高的可投资性；靶点 CTLA-4、RANKL 和 PCSK9 可考虑较后阶段进入。

第九节　资本市场动向

一、抗体药物领域投融资事件数量快速上升

从 2016—2018 年近三年的投融资事件数量来看，2018 年呈现快速增长态势。国内抗体药物领域 2016—2018 年投融资事件数达 69 件，其中，2018 年的投融资事件数为 33 件，接近前两年投融资事件数的总和（见图 16-8）。

图 16-8　2016—2018 年中国抗体药物领域投融资事件数量

（数据来源：Wind，赛迪顾问整理，2018 年 12 月）

二、抗体药物领域投融资金额呈现大幅增长态势

从 2016—2018 年近三年的投融资事件金额来看，2018 年呈现爆发式增长。国内抗体药物领域近三年投融资金额达到 154.6 亿元（见图 16-9），其中，2018 年的投融资金额是 2016 年的四倍，2017 年的三倍。

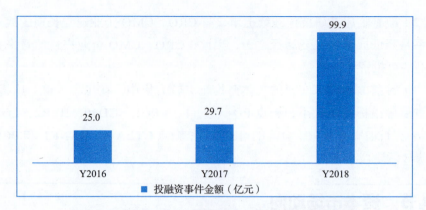

图 16-9　2016—2018 年中国抗体药物领域投融资金额

（数据来源：Wind，赛迪顾问整理，2018 年 12 月）

三、早期项目和成熟项目融资均衡发展

从 2016—2018 年近三年的投融资轮次来看，抗体药物领域早期项目和成熟项目融资均衡发展。如图 16-10 所示，2016 年，A 轮及 A 轮以下的投融资事件数量占比为 77.8%，到 2017 年，在投融资事件数量没有增加的情况下，这一比例显著下降至 38.8%，表明早期项目开始步入成熟。2018 年，该比例上升至 54.5%，且 B 轮、C 轮及以上的投融资事件数量及其占比均达历史高峰，为 15 件，占投融资事件数量的 45.4%，表明早期项目陆续进入成熟阶段，且不断有新项目进入，抗体药物领域正在均衡蓬勃发展。

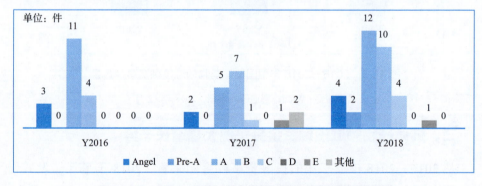

图 16-10　2016—2018 年中国抗体药物投融资轮次情况

（数据来源：Wind，赛迪顾问整理，2018 年 12 月）

四、东部沿海发达地区仍是投融资主要区域

从 2016—2018 年近三年的投融资发生区域来看，如图 16-11 所示，上海、

北京、浙江、江苏和广东的投融资事件数量排在前五位。其中，上海总和为 28 件，远超并列第二的北京和浙江的投融资事件数量。

图 16-11　2016—2018 年中国抗体药物投融资地区分布情况

（数据来源：Wind，赛迪顾问整理，2018 年 12 月）

第十节　百强潜力企业

　　遵循科学、系统、客观、可操作、可对比的基本原则，赛迪顾问从行业（市场）发展前景、上市 / 临床在研品种数量、企业创新发展情况、企业创始人及管理团队、融资阶段等多个维度进行定量与定性分析，同时应用最新的统计数据和多种大数据分析方法对收集到的数据进行科学评价，评出 2018 年赛迪抗体药物潜力企业 TOP 100 榜单（见表 16-7）。

表 16-7　2018 年赛迪抗体药物潜力企业 TOP 100 榜单

序　号	企业名称	所在省（区、市）	序　号	企业名称	所在省（区、市）
1	奥达国际	北京	12	神州细胞	北京
2	百奥赛图	北京	13	天广实	北京
3	百济神州	北京	14	同为时代	北京
4	百泰生物	北京	15	义翘神州	北京
5	北京绿竹	北京	16	祐和医药	北京
6	博奥森	北京	17	百迈博	上海
7	东方百泰	北京	18	博安生物	上海
8	加科思	北京	19	博威生物	上海
9	康明百奥	北京	20	亘喜生物	上海
10	科信美德	北京	21	和铂医药	上海
11	沙东生物	北京	22	华奥泰	上海

续表

序号	企业名称	所在省（区、市）	序号	企业名称	所在省（区、市）
23	华博生物	上海	56	康宁杰瑞	江苏
24	嘉和生物	上海	57	迈博斯	江苏
25	健能隆	上海	58	迈博太科	江苏
26	津曼特	上海	59	美诺克	江苏
27	康岱生物	上海	60	南京银河	江苏
28	朗润迈威	上海	61	南京优科	江苏
29	联合赛尔	上海	62	派格生物	江苏
30	迈泰亚博	上海	63	普恩瑞	江苏
31	迈威生物	上海	64	启德医药	江苏
32	美恩生物	上海	65	苏州金盟	江苏
33	美烨生物	上海	66	苏州思坦维	江苏
34	普珩生物	上海	67	苏州亚宝	江苏
35	普铭生物	上海	68	苏州众合	江苏
36	普泰生物	上海	69	泰康生物	江苏
37	睿智化学	上海	70	泰州翰中	江苏
38	三生国健	上海	71	信达生物	江苏
39	上海抗体	上海	72	中美冠科	江苏
40	上海赛金	上海	73	百奥泰生物	广东
41	上海赛伦	上海	74	康方生物	广东
42	上海谐生	上海	75	丽珠单抗	广东
43	上海亚联	上海	76	深圳龙瑞	广东
44	天境生物	上海	77	深圳赛乐敏	广东
45	众合医药	上海	78	深圳万乐	广东
46	奥赛康	江苏	79	深圳新鹏	广东
47	百英生物	江苏	80	兆科肿瘤	广东
48	东曜药业	江苏	81	迈百瑞	山东
49	基石药业	江苏	82	齐鲁制药	山东
50	剑药生物	江苏	83	荣昌生物	山东
51	杰恩生物	江苏	84	山东新时代	山东
52	金斯瑞	江苏	85	金凯生物	四川
53	开拓药业	江苏	86	三叶草生物	四川
54	康慧生物	江苏	87	思路迪	四川
55	康乃德	江苏	88	智翔金泰	四川

序　号	企业名称	所在省（区、市）	序　号	企业名称	所在省（区、市）
89	尚健生物	浙江	95	溥瀛生物	天津
90	特瑞斯	浙江	96	华北制药	河北
91	奕安济世	浙江	97	安徽未名	安徽
92	珂美立德	湖北	98	华兰基因	河南
93	武汉友芝友	湖北	99	大庆东竺明	黑龙江
94	喜康生物	湖北	100	万泰沧海	福建

注：以上仅按区域分布，排名不分先后。　　　　　　数据来源：赛迪顾问，2018 年 12 月。

第十七章

健康管理

第一节 产业定义或范畴

健康管理是对个体或群体健康状况及影响健康的危险因素进行全面检测、评估、有效干预与连续跟踪服务的全过程，是建立在现代生物医学和信息数字化管理技术基础上，基于个人健康档案的个性化健康事务性管理服务。

健康管理有广义和狭义之分。狭义的健康管理是针对个人、企业，对个体健康危险因素进行检测、评价和干预。广义的健康管理指通过吸纳多行业相关资源，构建一套完整、科学、现代、多元化的服务体系，在国家层面为全民制订一整套完善、强大、周密的健康防御计划。

第二节 赛迪重大研判

（1）随着移动互联网时代的来临，健康管理正从 1.0 时代（以健康体检为主），步入 2.0 时代（以大数据和人工智能为基础）。

（2）国内健康管理机构遍布全国，其中广东省数量最多，约占全国总数的五分之一，其次是北京市、山东省、上海市和浙江省。

（3）健康管理产业链较长，中游的健康检测、健康监控、健康干预是目前发展最为活跃的领域，将带动上、下游快速发展。

（4）基因检测、可穿戴、慢病管理、个性化定制健康管理解决方案等领域是健康管理发展较快的领域。

（5）健康管理领域投融资轮次主要集中在 A 轮、B 轮，初创型企业融资态势良好，信息技术平台、慢性病管理、孕婴健康是重点投资领域。

（6）从投资潜力来看，精准健康管理、互联网家庭健康管理、移动智慧医疗、慢性病监测、基因检测等领域值得关注。

第三节　产业政策分析

一、产业环境

1. 健康管理将成为大健康领域最主要的增量市场

近年来，我国健康管理市场规模日趋扩大，发展速度迅猛，尤其随着"健康中国 2030"目标的提出，健康管理将成为大健康领域最主要的增量市场。数据显示，2010 年以来，全球健康产业的复合增速为 4.0%，而我国健康产业的复合增速高达 19.4%，是全球增速的近 5 倍，健康管理行业年复合增长率达 18.4%。未来，伴随着中国逐步进入老龄化社会，国民健康管理意识不断提高，以及大数据、人工智能等技术的介入，国内健康管理市场有望进一步发展壮大，进入发展"快车道"。

2. 资本市场对健康管理领域仍有较大"热情"

自从 2016 年以来，虽然健康管理领域投融资数量有所下降，但是伴随着行业发展和政策利好的推动，更多国内外知名企业不断加入，资本市场仍有进一步扩大的潜力。从健康管理领域已披露的融资轮次来看，主要分布在 A 轮和 B 轮，可以看出初创型企业融资态势良好。从融资金额规模来看，虽然我国健康管理仍处于发展初期，行业投融资轮次多集中在前期，但是融资金额都比较大，多集中在千万级以上。同时，从趋势来看，大数据、人工智能、基因测序等企业纷纷进入健康管理领域，例如，阿里健康、华大基因等业内龙头企业。

3. 各种新技术、新模式不断应用到健康管理领域

近年来，大数据、云计算、人工智能等技术不断应用到健康管理领域，这些先进技术的介入，一方面提高了健康管理领域整体服务水平，另一方面也与健康管理产业链上下游各个环节不断融合，催生出"大数据＋健康管理""人工

智能 + 健康管理"等多种服务模式，通过技术创新带动模式创新，模式创新又进一步促进新的技术创新，形成良性循环、互动发展，为健康管理发展提供了良好的创新氛围和创新环境，进一步带动健康管理市场发展壮大。

二、政策导向

1. 一系列国家政策为健康管理发展奠定方向

2016 年《"健康中国 2030"规划纲要》发布，重点强调发展基于互联网的健康服务，鼓励发展健康体检、咨询等健康服务，促进个性化健康管理服务发展，培育一批有特色的健康管理服务产业；2017 年《中国防治慢性病中长期规划（2017—2025 年）》发布，提出到 2025 年慢性病危险因素得到有效控制，实现全人群全生命周期健康管理。近年来，围绕健康管理的多项国家级战略规划凸显了对于健康管理领域的重视，也为健康管理未来发展指明了方向。

2. "互联网 + 健康管理"是当前重点关注的领域

2018 年《关于做好 2018 年家庭医生签约服务工作的通知》发布，提出要积极推进通过手机客户端、电话、互联网等手段，开展分时段预约，方便签约居民接受儿童保健、预防接种、健康体检、慢性病管理等健康管理服务；2018 年《关于促进"互联网 + 医疗健康"发展的意见》指出，优化"互联网 +"家庭医生签约服务，鼓励开展网上签约服务，为签约居民在线提供健康咨询、预约转诊、慢性病随访、健康管理、延伸处方等服务。随着一系列政策的接连出台和消费升级的大势所趋，国家对全民健康管理已经从关注过渡到了细则指导，也逐渐让"互联网 + 健康管理"变得越来越炙手可热，新的产业蓝海正在浮现。

3. 慢性病健康管理受到重视

近年来，随着国家防治慢性病中长期规划的实施，国家基本公共卫生服务项目和慢性病防控综合示范区建设的深入推进，慢性病健康管理开始受到前所未有的重视。主要体现在：一是慢性病健康管理正式列入《"健康中国 2030"规划纲要》和《中国防治慢性病中长期规划（2017—2025 年）》；二是将慢性病健康管理与儿童健康管理、老年人健康管理、孕产妇健康管理等作为国家基本公共卫生服务项目推进和实施；三是国家正在研究制订慢性病健康管理与促进服务示范机构建设指导意见，以促进慢性病健康管理规范有序发展。健康管理产业主要政策如表 17-1 所示。

表 17-1　健康管理产业主要政策

颁布时间	颁布主体	政策名称	支持对象	相关内容
2015.05	国务院办公厅	《中医药健康服务发展规划（2015—2020 年）》	中医特色健康管理	将中医药优势与健康管理结合，以慢性病管理为重点，以治未病理念为核心，探索融合健康文化、健康管理、健康保险为一体的中医健康保障模式
2016.10	中共中央、国务院	《"健康中国 2030"规划纲要》	健康体检、咨询	发展基于互联网的健康服务，鼓励发展健康体检、咨询等健康服务，促进个性化健康管理服务发展，培育一批有特色的健康管理服务产业
2017.02	国务院办公厅	《中国防治慢性病中长期规划（2017—2025 年）》	慢性病健康管理	到 2025 年，慢性病危险因素得到有效控制，实现全人群全生命周期健康管理
2018.04	国家卫生健康委员会办公厅	《关于做好 2018 年家庭医生签约服务工作的通知》	重点人群健康管理服务	做好老年人、孕产妇、儿童以及高血压、糖尿病、结核病等慢性病和严重精神障碍患者的健康管理服务
2018.04	国务院办公厅	《关于促进"互联网+医疗健康"发展的意见》	"互联网+健康管理"	鼓励开展网上签约服务，为签约居民在线提供健康咨询、预约转诊、慢性病随访、健康管理、延伸处方等服务

数据来源：相关部门网站公开信息，赛迪顾问整理，2018 年 12 月。

第四节　产业链全景图

健康管理产业链主要包括上游的信息技术平台和医疗设备、耗材；中游的健康检测、健康监控、健康干预；下游的健康管理解决方案、健康治疗、健康康复和健康跟踪。

健康管理产业链全景图如图 17-1 所示。

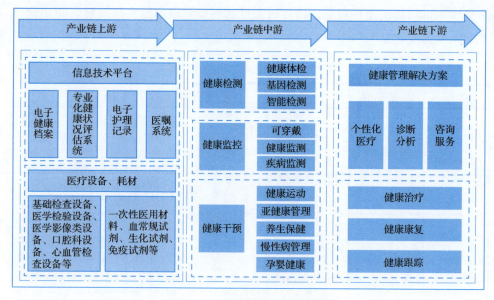

图 17-1　健康管理产业链全景图

（数据来源：赛迪顾问，2018 年 12 月）

　　产业链上游：主要包括电子健康档案、专业化健康状况评估系统、电子护理记录、医嘱系统等信息技术平台，基础检查设备、医学检验设备、医学影像类设备等医疗设备，以及一次性医用材料、血常规试剂、生化试剂、免疫试剂等医疗耗材。

　　产业链中游：主要包括以健康体检、基因检测、智能检测为主的健康检测，以可穿戴、健康监测、疾病监测为主的健康监控，以健康运动、亚健康管理、养生保健、慢性病管理、孕婴健康为主的健康干预。

　　产业链下游：主要包括以个性化医疗、诊断分析、咨询服务为主的健康管理解决方案，以及健康治疗、健康康复、健康跟踪等后续服务。

第五节　价值链及创新

一、产业链上游

　　健康管理产业链上游价值链全景图如图 17-2 所示。

	企业名称	市值（亿元）	营业收入（亿元）	净利润（亿元）	企业名称	市值（亿元）	营业收入（亿元）	净利润（亿元）
信息技术平台	麦迪科技	26.31	1.60	0.11	国新健康	166.28	0.46	-1.15
	达实智能	70.57	17.86	1.60	朗玛信息	44.30	3.49	0.75
医疗耗材、设备	企业名称	市值（亿元）	营业收入（亿元）	净利润（亿元）	企业名称	市值（亿元）	营业收入（亿元）	净利润（亿元）
	冠昊生物	29.14	3.06	0.19	星普医科	47.07	3.86	0.86
	英科医疗	32.41	13.74	1.28	九安医疗	25.53	4.08	-0.78

（产业链上游）

注：企业市值为 2018 年 11 月数据，营业收入和净利润为 2018 年前三季度数据。

图 17-2　健康管理产业链上游价值链全景图

（数据来源：上市企业财报，赛迪顾问，2018 年 12 月）

1. 产业链上游营业收入及净利润保持较高增长态势

2018 年前三季度，健康管理产业链上游上市企业营业收入达到 200 亿元，如图 17-3（a）所示，较上年同期增长 33.3%，健康管理产业链上游上市企业净利润达到 15 亿元，如图 17-3（b）所示，较上年同期增长 25%，营业收入及净利润保持较高增长态势。

（a）上市企业营业收入及同比增长情况　　　（b）上市企业净利润及同比增长情况

图 17-3　2014—2018 年中国健康管理产业链上游上市企业规模及增长情况

（数据来源：赛迪顾问，2018 年 12 月）

2. 平台与设备各占据产业链上游一半市场份额

如图 17-4 所示，从健康管理产业链上游细分市场结构情况来看，信息技术平台与医疗耗材、设备各占据一半市场份额，比例基本稳定。具体来看，信息技术平台的占比有逐渐上升的趋势，医疗耗材与设备占比有所下降。

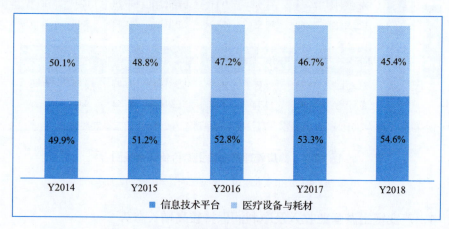

图 17-4　2014—2018 年中国健康管理产业链上游细分市场结构情况

（数据来源：赛迪顾问，2018 年 12 月）

3. 移动互联技术推动信息技术平台快速发展

从产业链上游来看，信息技术平台在物联网、5G 通信技术、Wi-Fi、条码及 RFID、云计算、智能手持终端等移动互联技术的推动下发展迅速，是上游最重要的领域。其中，电子健康档案、专业化健康状况评估系统、电子护理记录等领域的净利率较高（见图 17-5）。

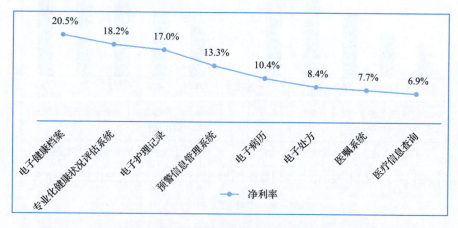

图 17-5　2018 年前三季度中国健康管理上游各领域上市企业净利率情况

（数据来源：赛迪顾问，2018 年 12 月）

二、产业链中游

健康管理产业链中游价值链全景图如图 17-6 所示。

企业名称	市值（亿元）	营业收入（亿元）	净利润（亿元）
美年健康	505.06	58.18	4.99
金域医学	99.68	33.17	1.80
企业名称	市值（亿元）	营业收入（亿元）	净利润（亿元）
华大基因	231.57	18.13	3.66
南华生物	39.47	0.55	−0.23
企业名称	市值（亿元）	营业收入（亿元）	净利润（亿元）
贝瑞基因	125.56	10.28	2.37
三诺生物	66.25	11.58	2.37
企业名称	市值（亿元）	营业收入（亿元）	净利润（亿元）
乐心医疗	19.88	5.32	0.15
华米科技	6.31	24.20	2.11
企业名称	市值（亿元）	营业收入（亿元）	净利润（亿元）
乐普医疗	557.65	45.84	11.75
理邦仪器	35.10	7.28	0.84
企业名称	市值（亿元）	营业收入（亿元）	净利润（亿元）
量子生物	71.46	6.20	1.11
企业名称	市值（亿元）	营业收入（亿元）	净利润（亿元）
宜华健康	88.14	16.74	2.34
企业名称	市值（亿元）	营业收入（亿元）	净利润（亿元）
戴维医疗	23.87	1.95	0.37

注：企业市值为 2018 年 11 月数据，营业收入和净利润为 2018 年前三季度数据。

图 17-6　健康管理产业链中游价值链全景图

（数据来源：上市企业财报，赛迪顾问，2018 年 12 月）

1. 产业链中游营业收入及净利润波动较大

2018 年前三季度，健康管理产业链中游上市企业营业收入达到 550 亿元，如图 17-7（a）所示，较上年同期增长 19.5%，净利润达到 50 亿元，如图 17-7（b）所示，较上年同期增长 26.4%，两者近几年的波动均比较大。

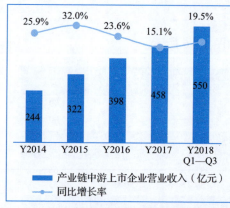

（a）上市企业营业收入及同比增长情况

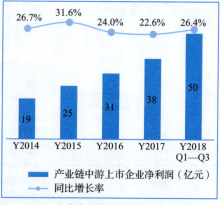

（b）上市企业净利润及同比增长情况

图 17-7　2014—2018 年中国健康管理产业链中游上市企业规模及增长情况

（数据来源：赛迪顾问，2018 年 12 月）

2．健康检测占据健康管理产业链中游最大市场份额

如图 17-8 所示，从健康管理产业链中游细分市场结构情况来看，健康检测占据一半以上的份额，但有不断下降的趋势；健康监控占比维持在 35% 左右，有上升的趋势；健康干预占比较低，基本稳定在 10% 左右。

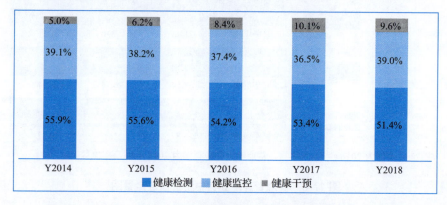

图 17-8　2014—2018 年中国健康管理产业链中游细分市场结构情况

（数据来源：赛迪顾问，2018 年 12 月）

3．基因检测、可穿戴、慢性病管理是产业链中游增长较快的领域

从产值规模同比增速情况来看，基因检测、可穿戴、慢性病管理领域的增长较快（见图 17-9）。其中，"基因测序 + 健康管理"成为发展最为迅速的领域；

可穿戴领域在小米等龙头科技企业的带动下也进入发展快车道；慢性病管理也在公众健康管理意识不断提升、社会老龄化问题不断凸显的影响下快速发展。

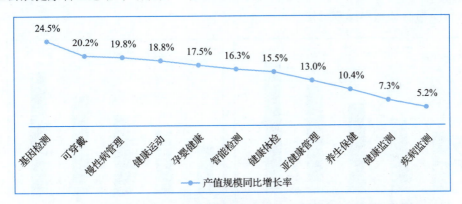

图 17-9 2018 年前三季度中国健康管理产业链中游各领域产值规模增速情况

（数据来源：赛迪顾问，2018 年 12 月）

三、产业链下游

健康管理产业链下游价值链全景图如图 17-10 所示。

	企业名称	市值（亿元）	营业收入（亿元）	净利润（亿元）	企业名称	市值（亿元）	营业收入（亿元）	净利润（亿元）
解决方案	达安基因	91.94	11.86	0.82	创新医疗	37.88	7.93	1.22
	美康生物	51.16	23.48	2.12	和仁科技	40.29	2.30	0.22
健康治疗	宝莱特	17.60	5.96	0.60	迪瑞医疗	36.60	6.67	1.91
	和佳股份	42.27	7.74	0.93	银河生物	49.38	5.78	−1.25
健康康复	未名医药	48.75	4.92	0.11	*ST海投	34.06	0.40	0.40
	信邦制药	77.35	50.25	2.66	大博医疗	141.43	5.45	2.89

注：企业市值为 2018 年 11 月数据，营业收入和净利润为 2018 年前三季度数据。

图 17-10 健康管理产业链下游价值链全景图

（数据来源：上市企业财报，赛迪顾问，2018 年 12 月）

1. 产业链下游营业收入及净利润比较稳定

2018 年前三季度，健康管理产业链下游上市企业营业收入达到 300 亿元，如图 17-11（a）所示，较上年同期增长 22.0%，健康管理产业链下游上市企业净利润达到 20 亿元，如图 17-11（b）所示，较上年同期增长 24.4%，营业收入和净利润都相对比较稳定。

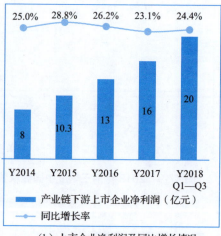

（a）上市企业营业收入及同比增长情况　　（b）上市企业净利润及同比增长情况

图 17-11　2014—2018 年中国健康管理产业链下游上市企业规模及增长情况

（数据来源：赛迪顾问，2018 年 12 月）

2. 健康治疗占据健康管理产业链下游最大市场份额

如图 17-12 所示，从健康管理产业链下游细分市场结构情况来看，健康治疗占据下游一半以上的市场份额，但占比有所下降；健康解决方案和健康康复的占比相对较小，但是比例有不断扩大的趋势。

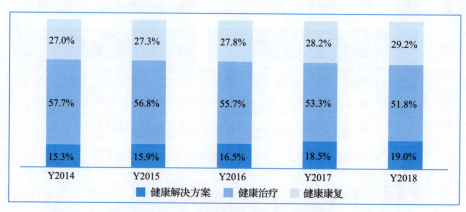

图 17-12　2014—2018 年中国健康管理产业链下游细分市场结构情况

（数据来源：赛迪顾问，2018 年 12 月）

3．个性化定制健康管理解决方案是下游发展最快的环节

从产值规模增速情况来看，如图 17-13 所示，以个性化医疗、个性化诊断分析、个性化咨询服务为代表的个性化定制健康管理解决方案是下游发展最快的环节。

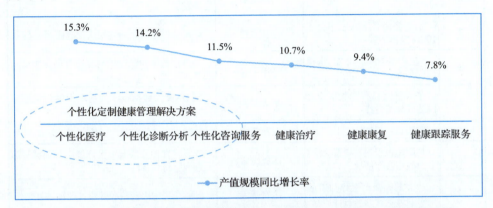

图 17-13　2018 年前三季度中国健康管理产业链下游各领域产值规模增速情况

（数据来源：赛迪顾问，2018 年 12 月）

第六节　行业龙头动向

2018 年，随着多项宏观规划的进一步推动，以及人工智能、大数据等新技术的不断介入，围绕慢性病健康管理、大数据 + 健康管理、人工智能健康管理、精准健康管理、基因检测等领域，健康管理领域的龙头企业开始积极探索新的服务模式，不断拓展健康管理服务网络。2018 年中国健康管理行业重大事件如表 17-2 所示。

表 17-2　2018 年中国健康管理行业重大事件

序　号	事件说明	事件主体	影响 / 意义
1	阿里健康与阿斯利康在上海签署战略合作备忘录	阿里健康	以互联网、人工智能、物联网等新技术为驱动力，开创健康管理的新模式
2	借助上海人寿"保壳"	*ST 海投	借助大股东商业保险客户导入资源优势，拓展高端医疗服务需求市场
3	0 元收购大象影像 51% 股权	美年健康	在影像大数据开发运用，及人工智能等关键领域重点布局
4	三诺智慧健康项目启动	三诺生物	布局移动医疗慢性病管理，开拓慢性病管理的新模式

续表

序 号	事件说明	事件主体	影响/意义
5	记健康携手科大讯飞开启健康管理人工智能融合发展	记健康	推动人工智能与健康管理融合发展
6	"澳洋科技"变更为"澳洋健康"	澳洋健康	开始向医药、医疗、康复等健康产业领域延伸发展
7	拍卖公司名下八家子公司100%全部股权	创新医疗	剥离珍珠业务全面转型医疗健康服务行业
8	通策集团与众安科技达成合作	通策医疗	为医疗数据隐私保护与互联互通探索全新的解决方案
9	华大基因与有跑共享跑步机达成战略合作	华大基因	以 DNA 大数据技术为用户提供科学健康管理
10	收购京颐科技	国新健康	成功进行了资产重组，市值迅速增加
11	与阿里巴巴签署"新医疗"全面战略合作协议	国际医学	双方将在"互联网＋医疗健康"领域开展一系列创新与合作
12	达安基因合谐医疗与恩威集团成员签署战略合作协议	达安基因	开始布局中医药精准健康管理领域
13	金域医学与全球基因测序巨头 Illumina 合作	金域医学	开始研究、开发、生产、销售基因测序设备及其相关试剂盒
14	收到小米 2500 万美元投资款	九安医疗	全力支持"智能硬件＋APP＋云"软硬件一体化移动医疗解决方案
15	迪安诊断携手罗氏、美国FMI，签订三方合作协议	迪安诊断	全球首个全面基因组测序分析服务
16	与众惠保险签署了《众惠相互与健帆生物战略合作协议书》	健帆生物	联手保险公司开展肾病健康管理合作
17	投资 1000 万元在深圳市设立全资智慧医药子公司	康美药业	打造智慧药房全药事服务平台，实现预约购药、在线问诊、中药代煎配送等一站式健康管理服务
18	收购强化华东区域优势	润达医疗	提升实验室综合服务能力
19	推出"数字孪生＋人工智能"	达实智能	帮助构建个人全生命周期的数字预测模型，提供全生命周期的预测记录分析和决策支撑
20	与链火信息签署战略合作协议	紫鑫药业	布局区块链＋大健康领域

数据来源：赛迪顾问，2018 年 12 月。

第七节　市场规模预测

中国健康管理受到宏观政策环境、新技术介入、健康管理理念转变等众多利好因素的影响，在经历了一段时间的低速增长之后，将迎来新一轮高速增长。

预计到 2019 年整体规模将达到 2400 亿元，到 2021 年将达到 3500 亿元（见图 17-14），健康管理在大健康领域所占的比重将进一步提升，成为大健康领域最主要的增量市场。

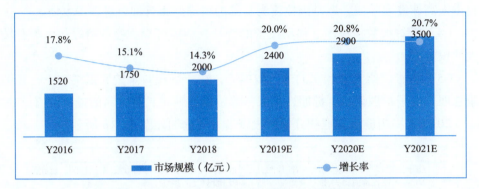

图 17-14　2016—2021 年中国健康管理市场规模及预测

（数据来源：赛迪顾问，2018 年 12 月）

随着大数据、互联网、人工智能等技术的不断介入，以及服务模式、经营模式不断成熟，健康管理将逐渐从健康体检领域向外不断延伸，带动产业链上下游市场规模进一步扩大。但长期来看，产业链中游仍将是健康管理领域最重要的领域，规模和占比均是最大的（见图 17-15）。

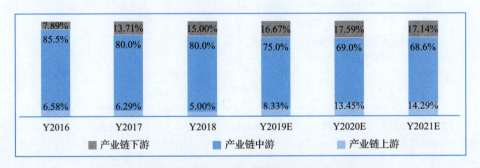

图 17-15　2016—2021 年中国健康管理市场结构及预测

（数据来源：赛迪顾问，2018 年 12 月）

第八节　赛道选择建议

（1）电子健康档案、健康体检、智能检测值得 VC、天使投资关注，其中健康体检是最值得关注的领域，个性化、定制化健康体检领域具有十分高的可投资性。

（2）中国慢性病发病人数目前在 3 亿左右，慢性病健康管理将在未来 3～5 年进入快速发展期，资本可考虑进入。

（3）随着人们健康观念的不断提升，科学技术的不断发展，基因检测领域将进入高速发展阶段，以基因检测为基础的精准健康管理将进入爆发期。

（4）随着大数据技术、移动设备的普及，智能可穿戴领域将崛起，具有较大的投资潜力。

（5）随着健康管理理念的进一步推广，在市场和政策的双重推动下，亚健康管理、电子护理记录、健康咨询服务等领域远期将具有较高的投资价值。

2019 年中国健康管理细分领域投资潜力气泡图如图 17-16 所示。

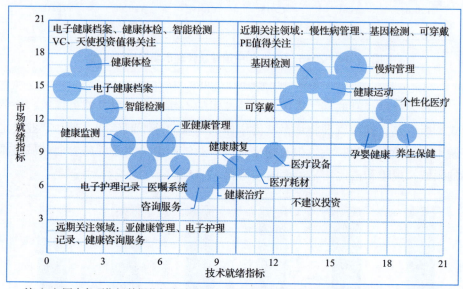

注：（1）图中各项指标数据依据赛迪顾问产业投资潜力评价指标体系评估而得。
（2）市场就绪指标：0～3 表示 10 年以上爆发期，3～6 表示 5 到 10 年爆发期。技术就绪指标数值越大，表示投资潜力越大。

图 17-16　2019 年中国健康管理细分领域投资潜力气泡图

（数据来源：赛迪顾问，2018 年 12 月）

第九节　资本市场动向

一、健康管理领域投融资事件数量下降

2018 年健康管理领域投融资事件为 135 件（见图 17-17），相比于 2016 年

的 291 件、2017 年的 204 件有所下降，基本呈现逐年下降的趋势。

图 17-17　2016—2018 年中国健康管理领域投融资事件数量

（数据来源：Wind，赛迪顾问整理，2018 年 12 月）

二、慢性病管理、孕婴健康、基因检测是热点领域

2018 年，从健康管理投融资的细分领域来看，信息技术平台、慢性病管理、孕婴健康、基因检测、健康体检、可穿戴、运动健康、养生保健、智能检测等 9 大领域投融资数量最多（见图 17-18）。

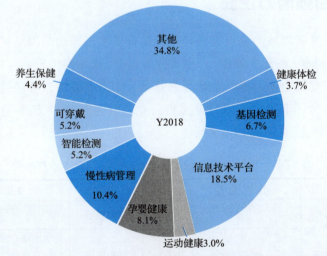

图 17-18　2018 年中国健康管理细分领域投融资数量分布情况

（数据来源：Wind，赛迪顾问整理，2018 年 12 月）

三、投融资轮次集中在 A 轮、B 轮

从我国健康管理行业已披露的融资轮次来看，2018 年 A+ 轮 2018 年融资事件数量为 13 件（见图 17-19），增幅最大，种子轮、天使轮、Pre-A 轮、A

轮等轮次的投融资事件数量均出现一定程度下降。从占比情况来看，2018 年投资轮次主要分布在 A 轮、B 轮和战略投资，三者合计占比达 51.1%，可以看出初创型企业融资态势良好。

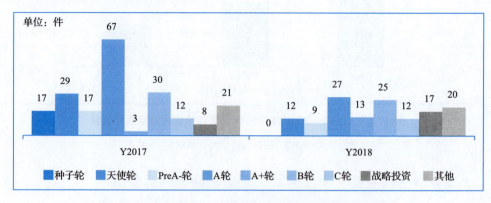

图 17-19　2017—2018 年中国健康管理投融资轮次情况

（数据来源：Wind，赛迪顾问整理，2018 年 12 月）

第十节　百强潜力企业

围绕健康管理领域的重点发展趋势，结合资本市场动向以及区域资源分布情况，以注册资本、主营业务收入、重点业务表现、未来潜力预测等指标为依据，以健康管理产业链上中下游各个环节为基础，突出前瞻性、导向性、高成长性等原则，聚焦全国非上市健康管理重点企业，梳理出 2018 年赛迪健康管理潜力企业 TOP 100 榜单如表 17-3 所示。

表 17-3　2018 年赛迪健康管理潜力企业 TOP 100 榜单

排名	企业名称	主营业务	排名	企业名称	主营业务
1	平安医疗	开放式管理医疗服务平台	6	华科健康	健康管理咨询，健康信息咨询
2	慈铭健康	健康体检	7	辰阳医疗	健康咨询、营养知识咨询、医药咨询、商务咨询、企业管理咨询、推拿、按摩、养生保健
3	福大健康	健康管理，健康咨询	8	新巨人	保健食品、理疗器械；健康产业的管理
4	易商通	健康管理、健康咨询	9	汉氏联合	细胞抗体、细胞医药、基因药物、保健品、化妆品、诊断试剂
5	明本健康	健康管理；健康咨询	10	绿联国际	新型健康养老科技地产开发、养生养老科技服务、适老化保健产品的科技研发及推广

排　名	企业名称	主营业务	排　名	企业名称	主营业务
11	稀木珍草	中医学与中药学研究服务；健康管理、健康咨询	34	氧康健康	个体或群体健康的监测、分析、评估以及健康咨询、指导和危险因素干预
12	中泰科技	社区养老服务；健康咨询服务	35	极医堂健康	非医疗性健康信息咨询
13	贵安精准	基因测序与分析技术；基于大数据平台的人类健康管理系统开发与服务	36	新元素健康	健康养生管理咨询、心理咨询
14	巴马领航	健康管理、健康管理咨询；生物技术的开发与咨询服务	37	天慈生物	健康管理信息咨询
15	东资熙康	健康管理、健康咨询	38	龙环健康	健康管理
16	艾康颐圣	营养健康咨询服务；健康科学项目研究成果转让	39	印山健康	健康管理咨询
17	中域通	健康科学项目研究	40	明码健康	健康管理信息咨询
18	松柏康	健康管理	41	深圳第一医学	健康管理、养生养老咨询
19	黄河源	中医药及保健品的销售；健康管理服务	42	德信健康	健康咨询；医药科技、生物科技
20	欧深	健康管理；健康咨询	43	五春堂	健康管理，健康养生管理咨询
21	济民健康	健康管理咨询、健康信息咨询	44	金易生健康	健康管理、健康咨询
22	凤凰灵音	健康管理咨询	45	纾翔国明	健康管理；健康咨询
23	正天泽盛	健康管理；健康信息咨询服务	46	善道灵	健康管理；健康咨询
24	颐养乐福	健康管理咨询；健康信息咨询；养老服务	47	富神健康	健康管理咨询
25	晶安医疗	健康管理；医院管理	48	达禾健康	健康管理、健康咨询
26	中法健康	健康管理服务	49	硒域传奇	健康管理服务；营养健康、医疗信息的咨询服务；健康保健服务
27	中族双园	健康管理咨询、健康信息咨询	50	周际健康	健康管理咨询
28	仁善健康	非医疗性健康管理咨询	51	康复之家	健康管理
29	华远健康	养老产业投资；健康管理咨询	52	好身体健康	健康管理、健康咨询
30	唯爱康	健康咨询；健康管理；健康市场调查	53	妙吉堂健康	健康管理服务、健康膳食研发；健康管理咨询
31	惠世健康	健康管理；健康咨询	54	法尔玛国际健康	养生服务；健康咨询服务；国际健康管理咨询服务
32	天溪森达	非医疗性健康咨询	55	金博盛世	健康档案管理及健康咨询服务；保健产品的研发
33	意通健康	健康产业领域内的物联技术开发、技术转让、技术服务	56	通泰心脑	医疗健康管理、咨询、服务

续表

排　名	企业名称	主营业务	排　名	企业名称	主营业务
57	阳光欣晴	健康管理；健康咨询	79	糖仁康	健康管理、健康咨询
58	天子易生	健康管理、健康咨询；预防保健服务	80	金慧艾健康	营养健康信息咨询；食品、保健用品研发
59	中诊医疗	健康管理、健康咨询	81	泰医堂健康	健康管理服务、健康管理咨询及健康保健咨询
60	华熙国际	健康管理、健康咨询	82	光虹健康	健康管理；企业管理咨询服务；营养健康咨询服务
61	慈铭奥亚	预防保健科；健康管理咨询	83	众帮关爱	健康信息咨询；健康管理
62	艺佳丽仁	健康管理、健康咨询	84	顺方圆健康	健康管理、健康咨询
63	怡养汇健康	健康咨询；健康管理	85	御茯堂健康	营养健康咨询服务；健康管理；保健品的研发
64	道佑健康	健康管理咨询服务；营养健康咨询服务	86	双仁健康	健康管理；健康咨询
65	蓝熙健康	非医疗性健康管理咨询	87	乐金君泽	健康管理，健康信息咨询
66	知几未来	健康咨询；医药技术咨询	88	碳云智能	健康管理咨询；智能科技产品的技术开发及销售
67	蓝丝带	健康管理咨询服务	89	善瑞健康	健康管理；营养健康咨询服务；中医药文化服务
68	普之康	健康管理咨询	90	融基健康	健康体检，产后恢复，康复疗养
69	慈恩堂	非医疗性健康管理咨询；非医疗健康养生及康复护理服务；养老服务	91	易维太古	健康管理；健康咨询
70	多喜月母婴	母婴健康管理服务；母婴陪护；母婴保健服务	92	贯众健康	健康管理咨询、医药咨询
71	养之道	健康管理咨询服务；理疗服务	93	康成益健	健康管理；健康咨询
72	九伟猫	健康管理	94	阿瑟医疗机器人	医学诊疗康复及监护机器人、智能医疗设备与器械、保健康复器材的研发
73	糖友管家	健康咨询；健康管理	95	体科健	有氧运动健康管理咨询；体育活动的策划与组织
74	东方庶食	健康管理；健康咨询	96	颐苑养老	健康管理、健康咨询
75	妈咪爱健康	营养健康咨询服务	97	炯心健康	营养健康咨询服务，从事健康科技领域内的技术开发
76	诺曼姿	健康管理、健康咨询	98	康动健康	保健信息咨询、健康管理产业咨询
77	信之兰	健康管理、健康咨询	99	固正保和	营养健康咨询服务；体检服务；心理咨询服务；保健按摩服务
78	纳因健康	健康管理、健康咨询	100	海邻健康	健康信息咨询；健康档案管理

注：此次排名不分先后。　　　　　　　　　　　　　　　　数据来源：赛迪顾问，2018 年 12 月。

第十八章

绿色金融

第一节　产业定义或范畴

　　绿色金融是指为支持环境改善、应对气候变化和资源节约高效利用的经济活动，即对环保、节能、清洁能源、绿色交通、绿色建筑等领域的项目投融资、项目运营、风险管理等所提供的金融服务。具体方式包括绿色信贷、绿色债券、绿色基金、绿色保险、碳金融等。

　　随着全球与中国绿色经济的快速发展，绿色金融受到市场需求的极大推动，在产品类型、业务种类、业务模式等方面不断创新，表现出不同于传统金融服务活动的特点。

第二节　赛迪重大研判

　　（1）中国绿色金融经过近几年的政策和市场推动，已基本完成顶层设计，进入快速发展阶段。

　　（2）绿色金融区域聚集效应明显，主要分布在环渤海、长三角和珠三角区域，在江西、贵州、新疆、广东和浙江五省区设立的绿色金融改革创新试验区，已成为绿色金融发展的标杆区域。

　　（3）绿色信贷规模逐年保持稳定增长态势，兴业银行市场规模占比较高；绿色基金受到政府和民间资本的关注，基金类型和业务模式不断创新，基金规模呈现爆发式增长；中国已成为全球绿色债券发行规模最大的国家，市场需求增大，但监管日趋严格，2018 年发行量小幅下滑；绿色保险创新产品增加，业务规模大幅攀升，参与机构数量增加；碳金融目前仍处于探索和试点阶段，行业规模稳定。

（4）根据"2018 年赛迪绿色金融百强潜力企业"分析，北京成为榜单企业第一聚集地，浙江、江苏等地企业创新实力凸显；绿色信贷企业中兴业银行排名第一，其绿色信贷规模和产品创新实力较强；绿色基金成为企业重要的融资方式，获得投资机构和融资企业青睐。

（5）从投资方式来看，绿色债券、绿色基金是主要的产业投资方式，主要投资于绿色交通、新能源、新材料等战略新兴产业。

第三节　产业政策分析

一、产业环境

1. 绿色经济规模扩大将带动绿色金融产业提速

在中国绿色经济战略的推动下，绿色金融产业迎来了新一轮发展机遇，市场规模需求和创新需求旺盛。绿色经济产业类型多样，即包含节能环保、新能源、新能源汽车等战略新兴产业，还包括绿色交通、污水治理等传统的环保产业，预计未来 10 年产业需求将突破百万亿元。在巨大的市场空间的激励下，绿色金融发展将呈现存量和增量的快速增长，现有的绿色信贷规模将稳步提升，绿色基金和碳金融等其他市场创新加速，规模也将呈现快速提升的态势。

2. 绿色金融体系完善大大改善产业投资环境

我国绿色金融市场经过近几年的发展，基础体系日趋完善，对绿色经济的支持力度不断加强。2017 年中国人民银行、银监会、证监会、保监会和国家标准化管理委员会联合发布了《金融业标准化体系建设发展规划（2016—2020年）》，明确了我国"十三五"期间金融市场标准化建设的工作目标和推进路径，其中"绿色金融标准化工程"被列为重点工程，将大力推进落实。这一规划为绿色金融标准体系的统一规范提供了实施基础，对于绿色金融产业的投资环境优化和健康发展将带来深远影响。

3. 绿色经济产业多样性成为绿色金融突破和创新的推动力

在我国产业发展中，国家将多个领域纳入绿色经济范畴，如节能环保、新能源、新能源汽车等战略新兴产业、绿色交通运输产业、污水处理产业等，绿色经济的多样性对绿色金融的规模和创新提出了更高要求。随着市场规模的不断增加，金融支持模式的突破与创新成为绿色经济发展的重要诉求之一。2017年至今市场中出现了多项创新和突破，如环保类上市公司信息披露制度发布、碳交易全国市场启动、排污权许可全国推广、绿色金融改革创新示范区设立等，这些成果显示出我国绿色金融市场正在逐步探索中快速成长。

二、政策导向

1. 党的十九大报告关注绿色金融和绿色发展

党的十九大报告提出"推进绿色发展。加快建立绿色生产和消费的法律制度和政策导向，建立健全绿色低碳循环发展的经济体系。构建市场导向的绿色技术创新体系，发展绿色金融，壮大节能环保产业、清洁生产产业、清洁能源产业。推进能源生产和消费革命，构建清洁低碳、安全高效的能源体系"。报告强调"建设生态文明是中华民族永续发展的千年大计"，未来要加快生态文明建设，推进绿色发展，加快构建市场导向的绿色技术创新体系，发展绿色金融。报告将发展绿色金融上升到战略高度，明确建设生态文明、保护生态环境不仅具有现实重要性和紧迫性，更有战略意义和长远价值。

2. 绿色金融改革创新示范区鼓励城市发展绿色金融

2017 年 6 月中国人民银行等七部门联合印发了《浙江省湖州市、衢州市建设绿色金融改革创新试验区总体方案》、《广东省广州市建设绿色金融改革创新试验区总体方案》、《新疆维吾尔自治区哈密市、昌吉州和克拉玛依市建设绿色金融改革创新试验区总体方案》、《贵州省贵安新区建设绿色金融改革创新试验区总体方案》和《江西省赣江新区建设绿色金融改革创新试验区总体方案》。示范区改革示范方案是以制度创新为重点，充分发挥市场配置资源的决定性作用，在制度、组织、市场、产品、服务、政策保障等方面进行的探索实践。监管部门积极推动绿色金融改革创新试验区落地，是近年来我国城市绿色金融发展的最大突破，标志着地方绿色金融体系建设正式进入落地实践阶段。

3. 上交所资产支持证券化业务问答凸显对绿色金融创新的支持

绿色资产支持证券作为绿色债券的一种，近年来经历了多项业务创新。为了规范绿色资产支持证券的认定标准和相关规范，上海证券交易所 2018 年陆续出台了《上海证券交易所资产证券化业务问答（一）、（二）》（见表 18-1），除明确对绿色资产支持证券的认定标准外，对绿色资产支持证券的绿色项目、绿色产业领域认定以及第三方评估认证事项均提出执行要求，同时也在《关于开展绿色公司债券试点的通知》中明确了绿色资产支持证券在上交所申请挂牌转让相关事项可参照绿色公司债券执行。绿色资产支持证券虽然是国内金融市场中相对较新的产品，但无论是从政策方面还是从认证可行性上来看，未来将成为绿色债券重要的组成部分。

表 18-1　绿色金融主要政策

颁布时间	颁布主体	政策名称	支持对象	相关内容
2018.08	上海证券交易所	《上海证券交易所资产支持证券化业务问答（一）、（二）》	绿色资产支持证券	明确对绿色资产支持证券的认定标准
2018.07	中国人民银行	《银行业存款类金融机构绿色信贷业绩评价方案》	绿色信贷	绿色信贷业绩评价每季度开展一次。绿色信贷业绩评价指标设置定量和定性两类
2017.12	中国人民银行、证监会	《绿色债券评估认证行为指引（暂行）》	绿色债券	正式将绿色债券评估认证行为纳入了监管和自律框架，从机构准入和资质条件、业务承接、业务实施、报告出具以及监督管理等方面提出了全方位要求
2017.12	国家发展改革委	《全国碳排放权交易市场建设方案（发电行业）》	碳金融	全国统一的碳排放权交易市场正式启动，先期将电力行业作为碳市场建设的突破口
2017.11	环境保护部	《排污许可管理办法（试行）》	绿色金融	强化排污者责任，我国环境监管在监管手段上从以环境影响评价制度为主，向环境影响评价、排污许可等制度一起抓转变
2017.10	国家发展改革委、国家能源局	《关于开展分布式发电市场化交易试点的通知》	碳金融	明确通过市场化手段来推动清洁能源发展
2017.06	中国人民银行等五部门	《金融业标准化体系建设发展规划（2016—2020 年）》	绿色金融	将绿色金融标准化工程作为"十三五"时期金融标准化的重点工程之一。重点部署了绿色信用评级标准、环境信息披露标准、绿色金融产品标准等任务，并研究金融信息和统计数据共享标准，推动我国绿色金融标准化进程

续表

颁布时间	颁布主体	政策名称	支持对象	相关内容
2017.03	证监会	《非金融企业绿色债务融资工具业务指引》	绿色债券	对绿色债务融资工具、绿色项目界定与分类、资金使用与管理、信息披露等作出规定，并对认证评估报告框架提出具体要求
2017.03	证监会	《关于支持绿色债券发展的指导意见》	绿色债券	对绿色公司债券、绿色产业项目、发行主体及信息披露等作出了明确要求
2017.02	国家发展改革委、财政部、国家能源局	《关于试行可再生能源绿色电力证书核发及自愿认购交易制度的通知》	碳金融	明确 2017 年 7 月绿证认购正式开始上线交易
2016.11	国务院办公厅	《控制污染物排放许可制实施方案》	碳金融	对完善控制污染物排放许可制度，实施企事业单位排污许可证管理作出部署
2016.09	国家发展改革委	《用能权有偿使用和交易制度试点方案》	碳金融	选择在浙江省、福建省、河南省、四川省开展用能权有偿使用和交易试点
2016.08	中国人民银行、财政部、国家发展改革委、环境保护部、银监会、证监会、保监会	《关于构建绿色金融体系的指导意见》	绿色金融	大力发展绿色信贷；推动证券市场支持绿色投资；设立绿色发展基金，通过政府和社会资本合作（PPP）模式动员社会资本；发展绿色保险；完善环境权益交易市场、丰富融资工具；支持地方发展绿色金融；推动开展绿色金融国际合作；防范金融风险，强化组织落实
2015.09	中共中央、国务院	《生态文明体制改革总体方案》	绿色金融	首次明确了建立中国绿色金融体系的顶层设计

数据来源：相关部门网站公开信息，赛迪顾问整理，2018 年 12 月。

第四节　产业链全景图

绿色金融产业链上游是资金供给端，下游是资金需求端，主要包含了节能环保、新能源、新能源汽车等多个应用市场。绿色金融包括绿色信贷、绿色债券、绿色基金、绿色保险和碳金融五个领域。

绿色金融产业链全景图如图 18-1 所示。

绿色信贷：主要是指银行机构评估项目性质，给予绿色企业和绿色项目融资的方式。

绿色债券：主要包括公司债、企业债、金融债、中期票据和资产支持证券等。

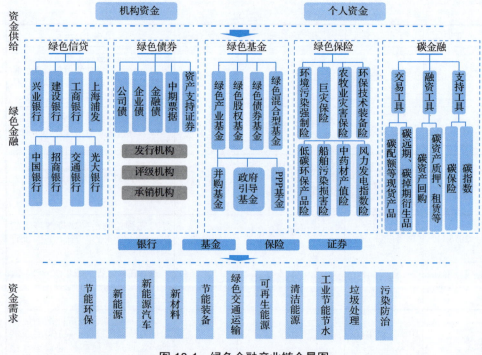

图 18-1　绿色金融产业链全景图

（数据来源：赛迪顾问，2018 年 12 月）

绿色基金：主要包括绿色产业基金、绿色股权基金、绿色债券基金和绿色混合型基金。

绿色保险：主要包括环境污染强制险、巨灾保险、农牧业灾害保险、环保技术装备险、低碳环保产品险、船舶污染损害险、中药材产值险、风力发电指数险等内容。

碳金融：主要包括交易工具、融资工具和支持工具。

第五节　价值链及创新

一、整体价值链

绿色金融价值链全景图如图 18-2 所示。

绿色信贷

企业名称	市值（亿元）	营业收入（亿元）	净利润（亿元）	企业名称	市值（亿元）	营业收入（亿元）	净利润（亿元）
工商银行	18800	3875	1604	兴业银行	3330	734	337
建设银行	14600	3399	1470	浦发银行	3194	823	286
中国银行	10200	2515	1091	民生银行	2641	754	296
招商银行	7263	1262	448	光大银行	1960	522	180
交通银行	4155	1019	408	华夏银行	1027	328	100

绿色基金

企业名称	市值（亿元）	营业收入（亿元）	净利润（亿元）	企业名称	市值（亿元）	营业收入（亿元）	净利润（亿元）
平安银行	18623	572	133	高能环境	61	14	2
正泰电器	500	119	18	再升科技	43	6	1
格林美	185	71	4	中国节能	35	7	1
亿利节能	138	91	3	泛海集团	19	17	15
中金环境	76	21	3	汇源集团	18	4	82

绿色保险

企业名称	市值（亿元）	营业收入（亿元）	净利润（亿元）	企业名称	注册资本（亿元）	所属省（市）	所属城市
中国平安	12200	5348	581	泛华保险	6	广东	广州
中国人寿	5844	4072	165	英大长安	2	北京	北京
中国人保	2148	3717	98	大童保险销售	1.4	北京	北京
中国太保	1980	2047	82	明亚	0.8	北京	北京
新华保险	1312	837	58	永达理	0.8	北京	北京

碳金融

企业名称	市值（亿元）	营业收入（亿元）	净利润（亿元）	企业名称	市值（亿元）	营业收入（亿元）	净利润（亿元）
伊利股份	1453	396	35	超腾能源	2.9	0.227	0.132
安信信托	304	16	10	嘉德瑞	2.74	0.204	0.085
爱康科技	81	25	1	黑碳碳投	1.24	0.106	-0.002
置信电气	51	17	-0.5	汉能碳	1.21	0.008	-0.019
湖北宜化	26	63	2.21	绿石碳	—	0.437	-0.064

绿色债券 （见图18-5中的绿色债券）

■ 上市企业　　■ 非上市企业　　■ 新三板企业

注：企业市值为 2018 年 10 月数据，营业收入和净利润为 2018 年上半年度数据。

图 18-2　绿色金融价值链全景图

（数据来源：上市企业财报，赛迪顾问，2018 年 12 月）

1. 绿色保险与绿色信贷上市企业营收规模占据绿色金融市场前位

绿色保险参与机构主要为全国前十大保险公司和排名前列的保险经纪公司。2018 年上半年参与绿色保险的上市企业营收规模实现 16021 亿元，如图 18-3（a）所示，占绿色金融市场营收规模的 44.2%，如图 18-3（b）所示。

2018 年上半年中国绿色信贷市场上市企业营收规模占绿色金融市场整体营收规模的 42.0%，位居第二位。

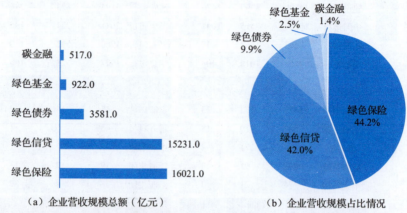

（a）企业营收规模总额（亿元）　　　（b）企业营收规模占比情况

注：此处统计的上市企业由各细分领域 2018 年上半年营业收入 TOP 10 的上市企业构成。

图 18-3　2018 年上半年中国绿色金融市场各细分领域龙头上市企业营收规模总额及占比情况

（数据来源：赛迪顾问，2018 年 12 月）

2. 碳金融领域参与主体虽受行业关注但利润处于低位

从各领域参与主体的利润水平来看，绿色信贷的参与主体—银行的利润处于高位，绿色基金参与主体次之。碳金融市场近年受到政策和监管机构的关注，参与机构逐年增多，以上市企业和新三板企业为主，当前虽然受市场吹捧，但利润水平仍处于低位（见图 18-4），部分企业处于亏损状态，这也符合了绿色产业发展初期的特点。

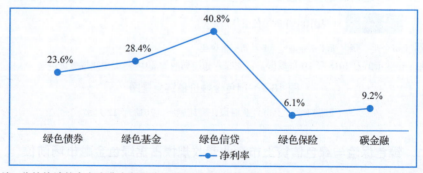

注：此处统计的上市企业由各细分领域 2018 年上半年营业收入 TOP 10 的上市企业构成。

图 18-4　2018 年上半年中国绿色金融各细分领域参与主体龙头上市企业净利率情况

（数据来源：赛迪顾问，2018 年 12 月）

二、绿色债券

绿色金融价值链全景图－绿色债券如图 18-5 所示。

企业名称	市值（亿元）	营业收入（亿元）	净利润（亿元）
北控水务集团	401	100	28
首创股份	221	46	2
蒙草生态	73	19	2
中利集团	73	74	0.5
深圳能源	61	80	5

企业名称	注册资本（亿元）	所属省（市）	所属城市
华电集团	3700	北京	北京
三峡集团	1115	北京	北京
丰盛集团	13	江苏	南京
启迪控股	7	北京	北京
协鑫新能源	1	江苏	苏州

企业名称	市值（亿元）	营业收入（亿元）	净利润（亿元）
汇丰控股	1326	330	84
北京汽车	361	77	3
龙源电力	482	134	31
龙湖集团	122	271	54
云南水务	26	24	0.8

企业名称	注册资本（亿元）	所属省（市）	所属城市
武汉地铁	88	湖北	武汉
沣西集团	30	陕西	咸阳新区
广州发展	27	广东	广州
扬中城投	10	江苏	扬中
浏阳制造	0	湖南	浏阳

企业名称	市值（亿元）	营业收入（亿元）	净利润（亿元）
兴业银行	3330	734	337
北京银行	1296	273	118
华夏银行	1027	328	100
江西银行	386	88	16

企业名称	注册资本（亿元）	所属省（市）	所属城市
哈尔滨银行	110	黑龙江	哈尔滨
甘肃银行	75	甘肃	兰州
华融租赁	59	浙江	杭州
河北金租	30	河北	石家庄
东莞银行	16	广东	东莞

企业名称	市值（亿元）	营业收入（亿元）	净利润（亿元）
江苏国信	311	101	10
金风科技	269	110	15
越秀金控	247	25	2
东华能源	142	212	7
天业通联	46	2	0.2

企业名称	注册资本（亿元）	所属省（市）	所属城市
中广核风电	144	北京	北京
中电投融和租赁	48	北京	北京
国网节能	42	北京	北京
徐州经开国资	26	江苏	徐州
盾安集团	20	浙江	杭州

企业名称	市值（亿元）	营业收入（亿元）	净利润（亿元）
葛洲坝	313	462	20
启迪桑德	177	54	6
特锐德	163	26	3
中材节能	35	8	0.5
康达新材	33	3	0.5

企业名称	注册资本（亿元）	所属省（市）	所属城市
南京地铁	277	江苏	南京
华润租赁	18	广东	深圳
贵阳公交	3	贵州	贵阳
禹顺环保	2	北京	北京
环嘉资源	1	辽宁	大连

（左侧分类）绿色金融 → 绿色债券 → 公司债、企业债、金融债、中期票据、资产支持证券

■ 上市企业　■ 非上市企业

注：企业市值为 2018 年 10 月数据，营业收入和净利润为 2018 年上半年度数据。

图 18-5　绿色金融价值链全景图－绿色债券

（数据来源：上市企业财报，赛迪顾问，2018 年 12 月）

1. 绿色金融债发行企业营收规模占据绿色债券首位

如图 18-6 所示，从绿色债券五大细分领域发行规模来看，绿色金融债发行企业为金融机构，营收规模占据绿色债券规模的首位，2018 年上半年绿色金融债发行上市企业营收规模占绿色债券规模的 39.7%。绿色企业债和公司债发行主体主要集中在国有企业和上市企业，营收规模相对稳定。从利润水平看，绿色金融债利润率高于其他类型。

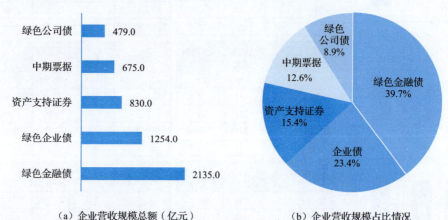

（a）企业营收规模总额（亿元）　　　　（b）企业营收规模占比情况

注：此处统计的上市企业由各细分领域 2018 年上半年营业收入 TOP 10 的上市公司构成。

图 18-6　2018 年上半年中国绿色债券各细分领域上市企业营收规模总额及占比情况

（数据来源：赛迪顾问，2018 年 12 月）

2. 绿色金融债营收规模和净利率均高于其他参与机构

2018 年上半年中国绿色债券各细分领域龙头上市企业净利率情况如图 18-7 所示，从各细分领域龙头上市企业净利率来看，由于绿色金融债的发行主体是金融机构，在营业收入规模和净利率水平上处于较高水平。绿色企业债和公司债参与机构多为发展较好、实力较强的上市企业，因此营业收入规模和净利率相对较高。

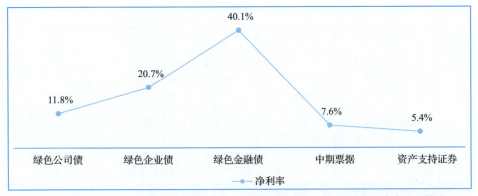

注：此处统计的上市企业由各细分领域 2018 年上半年营业收入模 TOP 10 的上市公司构成。

图 18-7　2018 年上半年中国绿色债券各细分领域龙头上市企业净利率情况

（数据来源：赛迪顾问，2018 年 12 月）

第六节　行业龙头动向

2018 年，绿色金融领域的龙头企业热衷于创新和探索多样化的绿色金融产品，同时拓宽产品的应用范围，多项全国首单创新绿色金融产品发行，用于节能、污染防治、资源节约与循环利用、清洁交通、生态保护和适应气候变化等多项领域，为绿色经济发展提供资金保障。

2018 年中国绿色金融行业重大事件如表 18-2 所示。

表 18-2　2018 年中国绿色金融行业重大事件

序　号	事件说明	事件主体	影响／意义
1	首单商业银行"债券通"绿色金融债发行	齐鲁银行	体现了央行一系列"北向通"政策的认可以及对绿色发展理念的支持
2	贵州省首单绿色金融债发行	贵阳银行	这是贵州省作为国家级绿色金融改革创新试验区建设启动以来首单绿色金融债券，填补了贵州省在绿色金融债券市场的空白
3	山东省首单绿色债务融资工具获批	山东共用控股有限公司	其成功落地是山东省绿色金融发展在企业债券融资领域的新突破，也为后续企业和项目的债券融资打通了渠道，积累了经验
4	云南首单绿色金融债券发行	富滇银行	募集资金将专项用于支持云南绿色信贷投放，为云南绿色产业转型发展注入全新活力、提供有力引擎

续表

序　号	事件说明	事件主体	影响／意义
5	宁波市首单绿色金融债券发行	宁波银行	资金将专项用于清洁交通、清洁能源共计 14 个项目，为宁波市绿色产业发展提供资金支持
6	上海证券交易所首单以绿色建筑为标的的绿色债券成功发行	上海临港经济发展（集团）有限公司	此次绿色债券的成功落地，是临港集团深入贯彻落实党的十九大关于"践行绿色发展理念，建设美丽中国，加快发展绿色金融"精神的创新尝试，也是临港集团切实践行《上海市城市总体规划（2017—2035 年）》关于"全面推动绿色低碳发展"理念的重要体现

数据来源：相关企业网站公开信息，赛迪顾问整理，2018 年 12 月。

第七节　市场规模预测

中国绿色金融市场受国家和区域政策环境、技术进步与升级、下游绿色应用领域需求拉动等诸多因素影响，当前已迎来快速发展契机，未来将持续保持快速增长态势。2018 年整体规模达到 16.2 万亿元（见图 18-8），主要发展领域仍是占比较高的绿色信贷市场，绿色债券、绿色基金和碳金融领域以高增长和产品创新为主。

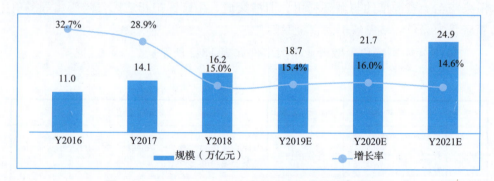

图 18-8　2016—2021 年中国绿色金融市场规模及预测

（数据来源：赛迪顾问，2018 年 12 月）

基于当前我国绿色信贷发行规模基数较大，未来很长一段时间都将是绿色金融占比较高的领域。随着我国绿色信贷体系的不断完善，银行间竞争合作关系的协同发展，绿色信贷规模将稳步提升，如表 18-3 所示，预计 2019—2021 年的各年增长率均高于 12%。绿色基金、绿色债券和碳金融等产品的创新能力强，增长速度快，鉴于各地政府积极发起设立绿色产业基金、新旧动能转换基金等有利于绿色经济发展的基金体系，预计未来绿色基金和碳金融市场的增长率将超过 20%。

表 18-3　2016-2021 年中国绿色金融市场结构及预测

	Y2016	Y2017	Y2018	Y2019E	Y2020E	Y2021E
碳金融市场	1.2%	1.7%	2.6%	2.9%	3.6%	3.9%
绿色保险市场	0.8%	1.2%	1.2%	1.3%	1.3%	1.4%
绿色基金市场	7.8%	10.6%	12.5%	14.1%	15.8%	16.8%
绿色债券市场	1.7%	1.7%	1.0%	1.1%	1.1%	1.3%
绿色信贷市场	88.5%	84.8%	82.7%	80.6%	78.2%	76.6%

数据来源：赛迪顾问，2018 年 12 月。

第八节　赛道选择建议

（1）绿色信贷和绿色债券发行主体以金融机构、上市公司和国有企业为主，投资领域涵盖新能源、节能环保等战略性新兴产业、绿色交通运输、可再生能源及清洁能源、工业节能用水和垃圾处理等领域。

（2）战略性新兴产业中，具有高技术含量的新材料、新能源、节能环保等领域存在较大市场需求和未来发展潜力，绿色基金发行机构可持续关注，可在前期 A 轮和 VC 轮进入。

（3）随着绿色制造、绿色工厂建设的兴起，多地支持鼓励产业升级，绿色金融资本可关注节能装备、新能源汽车、装备制造等领域。

（4）智慧城市建设备受关注，绿色交通运输、绿色建筑项目投资多以 PPP（政府与社会资本合作）模式开展，绿色债券和绿色基金可加大资金投入。

2019 年中国绿色金融投资领域潜力气泡图如图 18-9 所示。

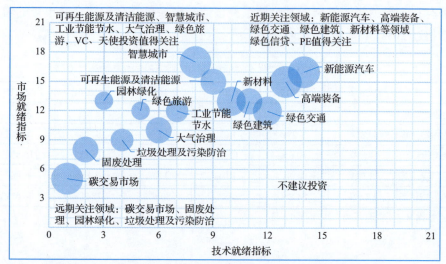

注:(1)图中各项指标数据依据赛迪顾问产业投资潜力评价指标体系评估而得。
（2）市场就绪指标：0～3 表示 10 年以上爆发期，3～6 表示 5 到 10 年爆发期。技术就绪指标数值越大，表示投资潜力越大。

图 18-9　2019 年中国绿色金融投资领域潜力气泡图

（数据来源：赛迪顾问，2018 年 12 月）

第九节　资本市场动向

一、绿色债券发行数量下滑，项目投资金额减少

从 2016—2018 年近三年绿色债券发行数量看，随着政策监管力度加大，发行量在 2018 年开始有所下滑，如图 18-10（a）所示，投资于绿色项目的金额随之减少。从投资细分领域来看，清洁能源和清洁交通领域投资占比较高，如图 18-10（b）所示，综合占比超过绿色债券总投资量的 25%。

二、绿色金融投资规模上升，战略性新兴产业为主要投资领域

2016—2018 年近三年绿色金融产业投资规模呈逐年上升态势，整体规模上升平稳，如图 18-11（a）所示。鉴于绿色信贷规模占比较高，绿色信贷的投资方向显现出绿色投资领域的重点，即发展初期的绿色项目投资金额占比较少，主要以绿色基金投资为主；占比较高的投资领域集中在绿色交通基础设施建设、技术和生产经营相对成熟的战略性新型产业，如节能环保、新能源等领域，如图 18-11（b）所示。

（a）绿色债券发行数量（件）

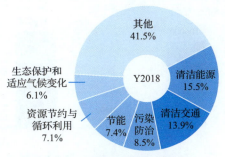
（b）投资细分领域占比情况

图 18-10　2016—2018 年中国绿色债券发行数量及投资领域规模占比情况

（数据来源：赛迪顾问，2018 年 12 月）

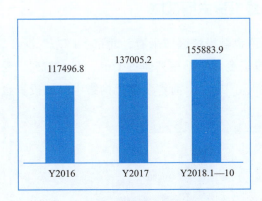
（a）投融资金额（亿元）

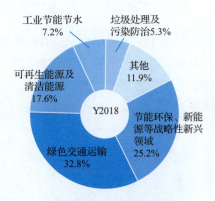
（b）投资领域规模占比情况

图 18-11　2016—2018 年中国绿色金融投资规模及投资领域规模占比情况

（数据来源：赛迪顾问，2018 年 12 月）

三、绿色金融投资形式以绿色信贷为主，绿色基金增量创新

2018 年，中国绿色金融投资金额为 15.6 万亿元，其中绿色信贷方式对外投资 13.4 万亿元，占比为 85.9%（见图 18-12）。绿色基金为另一种重要的投资方式，区别于绿色信贷，绿色基金能够投资于初创期和成长期的绿色项目，且以股权投资形式灵活注资，是绿色经济资金支持的重要组成部分，2018 年绿色债券投资规模为 2.0 万亿元，占比为 12.8%。

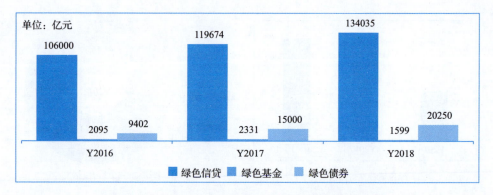

图 18-12　2016—2018 年中国绿色金融投资结构情况

（数据来源：赛迪顾问，2018 年 12 月）

四、"北上广"发达地区仍是投资主要区域

如图 18-13 所示，从 2018 年绿色金融投资区域来看，北京、广东、浙江、上海和江苏地区的投资事件数量和投资金额均排在其他省（市、区）前列。受到绿色信贷投资区域聚集影响，北京、广东、上海等金融机构集中区域投资金额较大，占总体投资金额的一半以上。

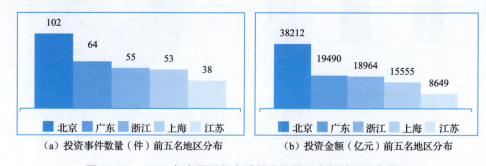

（a）投资事件数量（件）前五名地区分布　　　（b）投资金额（亿元）前五名地区分布

图 18-13　2018 年中国绿色金融投资数量和金额地区分布情况

（数据来源：赛迪顾问，2018 年 12 月）

第十节　百强潜力企业

2018 年赛迪中国绿色金融潜力企业 TOP 100 榜单（见表 18-4），通过建立评判指标体系，从企业产品发行量、企业规模、企业竞争力、企业发展潜力等多个维度进行定量与定性结合评比后得出。通过专家打分，对中国主要的绿色金融领域非上市公司进行排名，重点是绿色债券和绿色基金发行企业（鉴于参与绿色信贷和绿色保险的公司多为上市公司且处于银行和保险行业前列，因此

未纳入此排名范围）。

表 18-4　2018 年赛迪中国绿色金融潜力企业 TOP 100 榜单

排 名	企业名称	主营业务	排 名	企业名称	主营业务
1	中国农业发展银行	金融	16	广东省广业集团有限公司	节能环保、物流投资、新材料、装备制造
2	国家开发银行	金融	17	浏阳现代制造产业建设投资开发有限公司	基地内建设投资开发及管理服务；工业建设项目的投资开发
3	中国长江三峡集团有限公司	电力、热力、燃气及水生产和供应	18	富滇银行股份有限公司	金融
4	国家电网有限公司	电力、热力、燃气及水生产和供应	19	华融湘江银行股份有限公司	金融
5	武汉地铁集团有限公司	交通运输、仓储和邮政	20	中电投融和融资租赁有限公司	金融
6	重庆龙湖企业拓展有限公司	房地产	21	广州越秀集团有限公司	地产、交通基建、金融等现代服务业和造纸、建材等传统制造业
7	北控水务（中国）投资有限公司	电力、热力、燃气及水生产和供应	22	贵州银行股份有限公司	金融
8	中国节能环保集团有限公司	节能环保	23	齐鲁银行股份有限公司	金融
9	广东华兴银行股份有限公司	金融	24	青岛农村商业银行股份有限公司	金融
10	河北银行股份有限公司	金融业	25	陕西省西咸新区沣西新城开发建设（集团）有限公司	房地产
11	中国华电集团有限公司	电力、热力、燃气及水生产和供应业	26	新开发银行	金融
12	东莞银行股份有限公司	金融	27	中广核风电有限公司	电力、热力、燃气及水生产和供应
13	乐山市商业银行股份有限公司	金融	28	中国工商银行（亚洲）有限公司	金融
14	萍乡市汇丰投资有限公司	城市基础设施项目的投资及开发建设；房地产开发经营	29	中国进出口银行	金融
15	扬中市城市建设投资发展总公司	土地开发；本市城市经济、市政、水利建设投资与开发	30	镇江市丹徒区建设投资有限公司	基础设施建设项目的投资和建设；基础设施配套项目的投资和建设

排名	企业名称	主营业务	排名	企业名称	主营业务
31	湖南省高速公路集团有限公司	交通运输、仓储和邮政	46	黄山城投集团有限公司	城市基础设施及其配套项目投资、开发、建设、经营；土地开发、水务开发、旅游开发等
32	开封市发展投资有限公司	城市基础设施和重点工程进行投资、开发、建设与管理	47	无锡市交通产业集团有限公司	市级交通基础设施投融资、建设、管理和交通运输及相关产业的经营管理主体
33	南京丰盛产业控股集团有限公司	建筑工程施工；工程管理服务；实业投资；资本与资产的收购	48	丹阳投资集团有限公司	营城市资产、支持城市建设
34	贵阳市公共交通(集团)有限公司	交通运输、仓储和邮政	49	乌鲁木齐市城市交通投资有限责任公司	交通运输、仓储和邮政
35	安吉县城市建设投资集团有限公司	实业投资，绿化工程、城市道路与桥梁工程	50	义乌市国有资本运营有限公司	国有资本经营和国有股权管理
36	河北省金融租赁有限公司	金融	51	浙江稠州商业银行股份有限公司	金融
37	华融金融租赁股份有限公司	金融	52	浙江泰隆商业银行股份有限公司	金融
38	山西晋城无烟煤矿业集团有限责任公司	煤层气抽采利用、煤化工	53	南通市经济技术开发区总公司	综合性集团公司
39	陕西金融控股集团有限公司	金融	54	青岛国信发展(集团)有限责任公司	城乡重大基础设施项目投资建设与运营；政府重大公益项目的投资建设与运营
40	威海市商业银行股份有限公司	金融	55	山西晋煤华昱煤化工有限责任公司	采矿
41	盐城市城南新区开发建设投资有限公司	房地产开发经营；城市基础设施投资、经营、管理	56	武汉市轨道交通建设有限公司	交通运输、仓储和邮政
42	浙江汇盛投资集团有限公司	企业资产的管理与经营；项目风险投资	57	杭州余杭旅游集团有限公司	旅游投融资、旅游项目建设、旅游服务商
43	靖江市滨江新城投资开发有限公司	房地产开发经营；资产经营与管理；土地的利用设计	58	中国葛洲坝集团绿园科技有限公司	制造
44	鹰潭市投资公司	城市基础设施投融资与建设	59	嘉兴市湘家荡发展投资集团有限公司	租赁和商务服务
45	国家电力投资集团有限公司	电力、热力、燃气及水生产和供应	60	南京地铁资源开发有限责任公司	交通运输、仓储和邮政

排名	企业名称	主营业务	排名	企业名称	主营业务
61	北京市基础设施投资有限公司	交通运输、仓储和邮政	75	珠海华发综合发展有限公司	车场经营、商铺出租、汽车租赁等
62	盾安控股集团有限公司	先进装备制造、民爆化工、新能源、新材料、科技房产、资源能源开发、投资管理	76	苏州协鑫新能源投资有限公司	电力、热力、燃气及水生产和供应业
63	国网节能服务有限公司	科学研究和技术服务	77	广东南海农村商业银行股份有限公司	金融业
64	湖南森特实业投资有限公司	以自有资金从事建设项目的投资与建设，城镇化建设等	78	启迪控股股份有限公司	科技地产开发、运营
65	华能天成融资租赁有限公司	金融	79	中节能(合肥)可再生能源有限公司	城市生活垃圾焚烧发电、售电；固体废弃物处理
66	江苏洪泽湖神舟旅游开发有限公司	旅游项目投资及管理；旅游项目开发；旅游信息咨询	80	华电福新宝应新能源有限公司	电力、热力、燃气及水生产和供应业
67	兰州银行股份有限公司	金融	81	华润租赁有限公司	租赁和商务服务业
68	洛阳银行股份有限公司	金融	82	成都绿城节能投资有限公司	节能技术投资；节能、环保、新材料、新能源相关技术和产品的推广及销售
69	上海临港经济发展(集团)有限公司	临港新城产业区的开发、建设、经营和管理	83	湖北省文化旅游投资集团有限公司	水利、环境和公共设施管理
70	四川纳兴实业集团有限公司	房地产业	84	平安国际融资租赁(天津)有限公司	租赁和商务服务
71	四川省铁路产业投资集团有限责任公司	国家和地方合资铁路项目的投资、建设、运营和管理	85	北京京禹顺环保有限公司	水利、环境和公共设施管理
72	西藏开发投资集团有限公司	高新技术、旅游、矿业、工业、农业、房地产、文化产业、商贸、生物科技的投资，企业管理	86	保利协鑫(苏州)新能源有限公司	新能源制造
73	新华水力发电有限公司	电力、热力、燃气及水生产和供应	87	平安国际融资租赁有限公司	租赁和商务服务
74	烟台银行股份有限公司	金融	88	湖北寺坪水电开发有限公司	电力、热力、燃气及水生产和供应

续表

排　名	企业名称	主营业务	排　名	企业名称	主营业务
89	湖州市城市投资发展集团有限公司	实业投资及城市建设资金调度管理；城市基础设施建设和社会公益设施的建设	95	乌鲁木齐银行股份有限公司	金融
90	江苏南通农村商业银行股份有限公司	金融	96	协鑫智慧能源股份有限公司	电力、热力、燃气及水生产和供应
91	昆仑银行股份有限公司	金融	97	徐州经济技术开发区国有资产经营有限责任公司	开发区范围内的土地开发、基本建设投资；园区内项目投资及投资开发过程中形成的各类国有资产的经营管理等
92	明阳智慧能源集团股份公司	能源制造	98	扬州市交通产业集团有限责任公司	交通运输、仓储和邮政
93	神雾科技集团股份有限公司	水利、环境和公共设施管理	99	云南省能源投资集团有限公司	电力、煤炭等能源的投资及管理；环保、新能源等电力能源相关产业
94	乌海银行股份有限公司	金融	100	山西国际能源集团有限公司	投资能源项目

注：此次排名不分先后。　　　　　　　　　　　　数据来源：赛迪顾问，2018 年 12 月。

第十九章

新文创

第一节　产业定义或范畴

　　新文创是指通过把各种协作主体（创作者、用户等）、文化资源以及创意形式广泛连接，利用 VR、AR、人工智能、大数据、区块链、5G 等技术手段，把文化内容从过去单纯的娱乐感官刺激、追求"娱乐至上"的单一导向，转向升级为文化内容产品，推动文化价值和产业价值的互相赋能，从而实现更高效的数字文化生产，主要包括网络文学、网络动漫、网络影视、网络音乐、网络游戏、网络直播和短视频等内容。

第二节　赛迪重大研判

　　（1）巨头企业对于新文创行业挤压效应显现，创业企业融资难度进一步加大，差异化的产品和策略以及持续性的盈利能力将成为竞争关键。

　　（2）新文创与 VR、AR、人工智能、大数据、区块链、5G 等科技手段融合发展，推动文化价值和产业价值的互相赋能，迸发新业态。

　　（3）新文创行业技术变革和娱乐需求的多元化升级，使得新文创行业生态发生了明显的变化，已经不再局限于新文创行业内部的融合，将从内容融合迈向更高层次的产业生态融合。

　　（4）新文创用户付费意愿增强，将有力带动信息消费的扩大和升级，同时，产业融合模式将进一步多元化，融合范畴将不局限于数字经济领域，而是通过联动销售、衍生品等方式带动实体消费升级，推动实体经济的发展。

（5）未来中国新文创行业优质内容出口规模将不断增长，全球化将成为重要趋势，"引进来，走出去"双向助推中国新文创产业规范化发展。

第三节　产业政策分析

一、产业环境

1. 5G、区块链等技术创新将为行业带来新机遇

5G、区块链、VR/AR、人工智能等技术有望成为新文创行业发展重要创新领域，内容的深度开发将使新文创行业进入内容竞争时代。针对即将落地的5G 技术，其先进性比 4G 具有更高的用户体验速率和峰值速率，更大的连接数密度和流量密度，以及更低的端到端时延和更好的移动性。

2. 移动互联网快速发展

移动互联网的快速发展，一方面基于互联网模式创新不断涌现，视频平台、直播、短视频等为文化娱乐消费提供了更多的渠道。另一方面，移动互联网使得消费者碎片化的时间得以利用，据数据显示，消费者在移动端每月在文化娱乐上花费 42% 的上网时间。

3. 付费意愿提升，消费结构变化

近年来我国经济快速发展，居民可支配收入稳步提升，人均文化娱乐支出金额也在不断提高。在消费升级背景下，以"95 后""00 后"为代表的新一代用户付费意识与意愿大幅提升，文化娱乐领域付费规模快速增长，多个新兴付费行业崛起。

4. 宏观经济进入调整期

在全球贸易萎缩、货币市场风险加大等环境下，宏观经济进入结构升级调整期，文化娱乐作为第三产业核心部分，将成为新经济的重点产业。

二、政策导向

1．文化强国成为国家建设目标

党的十九大报告指出，满足人民过上美好生活的新期待，必须提供丰富的精神食粮。国家在"十三五"规划中将文化强国作为建设目标，推动"文化+""互联网+"发展，助力文化产业升级。

2．加强数字创意产业融合发展

《"十三五"国家战略性新兴产业发展规划》《文化部关于推动数字文化产业创新发展的指导意见》《国务院关于推进文化创意和设计服务与相关产业融合发展的若干意见》等国家政策出台，将着力发展动漫、游戏、网络文化、数字文化装备、数字艺术展示等数字文化产业重点领域，促进动漫、文学、游戏、影视、音乐等内容形式交叉融合，发展动漫品牌授权和形象营销，与相关产业融合发展，延伸动漫产业链和价值链。

3．行业政策总体趋严，助力行业健康发展

2018年以来，行业政策趋严，国家新闻出版广电总局出台《严肃整治网上低俗炒作、不良有害视听节目》，开展针对网络直播平台传播低俗色情暴力等违法有害信息和儿童"邪典"动漫游戏视频的集中整治行动；国税总局出台《关于进一步规范影视行业税收秩序有关工作的通知》，针对影视行业暴露出的天价片酬、阴阳合同、偷逃税款等问题进行整治；证监会出台《再融资审核财务知识问答》，叫停上市公司在影视和游戏领域的跨界定增。短期内行业监管将对电影、电视、游戏、互联网等子行业有所影响，中长期来看有助于行业出清，有利于传媒行业健康发展。新文创产业主要政策如表19-1所示。

表19-1　新文创产业主要政策

颁布时间	颁布主体	政策名称	支持对象	相关内容
2016.11	国务院	《"十三五"国家战略性新兴产业发展规划》	数字创意产业	加快培育壮大新兴产业，做大做强产业集群
2016.12	文化部	《文化部"一带一路"文化发展行动计划(2016—2020年)》	文化产业	以文化旅游、演艺娱乐、工艺美术、创意设计、数字文化为重点领域，加强与"一带一路"国家在文化资源数字化保护与开发中的合作

续表

颁布时间	颁布主体	政策名称	支持对象	相关内容
2017.04	文化部	《文化部关于推动数字文化产业创新发展的指导意见》	数字文化产业	着力发展动漫、游戏、网络文化、数字文化装备、数字艺术展示等数字文化产业重点领域，促进动漫与文学、游戏、影视、音乐等内容形式交叉融合，发展动漫品牌授权和形象营销，与相关产业融合发展，延伸动漫产业链和价值链
2017.05	文化部	《关于"十三五"时期文化发展改革规划》	文化产业	加快发展动漫、游戏、创意设计、网络文化等新型文化业态，支持原创动漫创作生产和宣传推广，培育民族动漫创意和品牌
2017.06	国家新闻出版广电总局	《关于进一步加强网络视听节目创作播出管理的通知》	网络视听	网络视听节目要紧紧围绕培育和弘扬社会主义核心价值观，唱响主旋律、传播正能量，强调网络视听节目要坚持与广播电视节目同一标准、同一尺度
2017.06	国家新闻出版广电总局	《网络文学出版服务单位社会效益评估试行办法》	网络文学	评估分为出版质量、传播能力、内容创新、制度建设、社会和文化影响五项。其中，出版质量、传播能力、内容创新、制度建设四项为基本分，社会和文化影响为加分项
2017.07	中国网络视听节目服务协会	《网络视听节目内容审核通则》	网络视听	开展网络视听节目内容审核工作，提升网络原创节目品质，促进网络视听节目行业健康发展
2018.02	中共中央宣传部、中央网信办、工信部、教育部、公安部、文化部、国家工商总局、国家新闻出版广电总局	《关于严格规范网络游戏市场管理的意见》	网络游戏	部署对网络游戏违法违规行为和不良内容进行集中整治，旨在营造晴朗网络空间，保护青少年身心健康，推动我国网络游戏健康有序发展

数据来源：相关部门网站公开信息、赛迪顾问整理，2018 年 12 月。

第四节　产业链全景图

新文创行业主要包含网络文学、网络动漫、网络影视、网络音乐、网络游戏、网络直播和短视频等内容。

新文创产业链全景图如图 19-1 所示。

图 19-1　新文创产业链全景图

（数据来源：赛迪顾问，2018 年 12 月）

第五节　价值链及创新

新文创价值链全景图包括各细分领域主要的上市企业，统计截至 2018 年 6 月的企业市值、营业收入和净利润。

新文创价值链全景图如图 19-2 所示。

新文创							
网络文学				网络动漫			
企业名称	市值（亿元）	营业收入（亿元）	净利润（亿元）	企业名称	市值（亿元）	营业收入（亿元）	净利润（亿元）
阅文集团	660.00	40.95	5.04	视觉中国	201.07	8.57	1.39
中文传媒	177.07	132.36	8.52	华强方特	135.69	19.36	3.44
掌阅科技	129.76	17.55	0.78	奥飞娱乐	121.19	34.98	0.95
中文在线	54.61	7.55	0.52	拓维信息	51.09	10.61	0.13
欢乐动漫	6.20	0.38	0.07	祥源文化	33.52	7.87	0.42
铁血科技	2.76	1.73	-0.02	长城动漫	16.08	2.72	0.06
博润通	3.22	0.11	-0.02	中南卡通	10.32	0.4	0.03
崇德动漫	2.56	0.04	-0.04	芝兰玉树	9.83	0.21	-0.13
梦之城	1.25	0.20	0.04	童石网络	9.44	0.4	-0.23
小白龙	1.22	0.57	0.03	河马股份	7.8	0.16	-0.12

图 19-2　新文创价值链全景图

网络音乐			
企业名称	市值（亿元）	营业收入（亿元）	净利润（亿元）
腾讯	30934.56	2617.36	425.53
网易	2493	546.34	30.68
宋城演艺	341.36	30.64	6.6
珠江钢琴	89.02	18.44	0.96
浙富控股	74.2	10.63	0.75
ST中南	70.03	14.72	0.46
漫步者	38.64	8.87	0.4
惠威科技	25.86	2.74	0.16
南天信息	25.45	24.15	-0.43
海伦钢琴	20.46	4.9	0.31

网络影视			
企业名称	市值（亿元）	营业收入（亿元）	净利润（亿元）
光线传媒	298.64	16.35	21.07
华策影视	188.47	53.94	2.89
华谊兄弟	170.91	48.19	4.12
文投控股	140.78	19.87	0.06
横店影视	139.16	14.65	2.27
奥飞娱乐	121.19	34.98	0.95
慈文传媒	89.15	7.58	1.96
大晟文化	61.82	1.01	0.09
上海电影	60.25	5.34	0.57
金逸影视	52.42	10.14	0.87

网络直播			
企业名称	市值（亿元）	营业收入（亿元）	净利润（亿元）
腾讯	30934.56	2617.36	425.53
网易	2493	546.34	30.68
虎牙直播	190	26.3	-20.94
芒果超媒	152.14	30.06	6.42
陌陌	88.95	9.29	2.47
天鸽互动	75.12	3.9	2.73
搜狐	67.14	19.42	-1.02
映客	65	39.42	9.58
欢聚时代	63.57	70.22	6.92
哔哩哔哩	43.5	29.12	-1.28

网络游戏			
企业名称	市值（亿元）	营业收入（亿元）	净利润（亿元）
腾讯	30934.56	2617.36	425.53
网易	2493	546.34	30.68
完美世界	407.69	78.22	8.07
三七互娱	258.17	62.31	8.83
昆仑万维	217.49	34.7	8.28
英雄互娱	95.99	5.5	2.36
心动网络	34.95	6.98	1.24
墨麟股份	27.92	0.18	-0.41
掌游天下	26.32	0.72	-0.11
易简集团	22.16	1.35	0.09

短视频			
企业名称	市值（亿元）	营业收入（亿元）	净利润（亿元）
芒果超媒	152.14	30.06	6.42
爱奇艺	147	189.72	-24.98
搜狐	67.14	19.42	-1.02
骅威文化	50.04	0.75	0.3
暴风集团	50.02	18.54	-2.95

短视频			
企业名称	市值（亿元）	营业收入（亿元）	净利润（亿元）
欢瑞世纪	46.2	2.56	0.49
哔哩哔哩	43.5	29.12	-1.28
幸福蓝海	41.92	9.6	0.93
鹿港文化	36.39	18.27	0.74
长城影视	28.79	5.75	0.9

图 19-2　新文创价值链全景图（续）

（数据来源：Wind、上市企业财报，赛迪顾问，2018 年 12 月）

一、新文创上市企业营业收入及净利润保持稳步增长

2018 年上半年，新文创上市企业营业收入达到 3485 亿元，如图 19-3（a）所示，净利润达到 691.4 亿元，如图 19-3（b）所示。营业收入及净利润保持稳步增长。

（a）新文创上市企业营业收入及增长情况　　　（b）新文创上市企业净利润及同比增长情况

图 19-3　2014—2018 年中国新文创上市企业规模及增长情况

（数据来源：上市企业财报，赛迪顾问，2018 年 12 月）

二、网络游戏和网络音乐领域净利润率高于其他细分领域

如图 19-4 所示，从各细分领域上市企业净利润率情况来看，网络游戏和网络音乐两个领域排名前二，净利润率均超过 20%，其中网络游戏净利润率达到 25.7%；网络动漫、网络文学及网络影视分别排在 3～5 位。净利润率均超过了 10%；短视频和网络直播利润率均为负值，且低于 −15%。

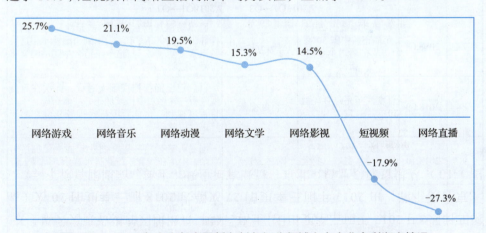

图 19-4　2018 年上半年中国新文创各细分领域上市企业净利润率情况

（数据来源：上市企业财报，赛迪顾问，2018 年 12 月）

---

① Y2018H1：指 2018 年上半年。

第六节　行业龙头动向

从 2018 年中国新文创行业投资并购重大事件表中（见表 19-2），可以看出，腾讯、百度、阿里巴巴等互联网巨头都纷纷布局新文创的各个细分领域。另外，动漫、直播、视频备受资本市场青睐，网络音乐资本持续跟进。

表 19-2　2018 年中国新文创行业投资并购重大事件

序号	时间	事件说明	事件主体	影响/意义
1	2018.01	阿里文学宣布与天猫图书达成战略合作	阿里文学	用户在天猫购买部分实体书时，可以获得其电子版权，并通过阿里文学旗下淘宝阅读 APP 进行线上阅读，这将进一步助力实体书电子化
2	2018.03	腾讯 A 轮投资酷匠网	腾讯	腾讯继续加大对网络小说布局
3	2018.05	"虎牙直播"登陆纽交所	虎牙直播	以"互联网+"为基础的新文创产业正在高速发展，在当前 A 股加紧 IPO 改革背景下，未来泛娱乐产业的大小独角兽公司将有更多机会在境内资本市场上市
4	2018.06	快手并购 AcFun 弹幕视频网	快手	快手本次收购"A 站"希望能从二次元以及游戏方面入手，全面拓展业务
5	2018.07	腾讯动漫与故宫博物院达成合作	腾讯动漫	腾讯动漫与故宫博物院的合作，将动漫与传统文化融合发展作为创新型发展方向，有利于激发传统文化的新活力
6	2018.07	知乎完成 3 亿美元 E 轮融资	知乎	知乎将加速全民知识内容平台的建设，加大在 AI 技术、内容生态、知识服务和商业化等多个维度的投入
7	2018.08	腾讯动漫登上 2018 年福布斯中国 50 家最具创新力企业创新榜	腾讯动漫	腾讯动漫从内容题材的多元性及形态的多样性出发，变追逐市场为引领市场，希望通过腾讯新文创战略，打造一条适合中国动漫文化符号的进阶之路
8	2018.09	百度视频完成 B 轮融资	百度视频	百度已全面拥抱视频大时代，此次在百度视频新一轮融资中持续加码、战略布局，未来将百度视频打造成百度在短视频领域产品矩阵重要组成部分
9	2018.10	网易云音乐获得百度、博裕资本、泛大西洋资本战略投资	网易云音乐	网易云音乐将在提升商业效能上更加游刃有余，中国在线音乐行业腾讯音乐、网易云音乐两强的格局亦会更加稳固
10	2018.11	万达电影以 116.19 亿元并购万达影视	万达电影	万达电影业务将扩展至电影和电视剧的投资、制作和发行，以及网络游戏发行和运营领域，建成集院线终端平台、传媒营销平台、影视 IP 平台、线上业务平台、影游互动平台为一体的五大业务平台

数据来源：赛迪顾问，2018 年 12 月。

第七节　市场规模预测

中国新文创市场持续火热，科技与文化相互融合，新文创行业进入爆发式发展阶段，2018 年整体市场规模达到 6553.5 元，到 2021 年预计将超过 1.1 万亿元（见图 19-5）。

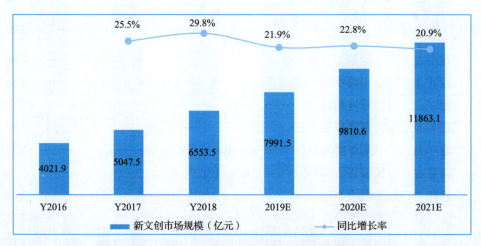

图 19-5　2016—2021 年中国新文创市场规模及预测

（数据来源：赛迪顾问，2018 年 12 月）

2018 年，中国新文创市场结构中，网络游戏占比依然最高，占比为 36.29%（见图 19-6）；其次是网络动漫，占比为 28.69%；2019—2021 年未来三年，网络游戏和网络动漫占比将呈下降趋势，而网络影视占比将持续增长，预计 2021 年，网络影视占比将超过网络游戏占比，达到 28.94%。

一、网络文学

2018 年网络文学市场规模达到 153.7 亿元，如图 19-7（a）所示，网络文学用户规模预计达到 3.9 亿人，如图 19-7（b）所示；随着新文创内容的深度挖掘，国内巨量资本竞相追逐，腾讯、百度、阿里巴巴等互联网巨头公司纷纷布局网络文学市场，未来网络文学将进入一个快速发展阶段。预计 2021 年，网络文学市场规模将超过 200 亿元，网络文学用户超过 4 亿人。

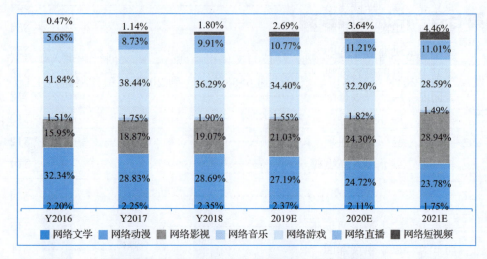

图 19-6　2016—2021 年中国新文创市场结构及预测

（数据来源：赛迪顾问，2018 年 12 月）

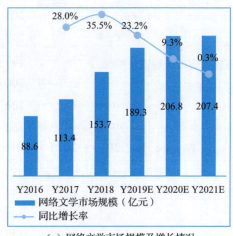

（a）网络文学市场规模及增长情况

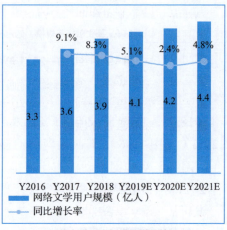

（b）网络文学用户规模及增长情况

图 19-7　2016—2021 年中国网络文学市场及用户规模

（数据来源：中国互联网络信息中心，赛迪顾问，2018 年 12 月）

二、网络动漫

　　网络动漫市场保持 10% 以上的增长速度，2018 年市场规模达到 1880.5 亿元，如图 19-8（a）所示；二次元用户保持 25.2% 的平均增长率，2018 年二次元用户达到 4.2 亿人，如图 19-8（b）所示，不断增长的二次元用户释放出强大的消费潜力，为中国动漫行业发展提供了巨大的空间和机会。预计 2021 年，网络动漫市场规模将超过 2800 亿元，网络动漫用户超过 7 亿人。

 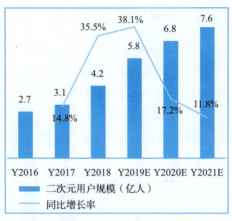

（a）网络动漫市场规模及增长情况　　　（b）二次元用户规模及增长情况

图 19-8　2016—2021 年中国网络动漫市场规模及二次元用户规模

（数据来源：中国互联网络信息中心，赛迪顾问，2018 年 12 月）

三、网络影视

　　2018 年以来，以网络剧、网络电影、网络综艺为主的网络影视市场迎来爆发。2018 年年底，网络影视市场规模达到 1249.5 亿元，同比增长率达到 31.2%，如图 19-9（a）所示；国家新闻出版广电总局备案情况中，2018 年 1—10 月，网络剧数量达到 311 部、网络电影 2141 部、网络动画片 603 部、网络纪录片 193 部、网络综艺片 900 部。预计 2021 年，中国网络影视市场规模将达到 3432.6 亿元。

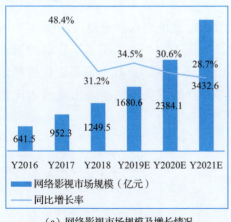 

（a）网络影视市场规模及增长情况　　　　（b）网络影视备案情况

图 19-9　2016—2021 年中国网络影视市场规模及 2018 年 1—10 月备案情况

（数据来源：国家广电总局，中国网络视听节目服务协会，赛迪顾问，2018 年 12 月）

四、网络音乐

自 2005 年起，政府严厉打击盗版，音乐市场逐步正规化，资本布局带来行业的合并重组，市场格局凸显，相继出台的有效政策推动了音乐产业步入正轨。2018 年年底，网络音乐市场规模将超过 100 亿元，网络音乐用户超过 6 亿人。预计 2021 年，网络音乐市场规模将达到 176.3 亿元，如图 19-10（a）所示，网络音乐用户接近 10 亿人，如图 19-10（b）所示。

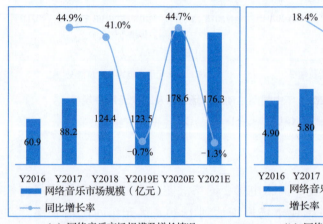
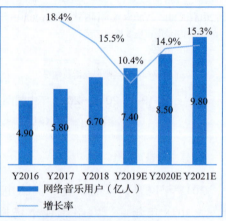

（a）网络音乐市场规模及增长情况　　　　（b）网络音乐用户及增长情况

图 19-10　2016—2021 年中国网络音乐市场规模、用户规模及增长情况

（数据来源：赛迪顾问，2018 年 12 月）

五、网络游戏

随着 2017 年电子竞技行业的火爆，游戏行业也进入繁荣期。2018 年中国网络游戏市场销售规模达到 2378.1 亿元，如图 19-11（a）所示，移动终端占据网络游戏市场的占比超过 60%。预计 2021 年，网络游戏市场销售规模将达到 3391.3 亿元，如图 19-11（b）所示，移动终端占据网络游戏市场的占比超过 70%。

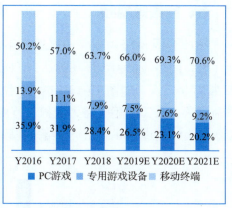

（a）网络游戏市场销售规模及增长情况　　　（b）网络游戏市场结构

图 19-11　2016—2021 年中国网络游戏市场销售规模及结构

（数据来源：中国音数协游戏工委，伽马数据，赛迪顾问，2018 年 12 月）

六、网络直播

　　文化产业的爆发，互联网技术的突飞猛进，以及公众对于零距离互动社交的诉求，共同引发了全民参与直播的热潮。直播平台作为一个跨场景生态平台，为各垂直领域赋能，直播＋旅游、直播＋户外、直播＋电商、直播＋综艺等直播领域正逐渐形成新的商业模式。2018 年年底，网络直播用户将超过 4.5 亿人，市场规模达到 649.2 亿元，如图 19-12（a）所示。预计 2021 年，网络直播市场规模将超过 1300 亿元，网络直播用户接近 6 亿人，如图 19-12（b）所示。

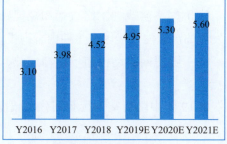

（a）网络直播市场规模（亿元）　　　　（b）网络直播用户规模（亿人）

图 19-12　2016—2021 年中国网络直播市场规模及用户规模

（数据来源：中国网络视听节目服务协会，赛迪顾问，2018 年 12 月）

七、网络短视频

2018 年是网络短视频的爆发元年，网络短视频用户规模不断扩大，2018 年年底，网络短视频市场规模达到 118.1 亿元，如图 19-13（a）所示，用户规模达 3.53 亿人，如图 19-13（b）所示。随着行业的快速发展，直播的产业链日益完善，分工明确，将大大提高行业经营效率。预计 2021 年，网络短视频市场规模将超过 500 亿元，网络短视频用户接近 8 亿人。

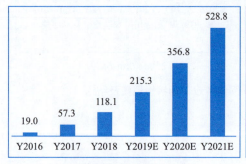

（a）网络短视频市场规模（亿元）

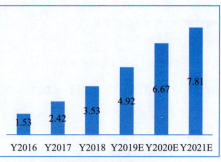

（b）网络短视频用户规模（亿人）

图 19-13　2016—2021 年中国网络短视频市场规模及用户规模

（数据来源：中国网络视听节目服务协会，赛迪顾问，2018 年 12 月）

第八节　赛道选择建议

（1）内容是新文创行业的核心，近年来网络文学和网络音乐关注度热度持续上升，可关注一些天使或种子轮项目。

（2）网络游戏、网络直播和短视频等流量端口行业，盈利模式多样，是产业发展的流量池，能够在短期内看到投资效益的行业，已被很多投资者关注。

（3）随着网络动漫市场逐渐成熟，市场需求热度逐渐提升，将成为投资新热点。

2019 年中国新文创行业细分领域投资潜力气泡图如图 19-14 所示。

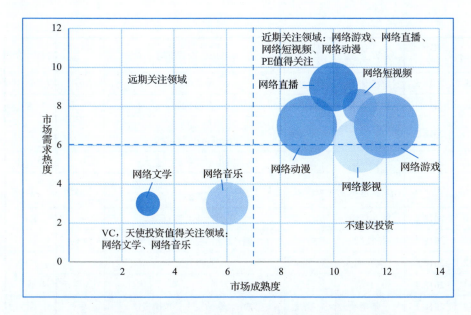

注:(1)图中各项指标数据依据赛迪顾问产业投资潜力评价指标体系评估而得。

(2)市场需求热度:数值越大,需求热度越大;市场成熟度:数值越大,投资潜力越大。

图 19-14　2019 年中国新文创行业细分领域投资潜力气泡图

(数据来源:赛迪顾问,2018 年 12 月)

第九节　资本市场动向

一、新文创行业投资动态

从 2018 年中国新文创行业投资案例(见表 19-3)中,新文创中的各个细分领域都有 BAT(百度、阿里巴巴、腾讯)的布局;同时,投资机构多为已布局新文创行业的互联网企业。

表 19-3　2018 年中国新文创行业投资案例

序号	投资时间	融资企业	所处行业	PE/VC 投资机构	投资金额	投资性质
1	2018.7	欢喜传媒	电影行业	猫眼电影	9.5 亿港元	私募
2	2018.2	万达电影	电影行业	阿里资本、文投控股	78 亿元	战略投资
3	2018.7	神居动漫	网络动漫	阿里巴巴	—	A
4	2018.5	ASK 动漫	网络动漫	爱奇艺	—	A

序号	投资时间	融资企业	所处行业	PE/VC 投资机构	投资金额	投资性质
5	2018.5	鲜漫动漫	网络动漫	哔哩哔哩	—	A+
6	2018.3	声影动漫	网络动漫	今日头条	—	A
7	2018.2	T社－聚艺社科技	网络动漫	IDG资本、两点十分动漫、启诚资本、FreeSFund峰瑞资本	—	A
8	2018.2	铁鳞社	网络动漫	腾讯产业共赢基金	—	Angel
9	2018.9	百度视频	短视频	国金稳盈基金、百度、晶凯资本、厚泽如意	1亿美元	B
10	2018.4	罐头视频	短视频	腾讯产业共赢基金	—	B+
11	2018.4	梨视频	短视频	腾讯产业共赢基金、百度	6.17亿元	A
12	2018.3	淘梦网	短视频	百度视频	—	B+
13	2018.4	30秒懂车	短视频	微博、易车	0.5亿元	A
14	2018.1	一条视频	短视频	京东、挚信资本、东博资本	—	C+
15	2018.1	好兔视频	短视频	IDG资本、复星锐正资本、合一资本、御势资本	—	Angel
16	2018.1	狮吼直播	网络直播	一下科技、盛大网络、夸克资本	1亿元+	A
17	2018.1	触手直播	网络直播	Google、启明创投、顺为资本、沸点资本	1.2亿美元	D+
18	2018.2	斗鱼直播	网络直播	腾讯	39.8亿元	E
19	2018.7	虎牙直播	网络直播	高瓴资本	—	PIPE
20	2018.3	虎牙直播	网络直播	腾讯产业共赢基金	4.6亿美元	B
21	2018.10	网易云音乐	网络音乐	百度、博裕资本、泛大西洋资本	—	Strategy
22	2018.6	太合音乐	网络音乐	君联资本、国开开元、中泰创汇	10亿元	Strategy
23	2018.7	大鹅文化	网络游戏	盛大游戏	1亿元	A
24	2018.3	明日世界	网络游戏	晟道投资、治平资本、中投中财	数千万	A
25	2018.3	酷匠网	网络文学	腾讯	—	A

数据来源：赛迪顾问，2018年12月。

二、网络游戏行业投资火热

2018年，据不完全统计，新文创投融资事件超过525件，投资主要集中在网络游戏、网络影视和网络动漫等行业，分别为129件、113件和82件，如图19-15（a）所示；网络游戏投融资行业投资事件占比最大，达到24.6%，如图19-15（b）所示；其次是网络影视，占比为21.5%。

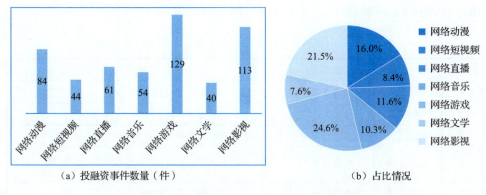

（a）投融资事件数量（件）　　　　　　（b）占比情况

图 19-15　2018 年中国新文创细分领域投融资事件数量及占比

（数据来源：因果树、赛迪顾问整理，2018 年 12 月）

三、创业投资仍为主要投资方式

从投资类型来看，创业投资仍为主要投资方式，2018 年新文创行业创业投资事件达到 436 件，如图 19-16（a）所示，占总投资事件的 83%；其中，创业投资中，Pre-A/A/A+ 轮投资事件数量达到 233 件，如图 19-16（b）所示，占总投资事件数量的 44%。

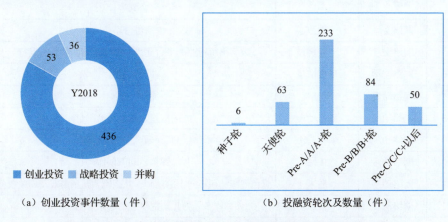

（a）创业投资事件数量（件）　　　　　　（b）投融资轮次及数量（件）

图 19-16 2018 年中国新文创创业投资事件数量及投融资轮次情况

（数据来源：因果树、赛迪顾问，2018 年 12 月）

第十节　百强潜力企业

根据行业影响力、企业经营情况、产业链布局情况等指标，评选出了网络文学、网络动漫、网络音乐、网络游戏、网络影视与短视频、网络直播等行业

2018 年赛迪新文创领域潜力企业 TOP 100 榜单（见表 19-4）。

表 19-4　2018 年赛迪新文创领域潜力企业 TOP 100 榜单

排　序	领　域	企业名称	主营业务
1	网络文学	天下书盟	原创小说编写
2	网络文学	盛大文学	数字图书、网络文学、数字报刊等
3	网络文学	阿里巴巴文学	内容生产、合作引入以及版权产业链的双向衍生
4	网络文学	纵横文学	付费阅读、版权分销、IP 改编、原创漫画、作品出版、海外发行等版权相关业务
5	网络文学	咪咕阅读	出版图书、原创小说、杂志、听书等
6	网络文学	天翼阅读	提供书籍、连载、杂志、漫画等各类电子书服务
7	网络文学	沃阅读	给用户的多媒体互动式阅读服务及阅读衍生服务
8	网络文学	磨铁文学	提供集"微博、博客、阅读和写作"四位一体的图书
9	网络文学	豆瓣阅读	提供个人作者原创作品和出版社精品电子书
10	网络文学	当当读书	资讯阅读服务
11	网络文学	中云文化	文化素材库及监管、版权交易等数据的存储运营和服务
12	网络文学	恺兴文化	数字阅读、IP 孵化、衍生开发一体化的中国一流的内容平台
13	网络文学	黄豆网络	经营樊登读书会，提供的产品有在线视频，线下同步 PPT，音频等
14	网络文学	一刻演讲	演讲分享
15	网络文学	十分科技	数字出版行业的平台建设和数字内容的整合与发行
16	网络文学	华文信息	网络文学
17	网络动漫	有妖气	漫画创作
18	网络动漫	腾讯动漫	原创漫画、正版动漫平台
19	网络动漫	攀高股份	动画娱乐产品开发运营
20	网络动漫	B 站	弹幕、动画创作
21	网络动漫	酷米	绿色健康、积极向上的动画、儿童剧、儿童游戏及相关服务
22	网络动漫	淘米	为儿童提供互动娱乐产品
23	网络动漫	青青树动漫	ACG 产品开发、媒体运营
24	网络动漫	点睛动画	动画、漫画设计
25	网络动漫	灌木文化传媒	动漫、游戏、玩具、图文、网页、动画的设计
26	网络动漫	星梦手记	原创电视动画
27	网络动漫	第一弹	ACG 动漫讨论社区 APP
28	网络动漫	绘梦动画	动画网站

排　序	领　域	企业名称	主营业务
29	网络动漫	漫画岛	综合性漫画阅读和互动交流平台
30	网络动漫	时代漫王	生产原创漫画 IP
31	网络动漫	海脉	网络媒体互动
32	网络动漫	萌萌达网络	集漫画阅读、社交、娱乐平台
33	网络音乐	腾讯音乐	提供包括视听、社交、K 歌、演出、直播、创作在内的多元化、高品质的音乐内容服务
34	网络音乐	网易云音乐	提供歌单、DJ 节目、社交等服务
35	网络音乐	虾米音乐	提供无线音乐解决方案
36	网络音乐	太合音乐	提供音乐服务平台
37	网络动漫	咪咕音乐	提供高品质音乐产品和服务的专业机构
38	网络音乐	喜马拉雅	专业的音频分享平台
39	网络音乐	唱吧	社交 K 歌手机应用
40	网络音乐	谱时	选图修图、企业级云图库管理与营销数据统计分析
41	网络音乐	微量分贝	海量内容声态系统
42	网络音乐	酷狗	在线正版音乐网站
43	网络音乐	音乐 Tai	提供高清 MV 在线欣赏与传播的音乐分享平台
44	网络音乐	DNV 音乐集团	分发图文、视频、动画等服务
45	网络音乐	不要音乐	制作校园音乐类短视频
46	网络音乐	果酱音乐	提供音乐资讯、演出视频、流行音乐、HipHop 等资讯
47	网络音乐	明堂唱片	提供出品新鲜又有趣，时髦又悦耳的独立电子 / 嘻哈唱片
48	网络音乐	音乐天堂全媒体	普及欧美流行音乐的有声刊物
49	网络游戏	FEG 电竞	打造全球电竞商业化运营全新的类体育模式
50	网络游戏	大秦电竞	电子竞技俱乐部运营商
51	网络游戏	谷得游戏	自主研发和发行制作移动游戏
52	网络游戏	同桌游戏	帮助用户在多种场景下与好友进行实时娱乐对战
53	网络游戏	盛大游戏	网络游戏开发、运营和发行
54	网络游戏	九福游戏	开发基于小游戏互动的移动社交应用
55	网络游戏	iuu 爱游游	为国内电竞游戏玩家打造的全民电竞游戏社区
56	网络游戏	香蕉计划	电子竞技行业（赛事项目、线上平台运营、传媒等）和娱乐营销行业
57	网络游戏	真库网络	游戏公司售后服务管理平台，帮助游戏企业用户运营，产品运营

续表

排 序	领 域	企业名称	主 营 业 务
58	网络游戏	秒乐游戏	游戏运营，游戏发行
59	网络游戏	捞月狗	游戏数据排名网站
60	网络游戏	玩咖传媒	手游媒体内容聚合平台
61	网络游戏	分享时代	轻手游发行商
62	网络游戏	爱尚游	IPTV 游戏开发
63	网络游戏	千跃网络	互联网产品和手游开发
64	网络游戏	谷游科技	手机游戏开发
65	网络游戏	星汉科技	游戏玩家社区
66	网络游戏	点睛信息	游戏开发
67	网络影视与短视频	百度视频	中文视频精准搜索引
68	网络影视与短视频	胖妮视频	提供视频播放，视频发布
69	网络影视与短视频	来画视频	一款手绘短视频的客户端应用
70	网络影视与短视频	罐头视频	短视频分发
71	网络影视与短视频	梨视频	为年青一代提供适合移动终端观看和分享的短视频产品
72	网络影视与短视频	沧眸文化	短视频内容制作、分发
73	网络影视与短视频	今日头条	数字内容创新平台
74	网络影视与短视频	花生视频	电商短视频内容制作
75	网络影视与短视频	好兔视频	互联网精选短视频平台
76	网络影视与短视频	左右视频	娱乐短视频 PK 软件
77	网络影视与短视频	CC 视频	为全行业多场景提供视频云点播、云直播、云课堂、云加速等专属云视频解决方案
78	网络影视与短视频	即刻视频	提供原创内容的短视频平台
79	网络影视与短视频	星云视频云	提供一站式视频云平台
80	网络电影与短视频	人人美剧	专业提供高清好看的人人美剧，美剧在线观看，美剧下载

排　序	领　域	企业名称	主营业务
81	网络电影与短视频	一条视频	视频制作
82	网络影视与短视频	万达电影	院线电影
83	网络影视与短视频	新丽传媒	电视剧、电影、网络剧制作以及全球节目发行
84	网络影视与短视频	影谱科技	可视化信息技术服务
85	网络影视与短视频	一笑科技	短视频社区，记录和分享生活的平台
86	网络影视与短视频	柠檬影院	影视娱乐休闲网站
87	网络影视与短视频	天空之城影业	电影制片、制作、宣传、衍生品开发
88	网络影视与短视频	K 米网	KTV 聚会娱乐增值服务运营商
89	网络影视与短视频	中澜视讯	移动互联网微视频制作
90	网络影视与短视频	宸铭传媒	电影整合营销
91	网络直播	微灿直播	自主研发及整合产业链的优质软硬件提供商
92	网络直播	微吼	提供网络直播平台服务
93	网络直播	光合直播间	基于微信的"课件＋视频"直播工具
94	网络直播	目睹直播	浓缩企业场景下的核心功能，让企业能够通过微信进行直播
95	网络直播	熊猫 TV	提供高清、流畅的视频、活动、赛事直播服务
96	网络直播	荔枝直播	提供儿童故事、有声小说、相声段子、历史人文等内容 Dev 网络电台
97	网络直播	果酱直播	中国最大的华裔美少年偶像的社区
98	网络直播	易直播	互动、分享、视频直播等功能的社交 APP
99	网络直播	花椒直播	移动社交直播平台
100	网络直播	斗鱼 TV	游戏直播平台

注：排名不分先后。　　　　　　　　　　　　　数据来源：赛迪顾问，2018 年 12 月。

第二十章

冰雪

第一节　产业定义或范畴

    冰雪产业是体育产业的重要组成部分，是指依托冰雪资源进行冰雪运动，围绕冰雪运动所产生的一系列生产经营活动的总和，主要由冰雪装备、健身休闲、竞赛表演、场馆服务、运动培训及冰雪旅游等业态构成。

    冰雪运动包括冰上运动和滑雪运动两个细分领域，其中，冰上运动是指借助专用冰刀或其他器材，在天然或人工冰场上进行的体育运动，包括速度滑冰、花样滑冰、冰球运动等项目；滑雪运动包括越野滑雪、高山滑雪、跳台滑雪、现代冬季两项等项目。

第二节　赛迪重大研判

    （1）随着进入"冬奥时间"，冰雪产业规模快速壮大，我国冰雪产业也进入了黄金发展期。

    （2）冰雪产业发展载体滑雪场及滑冰场馆主要分布在东北地区及华北地区，尤其是东北地区是冰雪产业发展载体的核心聚集区。

    （3）冰雪产业主要包括四个层面，即资源层、运营层、传播层及衍生层。

    （4）2014 至 2018 年上半年，冰雪行业上市企业总营业收入增速放缓，净利润保持稳定增长，产业各个环节保持相对稳定，衍生层占据大半江山，资源层、运营层及传播层占比较小。

    （5）根据"2018 年赛迪冰雪产业百强潜力企业榜单"，北京成为榜单企业第一聚集地，企业数量占比为 46%，以近几年成立的冰雪公司居多；冰雪装备类企业数量最多，企业产品涉及冰刀鞋、冰刀、造雪设备、制冷设备等；冰雪培训及冰雪场馆建设企业近年发展较快。

（6）从投资潜力来看，冰雪旅游、冰雪培训、冰雪 O2O、冰雪场馆、冰雪赛事运营、冰雪装备领域值得关注。

第三节　产业政策分析

一、产业环境

1. 冰雪消费市场规模增长快速，带动三亿人参与冰雪运动来日可期

2017 年，我国滑雪场总数为 703 家，滑雪人次达到 1750 万人次，滑雪消费规模为 720 亿元，同比分别增长 8.82%、15.89% 和 78.43%；我国室内滑冰场为 303 座，冰上运动消费规模为 610 亿元，同比增长分别为 16.99%、15.23%。随着"冬奥红利""政策红利"等红利的不断释放，我国冰雪行业将进入快速发展期，同时，随着人们消费水平的提高以及冰雪运动的普及，冰雪人口渗透率将快速提高，带动三亿人参与冰雪运动的目标指日可待。

2. AI 等数字科技赋能冰雪产业，智慧冰雪成为产业发展新方向

目前，互联网、物联网、大数据、云计算、人工智能、虚拟现实等数字化技术不断应用到冰雪运动中，如将互联网贯穿到冰雪旅游、冰雪培训、冰雪赛事运营等环节，利用 VR 技术辅助运动员培训、进行冰雪赛事转播，"滑雪族""去滑雪"等一站式滑雪平台为滑雪爱好者提供社交、滑雪场馆预订、冰雪活动报名等线上线下服务。数字技术与冰雪产业的融合发展催生一批新业态、新模式、新产品，促进冰雪产业向数字化、智慧化方向发展，推动我国冰雪产业提档升级。

3. 优势地区率先成立产业基金，行业巨头纷纷布局冰雪产业

截至到目前，我国有 3 支重点冰雪产业基金，即由光大证券与吉林市政府共同成立的 100 亿元冰雪产业基金；由张家口建发集团和深创投共同成立的 25 亿元冰雪产业基金；哈尔滨市香坊区设立的 5 亿元冰雪产业基金。此 3 支基金重点支持冰雪园区建设、冰雪产业孵化、冰雪旅游等领域。同时，随着冬奥进

入"北京周期",阿里巴巴、腾讯、万达等行业巨头纷纷加速布局冰雪产业,如阿里巴巴拿到第八届亚冬会中国大陆地区新媒体版权,并取得了 2018 年平昌冬奥会的赞助权,冰雪产业已经成为体育领域的又一个投资风口。

二、政策导向

1. 国务院 46 号文件首次提出支持冰雪产业发展

2014 年 10 月,《国务院关于加快发展体育产业促进体育消费的若干意见》提出:支持中西部地区充分利用江河湖海、山地、沙漠、草原、冰雪等独特的自然资源优势,发展区域特色体育产业。以冰雪运动等特色项目为突破口,促进健身休闲项目的普及和提高。制定冰雪运动规划,引导社会力量积极参与建设一批冰雪运动场地,促进冰雪运动繁荣发展,形成新的体育消费热点。这是国家出台的系列体育产业及冰雪产业支持政策中首次提出支持冰雪产业发展。同时,党的十九大报告强调,"广泛开展全民健身活动,加快推进体育强国建设,筹办好北京冬奥会、冬残奥会。"

2. 专项规划明确冰雪产业发展目标及重点任务

2016 年 11 月,由国家体育总局、国家发展改革委等 4 部门联合颁布的《冰雪运动发展规划(2016—2025 年)》明确提出:政府引导、社会参与,初步形成以冰雪场地设施建设运营为基础,冰雪大众休闲健身和健身表演为核心,以冰雪体育旅游为带动,冰雪装备制造为支撑的冰雪产业体系。到 2020 年我国冰雪产业总规模达到 6000 亿元,到 2025 年我国冰雪产业总规模达到 10000 亿元。同时,该政策明确提出五大主要任务和七大保障措施,五大主要任务即大力普及冰雪运动、提高冰雪运动竞技水平、促进冰雪产业发展、加大场地设施供给、深化体制机制改革;七大保障措施即完善投入机制、落实支持政策、保障用地需求、完善标准和统计、注重人才培养、加大文化宣传、加强组织实施。

3. 实施纲要明确带动三亿人参与冰雪运动路径

2018 年 9 月,由国家体育总局颁布的《"带动三亿人参与冰雪运动"实施纲要(2018—2022 年)》明确提出 2018—2022 年阶段任务:2018—2019 年,着力打造赛事活动品牌,重点扶持一批特色鲜明、组织规范、群众参与度高、具有一定规模和发展潜力的群众性冰雪品牌项目。以"大众冰雪季"和"大众欢乐冰雪周"系列活动为重点,引领推动群众性冰雪运动广泛开展,冰雪运动社会关注度进一步提升。2019—2020 年,广泛动员各方力量,共同参与、大力支持群众性冰雪运动推广普及。在政策协调、标准制定、人才培养等方面有新进展、新突破、新成果,逐步形成党委领导、政府主导、社会协同、群众参与的发展格局,初步实现冰雪运动进校园、进机关、进社区、进家庭,冰雪运动参与人数稳步增长。2020—2021 年,冰雪运动"南展西扩东进"战略深入实施,区域互动合作成效显著,冰雪运动基本覆盖全国各省区市,冰雪运动参与人数大幅增长,东西南北交相呼应、春夏秋冬各具特色、冰上雪上协调并进的局面初步形成。2021—2022 年,地域全覆盖、要素全融合、人群全服务的群众性冰雪运动发展态势基本形成,冰雪运动普及和推广体系初步建成,冰雪运动逐渐成为百姓的生活方式之一,实现"带动三亿人参与冰雪运动"目标,在全社会营造出积极支持 2022 年北京冬奥会的浓厚氛围。

冰雪产业主要政策如表 20-1 所示。

表 20-1 冰雪产业主要政策

颁布时间	颁布主体	政策名称	相关内容
2014.10	国务院	《国务院关于加快发展体育产业促进体育消费的若干意见》	以冰雪运动等特色项目为突破口,促进健身休闲项目的普及和提高。制定冰雪运动规划,引导社会力量积极参与建设一批冰雪运动场地,促进冰雪运动繁荣发展,形成新的体育消费热点
2016.06	国家体育总局	《体育产业发展"十三五"规划》	充分挖掘冰雪、森林等独特的自然资源和传统体育人文资源,研制出台冰雪运动等产业发展规划,重点打造冰雪运动、户外休闲运动等各具特色的体育产业集聚区和产业带
2016.06	国务院	《关于印发全民健身计划（2016—2020 年）的通知》	支持各地建设和改建多功能冰场和雪场,引导社会力量进入冰雪运动领域,推进冰雪运动进景区、进商场、进社区、进学校,扶持花样滑冰、冰球、高山滑雪等具有一定群众基础的冰雪健身休闲项目,打造品牌冰雪运动俱乐部、冰雪运动院校和一系列观赏性强、群众参与度高的品牌赛事活动。积极培育冰雪设备和运动装备产业,推动其发展壮大
2016.10	国务院办公厅	《关于加快发展健身休闲产业的指导意见》	以举办 2022 年冬奥会为契机,围绕"三亿人参与冰雪运动"的发展目标,以东北、华北、西北为带动,以大众滑雪、滑冰、冰球等为重点,深入实施"南展西扩东进"战略,推动冰雪运动设施建设,全面提升冰雪运动普及程度和产业发展水平

颁布时间	颁布主体	政策名称	相关内容
2016.11	国家体育总局、国家发展改革委等23部门	《群众冬季运动推广普及计划（2016—2020年）》	到2020年，基本形成群众冬季运动开展地区广泛、场地设施供给充足、赛事活动丰富多彩、体育组织普遍建立、冰雪产业方兴未艾、社会各界广泛参与、冬季运动文化深入人心的群众冬季运动推广普及格局，努力推动实现"三亿人参与冰雪运动"的目标
2016.11	国家体育总局、国家旅游局等4部门	《冰雪运动发展规划（2016—2025年）》	2020年我国冰雪产业总规模达到6000亿元，2025年我国冰雪产业总规模达到10000亿元
2016.11	国家体育总局、工信部等7部门	《全国冰雪场地设施建设规划（2016—2022年）》	到2022年，全国滑冰场馆不少于650座，滑雪场数量达到800座，雪道面积达到10000万平方米，雪道长度达到3500千米
2018.09	国家体育总局	《"带动三亿人参与冰雪运动"实施纲要（2018—2022年）》	到2022年，群众性冰雪运动广泛开展，群众性冰雪赛事活动丰富多彩，群众性冰雪运动服务标准完善，群众性冰雪运动场地设施基本满足人民群众多样化多层次需求。人民群众对冰雪运动发展成果的获得感进一步增强，对冰雪运动的关注度、喜爱度、支持度、参与度达到更高水平，实现"带动三亿人参与冰雪运动"目标

数据来源：相关部门网站公开信息，赛迪顾问整理，2018年12月。

第四节　产业链全景图

冰雪产业主要包括四个层面，即资源层、运营层、传播层及衍生层。

冰雪产业链全景图如图20-1所示。

资源层：主要包括冰雪场馆、冰雪俱乐部和冰雪装备三部分。

运营层：主要是指围绕冰雪IP进行的冰雪赛事运营。

传播层：主要由冰雪传媒构成。

衍生层：主要包括冰雪旅游、冰雪培训、冰雪文创以及冰雪O2O。

图 20-1　冰雪产业链全景图

（数据来源：赛迪顾问，2018 年 12 月）

第五节　价值链及创新

冰雪产业价值链全景图如图 20-2 所示。

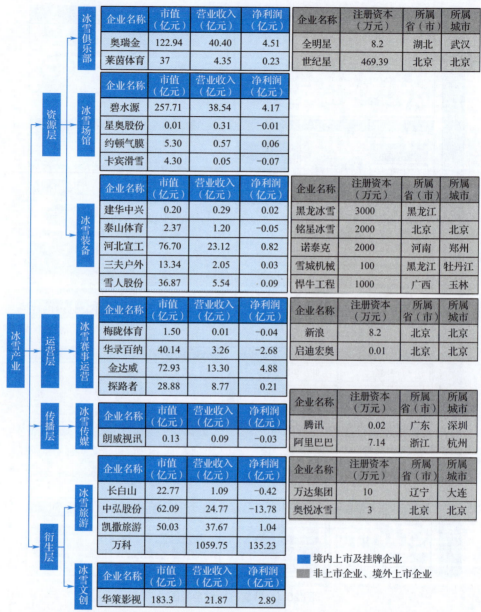

企业名称	市值（亿元）	营业收入（亿元）	净利润（亿元）
奥瑞金	122.94	40.40	4.51
莱茵体育	37	4.35	0.23

企业名称	注册资本（万元）	所属省（市）	所属城市
全明星	8.2	湖北	武汉
世纪星	469.39	北京	北京

企业名称	市值（亿元）	营业收入（亿元）	净利润（亿元）
碧水源	257.71	38.54	4.17
星奥股份	0.01	0.31	−0.01
约顿气膜	5.30	0.57	0.06
卡宾滑雪	4.30	0.05	−0.07

企业名称	市值（亿元）	营业收入（亿元）	净利润（亿元）
建华中兴	0.20	0.29	0.02
泰山体育	2.37	1.20	−0.05
河北宣工	76.70	23.12	0.82
三夫户外	13.34	2.05	0.03
雪人股份	36.87	5.54	0.09

企业名称	注册资本（万元）	所属省（市）	所属城市
黑龙冰雪	3000	黑龙江	
铭星冰雪	2000	北京	北京
诺泰克	2000	河南	郑州
雪城机械	100	黑龙江	牡丹江
悍牛工程	1000	广西	玉林

企业名称	市值（亿元）	营业收入（亿元）	净利润（亿元）
梅陇体育	1.50	0.01	−0.04
华录百纳	40.14	3.26	−2.68
金达威	72.93	13.30	4.88
探路者	28.88	8.77	0.21

企业名称	注册资本（万元）	所属省（市）	所属城市
新浪	8.2	北京	北京
启迪宏奥	0.01	北京	北京

企业名称	市值（亿元）	营业收入（亿元）	净利润（亿元）
朗威视讯	0.13	0.09	−0.03

企业名称	注册资本（万元）	所属省（市）	所属城市
腾讯	0.02	广东	深圳
阿里巴巴	7.14	浙江	杭州

企业名称	市值（亿元）	营业收入（亿元）	净利润（亿元）
长白山	22.77	1.09	−0.42
中弘股份	62.09	24.77	−13.78
凯撒旅游	50.03	37.67	1.04
万科		1059.75	135.23

企业名称	注册资本（万元）	所属省（市）	所属城市
万达集团	10	辽宁	大连
奥悦冰雪	3	北京	北京

企业名称	市值（亿元）	营业收入（亿元）	净利润（亿元）
华策影视	183.3	21.87	2.89

■ 境内上市及挂牌企业
■ 非上市企业、境外上市企业

注:（1）企业市值为 2018 年 10 月数据，营业收入和净利润为 2018 年上半年数据。
（2）企业所处环节根据核心冰雪业务划分。

图 20-2　冰雪产业价值链全景图

（数据来源：上市企业财报，赛迪顾问，2018 年 12 月）

一、营业收入增速放缓，净利润保持稳定增长

2014—2017 年，冰雪行业上市企业总营收由 1688.42 亿元增长至 2896.51 亿元，增速逐渐放缓，如图 20-3（a）所示；冰雪行业上市企业净利润由 189.25 亿元增长至 300.58 亿元，保持稳定增长，如图 20-3（b）所示。2018 年上半年，冰雪行业上市企业总营业收入为 1287.03 亿元，同比增长 45.48%；冰雪行业上市企业净利润为 137.09 亿元，同比增长 17.61%。

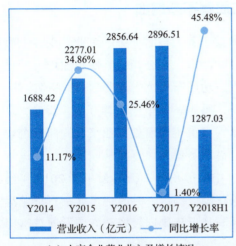

（a）上市企业营业收入及增长情况　　　　（b）上市企业净利润及增长情况

图 20-3　2014—2018 年中国冰雪市场上市企业规模及增长情况

（数据来源：上市企业财报，赛迪顾问，2018 年 12 月）

二、衍生层企业营收占据整个冰雪行业大半江山

从营收角度看冰雪价值链层级分布，衍生层占据大半江山，比例稳定在 90% 左右（见图 20-4），其主要得益于冰雪旅游市场的贡献率，2018 年上半年，仅万科一家企业营业收入占冰雪行业上市企业总营业收入的比重高达 93%；其次是资源层，占比为 7%～10%，2018 年上半年占比为 9.05%；居于第三位的是运营层，占比为 1%～4%，2018 年上半年占比为 1.97%；传播层占比最低，占比为 0.01%。整体来看，冰雪价值链分布基本保持相对稳定趋势。

表 12-2　2014-2018 年中国冰雪上市企业营收层级分布情况

层　　级	Y2014	Y2015	Y2016	Y2017	Y2018
资源层	8.19%	7.04%	7.77%	8.51%	9.05%

层　　级	Y2014	Y2015	Y2016	Y2017	Y2018
运营层	1.97%	3.03%	2.50%	2.55%	1.97%
传播层	0.01%	0.01%	0.01%	0.01%	0.01%
衍生层	89.83%	89.92%	89.73%	88.93%	88.98%

数据来源：上市企业财报，赛迪顾问，2018 年 12 月。

三、冰雪产业风口已至，跨界布局者不断增加

从冰雪上市企业主营业务来看，以冰雪业务为核心业务的企业较少，上市企业中仅卡宾滑雪、雪人股份两家企业是纯冰雪上市公司，其他企业均为跨界布局者，且多个企业是在 2015 年冬奥申报成功后布局冰雪产业的，如莱茵体育、泰山体育、探路者等，除境内上市企业外，腾讯、阿里巴巴、万达、新浪、京东等行业巨头也纷纷布局冰雪行业。从冰雪上市企业所处行业来看，部分企业为体育行业，如梅珑体育、泰山体育等，借助冬奥东风逐渐转向冰雪行业进行布局，部分企业为房地产行业，如万科、中弘股份等，万科最早于 2010 年已开始布局冰雪旅游业务，其开发建设了松花湖度假区，并改造了北京石京龙滑雪场，房地产企业之所以进军冰雪行业，与其近年来向轻资产方向发展有密切关系。

第六节　行业龙头动向

2018 年，冰雪行业龙头企业及其他行业企业通过多方合作、融资并购、体育赞助等方式加速布局冰雪市场，主要呈现以下特点：一是如京东、新浪、腾讯等跨界行业龙头通过强强合作、运营冰雪赛事等不断加快布局冰雪行业；二是匹克、泰山体育等传统体育企业通过赞助、并购、建立冰雪产业园区等转向布局冰雪行业；三是星奥股份、奥悦冰雪、启迪宏奥、滑雪族等冰雪企业通过拓展冰雪新领域、与政府合作、运营冰雪赛事、融资等多种形式不断提高自身竞争力。

2018 年冰雪行业重大事件如表 20-3 所示。

表 20-3 2018 年冰雪行业重大事件

序 号	事件说明	事件主体	影响 / 意义
1	京东体育与万龙滑雪场战略合作	京东	整合双方优势在 IP 赛事、客户运营和体育电商等领域合作，为京东布局冰雪行业打开突破口，至此，互联网巨头纷纷进入冰雪行业，市场竞争将日渐激烈。同时，万龙依托京东向"冰雪＋互联网"方向转型
2	星奥股份布局旱雪产业	星奥股份	旱雪运动项目打破了季节限制，即使在非冬季也可以滑雪，此项目对于冰雪运动"南展西扩东进"战略的实施具有重要推动作用
3	奥悦冰雪与齐齐哈尔市政府签订战略协议	奥悦冰雪	奥悦冰雪将在国际冰球馆、冰雪影视基地及冰雪文化博物馆建设方面与齐齐哈尔市政府合作，此举不仅有助于推动齐齐哈尔冰雪产业的发展，对于奥悦冰雪拓展冰雪市场具有重要作用
4	腾讯启动"冰雪热爱计划"	腾讯	通过实施"冰雪热爱计划"，借助腾讯平台作用，让越来越多的人了解冰雪运动，有助于加快我国冰雪运动推广步伐，助推冰雪运动向大众化方向发展
5	匹克赞助平昌冬奥会冬奥代表团	匹克	匹克依托自身体育装备优势，通过赞助巴西、冰岛等冬奥代表团，提高公司在全球范围内的知名度，加速公司冰雪市场布局
6	泰山体育建设高科技（冰雪）体育产业园	泰山体育	依托高科技（冰雪）体育产业园生产冰雪装备，并利用自产装备在全国建设冰雪运动俱乐部，实现冰雪装备制造业与冰雪运动服务业的联动发展，有助于公司打造冰雪产业链
7	启迪宏奥承办"国际青少年冰球邀请赛"	启迪宏奥	通过承办"国际青少年冰球邀请赛"带动更多的青少年参与冰球运动，提高青少年群体冰雪运动参与度，助推"三亿人上冰雪"目标加速实现
8	新浪体育主办高山滑雪 IP 赛事	新浪体育	此次赛事是由新浪自主打造的冰雪 IP，且是亚洲最大规模的冰雪赛事，是新浪加速布局冰雪行业的重大举措之一，对于公司做大冰雪赛事运营市场具有巨大推动作用
9	滑雪族完成 A 轮融资	滑雪族	作为国内重要的冰雪 O2O 服务平台，滑雪族近年来发展快速，此轮融资有助于公司进行服务优化及市场拓展
10	匹克收购国际品牌奥索卡进军冰雪市场	匹克	奥索卡作为国际高端户外运动品牌，通过此次国际收购，加快匹克进军冰雪装备市场步伐

数据来源：各企业官网，赛迪顾问，2018 年 12 月。

第七节 市场规模预测

受"冬奥红利"、"政策红利"、基础设施建设供给不断增加、冰雪人口渗透率提升等众多利好因素的影响，2018 年我国冰雪市场整体规模达到 4517 亿元，到 2021 年将接近 7000 亿元（见图 20-4），随着 2022 北京冬奥会的来临，冰雪市场规模将继续保持快速增长。

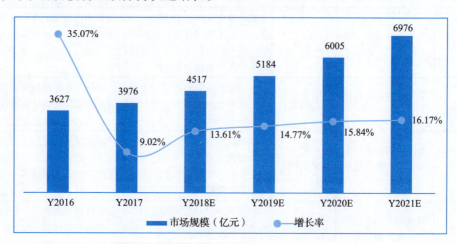

图 20-4　2016—2021 年中国冰雪市场规模及预测

（数据来源：赛迪顾问，2018 年 12 月）

第八节　赛道选择建议

（1）冰雪旅游、冰雪培训、冰雪 O2O、冰雪场馆在短期内将持续投资热度爬升。

（2）冰雪赛事运营将在众多潜力领域中脱颖而出。

（3）冰雪装备高端市场多为国外企业所垄断，国内品牌企业较少，短期内可重点关注国内品牌企业。

（4）冰雪文创作为体育及文化创意的结合体，在 5 年左右会进入爆发期，可考虑较后阶段进入。

2019 年中国冰雪产业细分领域投资潜力气泡图如图 20-5 所示。

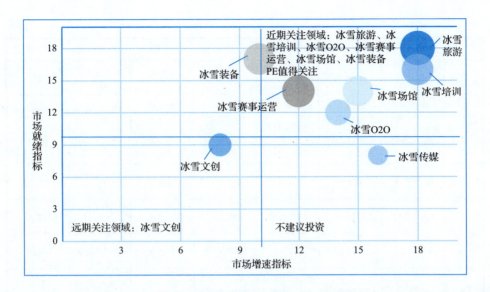

注:(1)图中各项指标数据依据赛迪顾问产业投资潜力评价指标体系评估而得。

(2)市场就绪指标:0~10 表示 5 年以上爆发期,10~20 表示 1~5 年爆发期。市场增速指标:数值越大,表示增速越快。

图 20-5　2019 年中国冰雪产业细分领域投资潜力气泡图

(数据来源:赛迪顾问,2018 年 12 月)

第九节　资本市场动向

一、冰雪领域投融资活跃度较低

2015—2018 年近四年冰雪行业共发生 14 起投融资案例(见表 20-4),其中,13 起投融资案例发生在 2015 年 7 月冬奥会申报成功之后,但每年的投融资案例较少。从融资对象看,去滑雪、滑雪族两个初创型企业融资次数相对较多,多数融资企业位于北京。从细分领域看,冰雪 O2O、冰雪场馆运营、冰雪赛事运营为主要的投融资领域。从融资轮次看,14 起投融资事件主要集中在天使轮和 A 轮。

表 20-4　2015—2018 年中国冰雪行业投融资案例汇总

序 号	融资企业	融资时间	投资机构	投资金额	融资轮次	投资领域	所在地区
1	爱滑雪	2015.01	—	—	天使轮	冰雪 O2O	北京

序　号	融资企业	融资时间	投资机构	投资金额	融资轮次	投资领域	所在地区
2	去滑雪	2015.07	—	100 万美元	天使轮	冰雪综合服务	北京
3	滑雪族	2015.08	—	—	天使轮	滑雪 APP	北京
4	滑雪助手	2015.10	上海景林投资、乐视网、联想之星	1200 万元	天使轮	冰雪 O2O	北京
5	翼翔冰雪	2016.05	华策影视	300 万元	天使轮	冰雪综合服务	北京
6	传世体育	2016.06	科力投资	500 万元	天使轮	冰雪场馆运营	黑龙江
7	滑雪族	2016.07	梅花天使创投	1200 万元	Pre-A	冰雪 O2O	北京
8	去滑雪	2016.07	新动金鼎基金、伯乐纵横投资等	3300 万元	A	冰雪综合服务	北京
9	冰世界	2016.10	探路者	数千万元	A+	冰雪场馆运营	北京
10	传世体育	2017.04	科力投资、凯致天使创业投资	千万元级	Pre-A	冰雪场馆运营	黑龙江
11	香蕉计划体育	2017.06	北极光创投、君得资本	3000 万元	A	冰雪赛事运营	北京
12	五人成军	2018.01	丰厚资本、建木创投、德威控股	千万元级	A	冰雪赛事运营	北京
13	滑雪族	2018.05	深创投、梅花天使创投、北辰新势能投资	3000 万元	A	冰雪 O2O	北京
14	斑马少年运动	2018.08	复星锐正资本	千万元级	Pre-A	冰雪培训	北京

数据来源：赛迪顾问，2018 年 12 月。

二、冰雪企业融资规模相对较小

从 2015—2018 年近四年的投融资案例金额来看，企业每次融资金额均在千万元级，单笔最高融资额为 3300 万元，四年累计投融资金额共 1 亿多元，其中，2016 年融资金额最多（见图 20-6）。从细分领域来看，由于冰雪与互联网产业的深度融合，冰雪 O2O 是投融资资金额最多的领域（见图 20-7）。

注：本文数据以具体统计金额计算，其中美元按照年度平均汇率进行换算。

图 20-6　2015—2018 年中国冰雪领域投融资金额

（数据来源：赛迪顾问，2018 年 12 月）

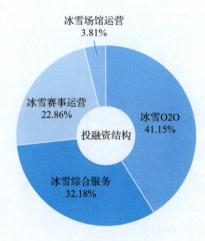

图 20-7　2015—2018 年中国冰雪领域投融资结构分布情况

（数据来源：赛迪顾问，2018 年 12 月）

三、低冰雪人口渗透率影响资本进入

　　冰雪行业之所以资本市场活跃度较低，根本原因在于冰雪项目目前仍属于小众项目，由于受冰雪场地基础设施限制、安全问题、季节问题、成本问题等多种因素影响，尤其是高价的冰雪装备是阻碍大众参与冰雪运动的主要因素之一，因为一套完整的冰雪装备价格至少在千元左右，加上差旅食宿、培训等费用，对于消费者来说是一笔不小的支出，多种因素综合影响导致大众对冰雪运动的认知度及参与度低于马拉松、足球等其他体育项目，相对低的冰雪人口渗透率在一定程度上影响了资本进入。

第十节　百强潜力企业

赛迪冰雪行业百强潜力企业榜通过建立评判指标体系，从企业估值 / 市值、营收状况、融资情况、产品竞争力、市场潜力、领导层能力、所处成长阶段等多个维度进行综合评价，评选出 2018 年赛迪冰雪行业潜力企业 TOP 100 榜单（见表 20-5）。

表 20-5　2018 年赛迪冰雪行业潜力企业 TOP 100 榜单

排名	企业名称	主营业务	排名	企业名称	主营业务
1	齐齐哈尔黑龙冰刀制造股份有限公司	冰刀	15	深圳市速鼎制冷设备有限公司	制冷设备
2	沈阳市飞航冰雪器材厂	冰刀	16	鸿宇制冷设备有限公司	制冷设备
3	沈阳市华阳体育器材厂	冰刀	17	广州市恒星制冷设备有限公司	制冷设备
4	沈阳市雷鹰速滑体育器材厂	冰刀	18	上海莱佳冰雪运动有限公司	制冷设备
5	沈阳雪豹速滑体育器材厂	冰刀	19	东莞市冰雪制冷科技有限公司	制冷设备
6	长春百凝盾体育用品器材有限公司	冰刀鞋	20	深圳市德尔制冷设备有限公司	制冷设备
7	东莞市劲道体育用品有限公司	冰刀鞋	21	茂名市冰雪制冷设备工程有限公司	制冷设备
8	佛山市顺德区北滘特酷体育用品有限公司	冰刀鞋	22	北京起重运输机械设计研究院	拖挂索道
9	佛山市智趣之星体育用品有限公司	冰刀鞋	23	广西玉林悍牛工程机械有限公司	压雪车
10	宁波金峰文体器材有限公司	冰刀鞋	24	宁波一科冰雪设备科技有限公司	制冰造雪
11	深圳市麦高体育用品有限公司	轮滑鞋、溜冰鞋	25	河北百一橡胶制品有限公司	旱雪
12	深圳市中雪制冷设备有限公司	制冷设备	26	铭星冰雪科技有限公司	造雪机
13	厦门瀚龙制冷设备有限公司	制冷设备	27	厦门市启明星冰雪科技有限公司	飘雪机
14	浙江瑞雪制冷设备科技有限公司	制冷设备	28	沈阳娅豪滑雪服务有限公司	魔毯

排名	企业名称	主营业务	排名	企业名称	主营业务
29	诺泰克滑雪设备有限公司	造雪机、魔毯	46	北京极地冰雪文化传播有限公司	真冰运动场馆的建造、冰雪项目运营
30	河北硕德冰雪科技有限公司	仿真冰、珍珠旱雪	47	上海斯诺曼体育发展有限公司	室内冰雪场馆设计、建设及运营、冰雪装备制造
31	牡丹江雪城机械制造有限责任公司	造雪机、压雪车	48	北京嘉体立德建设工程有限公司	冰雪场馆规划建设
32	沈阳冰雪科技有限公司	除冰雪设备	49	飞鹏冰雪（北京）体育场馆运营管理有限公司	冰雪场馆建设
33	北京冰雪时代机械设备有限公司	造雪机、压雪车、魔毯等	50	铭星世界人工造雪系统技术有限公司	压雪车、造雪机、飘雪机等
34	北京冰雪双威力体育设施有限公司	造雪机、压雪车	51	西姆科工业设备（北京）有限公司	冰雪场馆建设
35	沧州冰雪制冷设备有限公司	天然雪花冰机、飘雪机	52	喜悦天地（北京）体育管理有限公司	冰雪场馆建设
36	河南冰雪旅游文化发展有限公司	造雪机、魔毯、滑雪鞋、滑雪板等	53	冰世界	可移动真冰冰场建设与运营
37	吉林雪族冰雪服务有限公司	滑雪圈、魔毯、造雪机、雪上坦克	54	河北冰雪沁源科技有限公司	室内冰雕，滑冰场设计
38	北京国索道和滑雪设备有限公司	客运缆车索道、滑雪输送机等	55	风尚冰雕冰雪工程有限公司	冰雪雕工程设计施工
39	河北安体体育器材科技有限公司	旱雪卡丁车、旱雪滑圈、魔毯等	56	成都凯米冰雪景观工程有限公司	冰雕设计
40	山东瀚雪交通设施有限公司	除雪设备、滑雪场建设	57	黑龙江福润来冰雪文化艺术有限公司	冰雪雕塑、冰雪建筑、冰雕馆设计
41	哈尔滨光大冰场制造公司	制冷冰场设计、制造安装	58	北京竟成冰雪文化传播有限公司	冰雕展览艺术创作设计制作
42	深圳市海州商业设施有限公司	滑冰场建设	59	哈尔滨瑞景冰雪文化艺术发展有限公司	冰雪艺术展览规划设计制作
43	北极冰雪（北京）科技有限公司	滑雪场规划设计、雪上设备研发生产	60	黑龙江省朝晖冰雪雕塑有限公司	冰雪雕塑工程设计制作
44	吉林冰雪器材有限公司	滑道设计	61	吉林庙香山冰雪体育旅游集团有限公司	冰雪旅游
45	爱冰雪科技（北京）有限公司	冰雪场馆建设	62	北京零度阳光体育文化有限公司	冰场运营、溜冰培训

排 名	企业名称	主营业务	排 名	企业名称	主营业务
63	北京冰雪梦体育文化有限公司	冰雪培训、冰雪场馆建设	82	奥地利 AST（中国）公司	真冰场投资、建设
64	北京龙腾冰雪体育发展有限公司	冰雪培训	83	全明星滑冰俱乐部公司	滑冰培训、赛事运营
65	奥林匹克滑雪学院	冰雪培训	84	华润（深圳）有限公司	滑冰培训
66	魔法滑雪学院	冰雪培训	85	浩沙健身集团	冰上运动娱乐、赛事运营
67	GOSKI 滑雪学院	冰雪培训	86	上海飞扬冰上运动中心	冰上运动培训、赛事运营
68	长城岭滑雪学校	冰雪培训	87	宏奥冰上运动发展中心	冰上运动培训
69	红花滑雪学院	冰雪培训	88	香蕉计划体育	冰雪赛事运营
70	郝世花滑雪学校	冰雪培训	89	北京中体奥冰壶俱乐部	冰壶赛事运营
71	新秀滑雪学校	冰雪培训	90	启迪冰雪集团	冰雪场馆建设、冰雪赛事运营、冰雪项目培训
72	郭丹丹聚动力滑雪学校	冰雪培训	91	张家口国际冰雪产业发展有限公司	国外引进冰雪产品的代理销售
73	北京华星冰雪学院	冰雪培训	92	冰雪头条	新媒体平台
74	兄弟滑雪俱乐部	冰雪培训	93	GOSKI	专业滑雪社区平台
75	小狼国际冰球俱乐部	冰球培训	94	滑呗	滑雪服务平台
76	1031 滑雪俱乐部	冰雪培训	95	中冰雪（北京）体育科技有限公司	冰雪运动信息传播平台
77	冰雪轮滑俱乐部	冰雪培训	96	新浪冰雪	冰雪传媒
78	哈尔滨市"雪精灵"滑雪俱乐部	冰雪培训	97	冰雪壹号	冰雪传媒
79	北京昆仑鸿星冰球俱乐部	职业俱乐部	98	滑雪族	滑雪服务平台
80	陈露冰上运动中心	滑冰培训	99	冰壶汇	冰雪传媒
81	北京世纪星滑冰俱乐部有限公司	赛事运营、冰场运营、滑冰培训	100	滑雪助手	滑雪服务平台

注：排名不分先后。　　　　　　　　　　　数据来源：赛迪顾问，2018 年 12 月。

后记

《2018—2019年中国新兴产业投资蓝皮书》由中国电子信息产业发展研究编撰完成,力求为中央及各级地方政府、相关企业、投资机构及研究人员把握产业发展脉络、了解产业前沿趋势提供参考。

本书由刘文强担任主编,孙会峰担任副主编,其他编写成员有:邢婷、韩向宏、贾珊珊、李朕、袁钰、陈腾、刘旭、邹德宝、韩允、王维、吴楚骁、沈芮、涂有龙、张宇、李艳芳、申燕、余德彪、邓传林、向阳、侯云仙、刘若飞、郑芳丹等。在研究和编写过程中,我们得到了中国VR产业联盟、中国大数据产业生态联盟、中国工业软件产业发展联盟、中国增材制造产业联盟、中国智能制造产业联盟、中国光伏产业联盟等行业组织专家,以及各新兴领域龙头及创新型企业的高管的大力支持,在此一并感谢。

本书虽经过研究人员和专家的严谨思考和不懈努力,但由于能力和水平有限,难免存在不足之处,诚请广大专家和读者朋友批评指正。同时,希望本书的出版能为读者了解新兴产业演进趋势、把握投资机遇提供有益参考。

反侵权盗版声明

电子工业出版社依法对本作品享有专有出版权。任何未经权利人书面许可，复制、销售或通过信息网络传播本作品的行为，歪曲、篡改、剽窃本作品的行为，均违反《中华人民共和国著作权法》，其行为人应承担相应的民事责任和行政责任，构成犯罪的，将被依法追究刑事责任。

为了维护市场秩序，保护权利人的合法权益，我社将依法查处和打击侵权盗版的单位和个人。欢迎社会各界人士积极举报侵权盗版行为，本社将奖励举报有功人员，并保证举报人的信息不被泄露。

举报电话：（010）88254396；（010）88258888

传　　真：（010）88254397

E-mail：　dbqq@phei.com.cn

通信地址：北京市海淀区万寿路 173 信箱

　　　　　电子工业出版社总编办公室

邮　　编：100036

赛迪智库
面向政府 服务决策

思想，还是思想
才使我们与众不同

《赛迪专报》	《安全产业研究》	《产业政策研究》
《赛迪前瞻》	《工业经济研究》	《军民结合研究》
《赛迪智库·案例》	《财经研究》	《工业和信息化研究》
《赛迪智库·数据》	《信息化与软件产业研究》	《科技与标准研究》
《赛迪智库·软科学》	《电子信息研究》	《无线电管理研究》
《赛迪译丛》	《网络安全研究》	《节能与环保研究》
《工业新词话》	《材料工业研究》	《世界工业研究》
《政策法规研究》	《消费品工业"三品"战略专刊》	《中小企业研究》
		《集成电路研究》

通信地址：北京市海淀区万寿路27号院8号楼12层
邮政编码：100846
联系人：王 乐
联系电话：010-68200552　13701083941
传　真：010-68209616
网　址：www.ccidwise.com
电子邮件：wangle@ccidgroup.com

研究，还是研究
才使我们见微知著

规划研究所	知识产权研究所	安全产业研究所
工业经济研究所	世界工业研究所	网络安全研究所
电子信息研究所	无线电管理研究所	中小企业研究所
集成电路研究所	信息化与软件产业研究所	节能与环保研究所
产业政策研究所	军民融合研究所	材料工业研究所
科技与标准研究所	政策法规研究所	消费品工业研究所

通信地址：北京市海淀区万寿路27号院8号楼12层
邮政编码：100846
联系人：王 乐
联系电话：010—68200552　13701083941
传　　真：010—68209616
网　　址：www.ccidwise.com
电子邮件：wangle@ccidgroup.com